Katja Nowacki (Hrsg.)

Pflegekinder

AF 130378

Gender and Diversity

Herausgegeben von
Prof. Dr. Marianne Kosmann, Prof. Dr. Katja Nowacki
und Prof. Dr. Ahmet Toprak, alle Fachhochschule Dortmund

Band 4

Katja Nowacki (Hrsg.)

Pflegekinder

Vorerfahrungen, Vermittlungsansätze
und Konsequenzen

Mit Beiträgen von Silke Remiorz, Rita Pugliese
und Susanne Marschewski

Centaurus Verlag & Media UG

Über die Autorinnen
Prof. Dr. Katja Nowacki ist Studiendekanin an der Fachhochschule Dortmund, Fachbereich Angewandte Sozialwissenschaften; Silke Remiorz und Susanne Marschewski sind staatl. anerkannte Sozialarbeiterinnen/Sozialpädagiginnen, BA und Rita Pugliese ist Diplom-Sozialpädagogin.

Bibliografische Informationen der Deutschen Nationalbibliothek
Die Deutsche Nationalbibliothek verzeichnet diese Publikation in der Deutschen Nationalbibliografie; detaillierte bibliografische Daten sind im Internet über http://dnb.d-nb.de abrufbar.

Gedruckt auf säurefreiem und chlorfrei gebleichtem Papier.

ISBN 978-3-86226-124-6   ISBN 978-3-86226-973-0 (eBook)
DOI 10.1007/978-3-86226-973-0

ISSN 2192-2713

© *CENTAURUS Verlag & Media KG, Freiburg 2012*
www.centaurus-verlag.de

Umschlaggestaltung: Jasmin Morgenthaler, Visuelle Kommunikation
Umschlagabbildung: Helen Sobiralski, Fachhochschule Dortmund
Satz: Vorlage der Autorinnen

"Das Schicksal des Menschen ist der Mensch."
(Bertolt Brecht, 1964)

Inhalt

Teil A

Katja Nowacki

Pflegekinder in Deutschland: Rahmenbedingungen und Wirkfaktoren flexibler Hilfen zur Erziehung

Einleitung

Welche Hilfen benötigen Kinder und Jugendliche, die aufgrund schwerer traumatischer Erfahrungen in ihren Herkunftsfamilien, fremduntergebracht werden müssen? Welche Voraussetzungen auf Seiten der Hilfegebenden sind notwendig, um den individuellen Bedürfnissen der Kinder und Jugendlichen gerecht zu werden? Welche zentralen Wirkfaktoren einer Hilfe zur Erziehung gibt es? Und wie muss das Setting aussehen, in dem eine solche Hilfe optimal angeboten werden kann? Diese Fragen beschäftigen nicht nur die zuständigen Fachkräfte in der Praxis sondern auch die Wissenschaft.

Aktuell geht eine Längsschnittuntersuchung „Bindungsentwicklung und psychosoziale Anpassung von Pflegekindern" gefördert von der Deutschen Forschungsgemeinschaft, durchgeführt von Spangler, Bovenschen und Nowacki (unveröffentlicht) an den Standorten Erlangen-Nürnberg und Dortmund (Ruhrgebiet) diesen Fragen nach. Im Rahmen dieser Untersuchung sind die empirischen Beiträge dieses Buches (Teile B-D) am Standort Dortmund entstanden und sollen ersten Fragen nachgehen.

Der Beitrag von Silke Remiorz beleuchtet, welche Vorerfahrungen Kinder in ihren Herkunftsfamilien machen, um die Art und Intensität der traumatischen Erfahrungen besser fassen zu können. Hier zeigt sich unter anderem, dass insbesondere massive Vernachlässigung ein häufiger Grund für die Vermittlung von Kindern in Pflegefamilien ist und dies unter anderem mit dem sozialökonomischen Status der Herkunftseltern zusammenhängt. Auch Kindler et al. (2011) zeigen die hohen Belastungsfaktoren von Pflegekindern durch traumatische Erfahrungen in ihren Herkunftsfamilien auf. Daraus ergeben sich pädagogische und sozialpolitische Konsequenzen, die entsprechend diskutiert werden. Die Auswahl und Begleitung von Pflegeeltern ist ein wichtiger Baustein in der Gestaltung eines Hilfesettings für Kinder. Der Beitrag von Rita Pugliese geht der Frage nach, wie Mitarbeiterinnen und Mitarbeitern, von ausgewählten Jugendämtern im Ruhrgebiet, bei der Vermittlung von traumatisierten Kindern in ihre Pflegefamilien vorgehen. Hier wird deutlich, dass es trotz eines engen regionalen Bezuges keine einheitliche Vorgehensweise gibt, wie dies bereits in anderen Untersuchungen gezeigt werden konnte (Helming et al., 2011). Hier sind die Vor-

und Nachteile standardisierter Arbeitsprozesse genauer zu beleuchten. Der Beitrag von Susanne Marschewski beschäftigt sich mit einer wichtigen Voraussetzung auf Seiten der Pflegeeltern, nämlich ihrer Vorstellung von Bindungsbeziehungen und deren möglichen Einflüssen auf die Entwicklung des Pflegekindes. Korrektive Beziehungserfahrungen werden als ein wichtiger Wirkfaktor von Hilfen zur Erziehung diskutiert (Stovall-McClough & Dozier, 2004; van den Dries et al., 2009; Schleiffer, 2009; Nowacki & Schölmerich, 2010) und spielen in vielen Pflegekinderdiensten bei der Vermittlung eine Rolle.

Zum besseren Verständnis der drei Hauptbeiträge wird zu Beginn ein Überblick über die Rahmenbedingungen von Pflegefamilien in Deutschland dargestellt und die Vor- und Nachteile anhand eines Vergleichs mit England kurz diskutiert. Darüber hinaus werden Wirkfaktoren stationärer Hilfen zur Erziehung, insbesondere in Pflegefamilien, beleuchtet und abschließend die Grenzen und Möglichkeiten einer individualisierten Hilfe zur Erziehung, auch unter Berücksichtigung von Diversity Faktoren, reflektiert.

1   Stationäre Hilfen zur Erziehung in Deutschland

In Deutschland ist die Unterbringung von Kindern und Jugendlichen in Pflegefamilien eine Maßnahme aus dem Katalog der Hilfen zur Erziehung nach § 27 ff Sozialgesetzbuch VIII (SGB VIII). Die Unterbringung in einer Familie kann für einen kurzen Zeitraum (Kurzzeit- oder Bereitschaftspflege) oder längerfristig (bis zur Volljährigkeit des Kindes) im Rahmen einer Dauerpflege erfolgen (Münder et al., 2009). Im Unterschied zu anderen Hilfen zur Erziehung sind die Voraussetzungen auf Seiten der hilfeleistenden Pflegefamilien sehr unterschiedlich. So können sowohl Verwandte des Pflegekindes oder Familien mit und ohne pädagogische Ausbildungen die Betreuung des Kindes übernehmen. Die Familien sind unterschiedlich zusammengesetzt. So können sowohl verheiratete und unverheiratete Paare, auch gleichen Geschlechts, als auch Einzelpersonen Kinder aufnehmen. Darüber hinaus gibt es Pflegefamilien, die bereits eigene oder angenommene Kinder haben und solche, die keine weiteren Kinder haben. Ebenso sind andere Konstruktionen denkbar, z.B. Einzelpersonen, die durch weitere Personen unterstützt werden (eigene Eltern, Haushaltshilfen o.ä.). Bei der Auswahl der geeigneten Familien kommt es vor allem auf die Passung zwischen

Hauptpflegeperson und Pflegekind an sowie auf weitere Einflussfaktoren, die sich durch die unterschiedlichen Settings ergeben. Auch ethnische Zugehörigkeiten sollten beachtet werden. 26% aller Pflegekinder in Deutschland haben einen Migrationshintergrund (Statistisches Bundesamt, 2011). Sievers und Thrum (2011) empfehlen wenn möglich Kinder innerhalb des Kulturkreises der Herkunftsfamilie zu vermitteln, bzw. die Pflegefamilie für die Kultur dieser zu sensibilisieren. Wichtig ist in jedem Fall eine generelle Offenheit der aufnehmenden Familie gegenüber kulturellen Gebräuchen der Herkunftsfamilie. Insbesondere ältere Kinder, die längere Zeit in ihrer Herkunftsfamilie gelebt haben benötigen Unterstützung bei der Integration verschiedener kultureller Normen und Bräuche. Ein akzeptierendes Vorgehen könnte auch auf Dauer die Bereitschaft von Migrantenfamilien erhöhen, Maßnahmen der Hilfen zur Erziehung eher zu akzeptieren (Toprak & Nowacki, 2012). Bisher werden häufig Erziehungsschwierigkeiten innerhalb der Familie selber geregelt, was für die Kinder gravierende Folgen haben kann. Zum Beispiel weist Toprak (2004) daraufhin, dass Familien ihre Kinder als mögliche Strafmaßnahme in ihr Herkunftsland, z.B. die Türkei schicken. Bei der Vermittlung von Kindern in Pflegefamilien müssen also diverse kulturelle und persönliche Merkmale berücksichtigt werden um eine erfolgreiche Hilfe zur Erziehung zu installieren.

In Deutschland sind unterschiedliche Konzepte vorhanden, nach denen Pflegefamilien ausgewählt und auch von Fachdiensten begleitet werden. Häufig gibt es Sonderabteilungen (Pflegekinderdienst) im Jugendamt einer Kommune oder eines Kreises im Rahmen des sogenannten Allgemeinen Sozialdienstes, die sich speziell um die Anwerbung, Vermittlung und Betreuung von Pflegefamilien kümmern. Darüber hinaus übernehmen auch freie Träger der Jugendhilfe diese Aufgaben und betreuen Pflegefamilien in unterschiedlicher Intensität. Eine Sonderform der Vollzeitpflege sind in Nordrhein Westfalen die so genannten Westfälischen Pflegefamilien. Dieses Angebot ist insbesondere für entwicklungsbeeinträchtigte Kinder und Jugendliche vorgesehen und beinhaltet eine intensive Begleitung der Pflegefamilien durch pädagogische Fachkräfte freier Träger der Jugendhilfe. Der Landschaftsverband Westfalen-Lippe (LWL), ist die Koordinations- und Beratungsstelle für die verschiedenen Träger der angebotenen Leistung (Landschaftsverband Westfalen-Lippe, 2011).

Die Vorgehensweise des öffentlichen Trägers der Jugendhilfe, der gemäß des Sozialgesetzbuches eine Garantenstellung bzgl. des Wohlergehens der Kinder im kommunalen Einzugsgebiet hat, ist in Deutschland sehr unterschiedlich. Auch wenn in den letzten Jahren mit der vertieften Diskussion über Kinderschutz und damit verbundenen Ansätze (Frühe Hilfen, Zusammenarbeit der verschiedenen Träger, Entbindung von der Schweigepflicht bei Kindeswohlgefährdung) einheitlichere Standards gefordert und zum Teil bereits umgesetzt werden. Ein einheitlicheres Vorgehen wird auch in Bezug auf die Vermittlung von Pflegekindern gefordert (Helmig et al., 2011; Pierlings, 2010).

Die Erfahrungen aus England zeigen, dass bei einer Vereinheitlichung die Gefahr einer starken Bürokratisierung und damit verbundenen Minimierung von Kontaktzeiten zwischen Mitarbeiterinnen des Jugendamtes und dem Klientel führt (Garrett, 2003). Auch Cardy (2010) berichtet kritisch über das Integrated Children´s System zur elektronischen Fallerfassung, das einen hohen Zeitaufwand für Mitarbeiterinnen und Mitarbeiter im Kinderschutz bedeute. In einer Studie berichteten Sozialarbeiterinnen und Sozialarbeiter, dass sie 60-80% ihrer Arbeitszeit vor dem Computer verbringen würden (Broadhurst et al., 2010; Holmes, Ward & McDermid, 2008). Trotzdem sollte die Diskussion über Grundstandards geführt werden um die Qualität sicherzustellen. Allerdings muss dabei immer Nutzen und Zeitaufwand abgewogen werden um Kontakte mit den Klientinnen und Klienten zu ermöglichen und deren Anliegen auch individuell im Blick zu haben.

Insgesamt waren im Jahr 2010 60.451 Kinder in Deutschland nach § 33 SGB VIII in einer Vollzeitpflegefamilie untergebracht (Statistisches Bundesamt, 2011). Das entspricht 11% aller Maßnahmen der Hilfen zur Erziehung nach §§ 27 ff. SGB VIII und 48% der stationären Unterbringungen. Kindler et al. (2010) weisen darauf hin, das im europäischen Vergleich die Pflegekinderhilfe in Deutschland noch ausbaufähig sei. Im Vergleich zu anderen Ländern gibt es einen hohen Anteil von Kindern, die in Heimen nach § 34 SGB VIII untergebracht sind (50% aller stationären Maßnahmen). In England sind beispielsweise nur 9% aller Kinder in sogenannten children´s homes (Heimeinrichtungen) untergebracht und 74% in Pflegefamilie (BAAF, kein Jahr).

Heimeinrichtungen sind in Deutschland sehr unterschiedlich strukturiert z.B. hinsichtlich der Gruppengröße oder der Art der Betreuung (Günder, 2011). Insgesamt kann davon ausgegangen werden, dass alle Formen stationärer Unterbringung immer diverser werden und die Schnittmengen zwischen Pflegefamilien (§ 33 SGB VIII) und Heimunterbringungen (§ 34 SGB VIII) sich immer mehr vergrößern. So werden zum Beispiel die so genannten Erziehungsstellen, bei denen konstante Betreuungspersonen in einem

Haushalt mit zu betreuenden Kindern leben, sowohl nach § 33 als auch nach § 34 SGB VIII vom öffentlichen Träger eingeordnet und damit finanziert. Wolf (1998) spricht von einer Familialisierung der Heimerziehung und einer Professionalisierung des Pflegekinderwesens. Ein differenziertes Hilfeangebot ist grundsätzlich zu begrüßen, da es vielfältige Hilfesettings ermöglicht. Zum einen müsste es aber mehr Klarheit über die verschiedenen Möglichkeiten und Angebote geben. Zum anderen muss darauf geachtet werden, dass die Hilfeangebote individuell an den Bedürfnissen der Betroffenen und nicht an den Bedürfnissen der Institutionen orientiert sind (Klatetzki, 1995; Hinte & Treeß, 2006; Nowacki, 2006; Toprak & Nowacki, 2012).

Adoptionen, die z.b. im angloamerikanischen Raum verstärkt auch als Hilfen zur Erziehung eingesetzt werden, sind in Deutschland eher selten. So gab es 2010 insgesamt 4.021 Adoptionen, sowohl durch Verwandte oder Stiefeltern als auch durch nicht verwandte Personen. Adoption bedeutet die Annahme als Kind durch ein Ehepaar oder eine Einzelperson (§ 1741 ff. Bürgerliches Gesetzbuch; s. auch Adoptionsvermittlungsgesetz). Bei der Adoptionspflege befindet sich ein Kind über einen längeren Zeitraum in der neuen Familie, um so dem Vormundschaftsgericht eine Prognose darüber zu ermöglichen, ob die Annahme dem Wohl des Kindes entspricht (Destatis, 2011). In England werden Adoptionen als Maßnahme zur Vermittlung von Kindern im Falle von Kindeswohlgefährdung gesehen und im Rahmen von Unterbringungsmöglichkeiten (placement options) aufgeführt (BAAF, kein Jahr). Die Einwilligung zur Adoption durch die leiblichen Eltern kann durch ein Gericht ersetzt werden, wenn es dem Wohl des Kindes entspricht (Adoption and Children Act 2002). Dies ist in Deutschland rein rechtlich ebenfalls möglich (Münder et al., 2009), aber die niedrige Zahl der Adoptionen insgesamt zeigt, dass dies nur selten eingesetzt wird.

Ein erhoffter Effekt von Adoptionen ist, neben einer rechtlichen Absicherung des familiären Verhältnisses zwischen annehmenden Personen und dem Kind, auch das psychologische Gefühl der Zugehörigkeit zu der sozialen Familie. Dies ist grundsätzlich sehr zu begrüßen es darf aber nicht übersehen werden, dass trotzdem ein Scheitern des Verhältnisses besteht und es zu einem Abbruch kommen kann. Darüber hinaus besteht auch die die Gefahr einer einseitigen Belastung der Adoptiveltern, die dann rechtlich hauptverantwortlich für das Kind sind und dies den Abbau von öffentlichen Hilfen zur Folge haben kann. Die Form der neuen Zugehörigkeit zu einer Familie darf nicht als kostengünstiges Modell pauschal favorisiert werden.

Unterstützung und Hilfen von Kindern sind öffentliche Aufgaben und sollten von den ausführenden Organen des Staates bereitgestellt werden. Insgesamt kann festgehalten werden, dass in Deutschland verschiedene Maßnahmen der Hilfen zur Erziehung zur Unterstützung von Familien eingesetzt werden können, die auch die Fremdunterbringung des Kindes beinhalten. Auch wenn dies im europäischen Vergleich, insbesondere mit England noch weniger ist, so werden doch Unterbringungen in Familien oder familienähnlichen Strukturen immer stärker gefordert. Um möglichst einheitliche Standards festlegen zu können ist es notwendig Wirkfaktoren stationärer und insbesondere familienorientierter Hilfen zu betrachten.

2 Wirkfaktoren stationärer Hilfen zur Erziehung

Kinder, die in Heimeinrichtungen aufwachsen, haben ein erhöhtes Risiko einer verzögerten Entwicklung im kognitiven und emotionalen Bereich (Rutter, 2006) und einer erhöhten psychischen Belastung (Nowacki & Schölmerich, 2010; Schleiffer, 2009), insbesondere im Vergleich zu Kindern aus Adoptiv- und Pflegefamilien (van den Dries et al., 2009). Trotzdem gelten auch Kinder in Pflegefamilien als hoch vulnerabel und zeigen emotionale und Verhaltensprobleme (Tarren-Sweeney & Hazell, 2006; Minnis et al., 2006; McMillen et al., 2005; Stovall & Dozier, 2000), sowie Schwierigkeiten im Aufbau neuer Bindungsbeziehungen (Rutter et al., 2007). Gründe für die Entwicklungsschwierigkeiten der Kinder können zum einen mögliche traumatische Vorerfahrungen durch Vernachlässigung, Misshandlung und Missbrauch und darüber hinausgehend Beziehungsabbrüche und Wechsel der Umgebung sein (Dornes, 1997).

In Fällen von massiver Kindeswohlgefährdung ist es notwendig Unterbringungsformen für Kinder vorzuhalten, in denen sie so gut wie möglich aufwachsen können. Was aber ist hilfreich für die positive Entwicklung und sollte daher als Wirkfaktor in stationären Hilfemaßnahmen berücksichtigt werden? Neben der körperlichen und materiellen Versorgung benötigen Kinder vor allem ein liebevolles und festes Beziehungsangebot sowie eine anregende Umgebung für ihre Entwicklung. Hierdurch können sowohl das Bindungs- als auch das Explorationsbedürfnis befriedigt werden (Grossmann & Grossmann, 2004). Nach Werner (2006) kann generell zwischen dem Bedürfnis nach Existenz, dem Bedürfnis nach sozialer Bindung und Verbundenheit und dem Bedürfnis nach Wachstum unterschieden werden.

Dementsprechend zeigen auch Untersuchungen, dass Kinder, die mit
einer dauerhaften Perspektive fremduntergebracht sind positive Entwick-
lungen aufweisen, insbesondere dann, wenn ihnen feste und liebevolle Bezugspersonen zur Verfügung stehen. Auch aus unterschiedlichen theoretischen Perspektiven scheint ein wichtiger Faktor der der sozialen Zugehörigkeit und damit auch der psychischen Bindungen des Kindes zu sein
(Schleiffer, 2009; Nowacki, 2007; Zeanah, Smyke & Dumitrescu, 2002;
Nienstedt & Westermann, 1998; Hodges & Tizard, 1989; Bowlby, 1951).
Gerade Kinder, die traumatische Erfahrungen gemacht haben benötigen
korrektive Beziehungserfahrungen mit festen Ansprechpersonen. Diese sollten selber möglichst ein positives Arbeitsmodell von Beziehungen in Form
einer sicheren Bindungsrepräsentation haben. In Untersuchungen konnte
festgestellt werden, dass Kinder in Heimen eher zu Betreuerinnen oder Be-
treuern gehen, die eine sichere Bindung haben (Zegers et al., 2006). Pflegekinder entwickeln, wenn sie als Kleinkinder vermittelt werden, schnell
Bindungsverhalten was dem Bindungsmodell der neuen Hauptbezugsperson gleicht (Stovall-McClough & Dozier, 2004). In einer Querschnittstudie
konnte auch bei älteren Kindern ein Zusammenhang zwischen ihren Arbeitsmodellen von Bindung und denen ihrer Pflegeeltern gefunden werden
(Nowacki et al., 2009). Natürlich muss in der Praxis beachtet werden, dass
die Anzahl potentieller Pflegeeltern nicht immer hoch ist. Trotzdem sollte
dieser Aspekt beachtet werden und Unterstützungsmaßnahmen für Pflegeeltern vorgesehen werden (s. auch Kapitel 1).

Wie sind aber die Möglichkeiten, des Beziehungsangebotes in den stationären Maßnahmen der Hilfen zur Erziehung? Im Unterschied zu Pflegefamilien haben stationäre Heimeinrichtungen nach § 34 SGB VIII einen mit
der Kommune und dem Landesjugendamt vereinbarten Betreuungsschlüs-
sel von pädagogisch geschultem Personal. Darüber hinaus wird in vielen
Einrichtungen ein Bezugserziehersystem umgesetzt, das durch explizite
Zuständigkeit einer bestimmten Mitarbeiterin oder eines Mitarbeiters für ein
Kind gekennzeichnet ist (Günder, 2011). Trotzdem ist die Gefahr des Wech-
sels durch berufliche oder private Veränderungen der Betreuungspersonen
groß. Auch strukturelle Veränderungen können in Einrichtungen Personal-
wechsel mit sich bringen. Darüber hinaus gibt es noch einen Großteil an
Heimeinrichtungen in denen im Schichtdienstsystem gearbeitet wird und
durch dazu kommende Urlaubs- und Feiertagsregelungen die Bezugspersonen für die Kinder und Jugendlichen nicht konstant ansprechbar sind.
Wie bereits erwähnt wächst aber die Zahl der eher kleinen, familienorien-

tierten Heimgruppen, in denen familienähnliche Strukturen realisiert werden. Hier müssen Voraussetzungen geschaffen werden, dass die Mitarbeiterinnen und Mitarbeiter eine längerfristige Perspektive in der Beschäftigung sehen um die Konstanz der Bezugspersonen für die Kinder soweit wie es geht zu ermöglichen.

Besonders jüngere Kinder, egal in welchem stationären Setting der Hilfen zur Erziehung, suchen sich Bezugspersonen zu denen sie versuchen eine Bindung aufzubauen. Gerade bei theoretisch geplanten kurzfristigeren Unterbringungen, wie z.b. Diagnosegruppen im Heim oder Bereitschaftspflegestellen kann aufgrund verschiedenster Faktoren ein längerfristiger Aufenthalt Realität sein. Die Frage, ob und wie durch professionelles Handeln ein Bindungsaufbau verhindert werden kann bedeutet eine Abwägung der größeren Schädigung durch ein Versagen des kindlichen Bedürfnisses oder Verhinderung eines Bindungsaufbaus um den Abbruch zu erleichtern. Im Wesentlichen handelt es sich hier um ein strukturelles Problem, durch insbesondere lang andauernde Gerichtsverfahren und personelle Überlastungen bei den Trägern der öffentlichen und privaten Jugendhilfe, durch die u.U. sinnvolle kurzfristige Unterbringungen verlängert und damit massiv in die Entwicklungsbedürfnisse der Kinder eingegriffen wird.

Neben den Heimeinrichtungen nach § 34 SGB VIII gibt es private Familien, die für die staatliche Gemeinschaft eine Dienstleistung übernehmen, in dem sie ein Kind oder einen Jugendlichen in einer Notsituation in ihr privates Zuhause aufnehmen und ihn oder sie betreuen („Vollzeitpflege", § 33 SGB VIII). Die Konstanz der Bezugspersonen und ein familiäres Setting, welches dem der meisten Kinder und Jugendlichen gleicht, sind wichtige Wirkfaktoren dieser Hilfeform (Nowacki & Schölmerich, 2010). Allerdings gibt es immer mehr Kinder mit traumatischen Erfahrungen (s. auch Teil B in diesem Band), die eine spezifische Betreuung benötigen, wodurch immer häufiger spezifische Begleitungen der Pflegeeltern und auch professionelle Pflegestellen nachgefragt werden. Dadurch verändert sich diese Sonderform der privaten Betreuung von Kindern immer stärker in eine öffentlich begleitete und auch kontrollierte. Kotthaus (2009) diskutiert, bezugnehmend auf Bonhoeffer und Widemann (1974) die schwierige Vereinbarkeit zwischen Privatheit und Normalität der Pflegestelle als Familie und dem öffentlichen Auftrag der Jugendhilfe. Sollte wegen der familiären Strukturen als Wirkfaktor dieser Hilfe zur Erziehung die Kontrolle von außen durch den öffentlichen Träger der Jugendhilfe entfallen? Auch im Hinblick auf jüngste Fälle von massiver Kindeswohlgefährdung in Pflegefamilien, z.B. der Tod eines Pflegekindes in einer Hamburger Pflegefamilie (u.a. Süddeutsche, 2012) bleibt festzuhalten, dass eine verantwortliche Auswahl und Begleitung von Pflegefamilien notwendig ist um das Wohl des Kindes sicherzustellen (s. auch Teil C in diesem Band). Darüber hinaus ist es aber ebenfalls erforderlich, die Pflegeeltern, die durch die Aufnahme eines Kindes einen wichtigen gesellschaftlichen Auftrag übernehmen zu unterstützen und ihre Arbeit zu wertschätzen. Auch die Mitarbeiterinnen und Mitarbeiter des Pflegekinderdienstes haben eine wichtige Funktion als konstante Ansprechpartnerinnen und Ansprechpartner für die vermittelten Kinder. Es erscheint absolut erforderlich, Kinder nachhaltig durch einen Pflegekinderdienst begleitet werden und von öffentlicher Seite konstante Ansprechpersonen haben. So betonte zum Beispiel ein junger Mann, der in einer Pflegefamilie aufgewachsen war in einer retrospektiven Befragung (Nowacki, 2007), dass der Mitarbeiter des für ihn zuständigen Pflegekinderdienstes eine wichtige und konstante Bezugsperson über Jahre war. Der junge Mann hatte insgesamt drei Aufenthaltswechsel in verschiedenen Familien hinter sich und wurde durch diese Zeit von dem Jugendamtsmitarbeiter begleitet Dies war für ihn ein wichtiger und haltgebender Faktor. Auch in einer Vollzeitpflege mit, soweit rechtlich möglicher, dauerhafter Perspektive, können die Kinder die Pflegefamilie als soziale Familie empfinden. In derselben Studie (ebd.) berichtete ein Teil der jungen Erwachsenen, die in einer Pflegefamilie groß geworden sind, dass sie die Pflegeeltern als soziale Eltern ansehen und sich in die Familienstrukturen vollständig integriert fühlen. Auch nach Beendigung der Hilfe zur Erziehung mit der Volljährigkeit besteht Kontakt und Eingebunden sein in die Strukturen der Pflegefamilie (gemeinsames Wohnen, Kinder der Pflegekinder werden als Enkelkinder angesehen etc.). Dieser Wunsch nach Zugehörigkeit wird auch in einem Interviewausschnitt mit einer jungen Frau deutlich, die mit vier Jahren in eine Pflegefamilie vermittelt wurde und im Rahmen der Untersuchung (ebd.) interviewt wurde.

„Und der Rektor sagte zu mir bei der Einschulungsuntersuchung: „So Du heißt also Sabine Müller". Daraufhin habe ich gesagt: „Das stimmt ja gar nicht, ich heiße Sabine Schmidt, genauso wie meine (Anm. der Autorin: Pflege-) mutter." Darauf habe immer viel Wert gelegt auch wenn ich damals noch gar nicht adoptiert war, ich bin doch das Kind meiner (Anm. der Autorin: Pflege-) eltern." (Anm. der Autorin: Der Name wurde geändert)

Es kann festgehalten werden, dass eine konstante Bezugsperson ein wichtiger Faktor für die gesunde Entwicklung eines Kindes im Rahmen von Hilfen zur Erziehung ist. Allerdings muss diese Beziehung auch durch einen liebevollen und unterstützenden Umgang gekennzeichnet sein und weitere Faktoren beachtet werden, die auf das Kind und seine Umgebung einwirken. Ein ganz wichtiger Aspekt in diesem Zusammenhang ist die Situation der Herkunftsfamilie. Inwieweit gibt es noch Kontakt zu den leiblichen Eltern und möglichen leiblichen Geschwistern? Konnten die Eltern die Unterbringung des Kindes akzeptieren und die neue Lebenssituation mittragen oder wünschen sie sich in jedem Fall eine Rückkehr des Kindes und gehen z.b. gerichtlich gegen die Unterbringung vor? Dies beeinflusst auch die psychische Situation des Kindes stark und es ist für sie wünschenswert, dass eine klare Zukunftsperspektive besteht, die von allen getragen werden kann. Für diese Entscheidungen und auch Ablösungen durch die leiblichen Eltern benötigt es Zeit und personelle Ressourcen um diese zu begleiten und ihnen im Entscheidungsprozess zu helfen.

Je nach Vorerfahrungen und auch aktueller Situation mit der Herkunftsfamilie zeigen die Kinder unterschiedliche Symptomausprägungen und auch Möglichkeiten sich in neue familiäre Strukturen einzupassen. Die Situation in der neuen Familie muss ebenfalls betrachtet werden und Voraussetzungen auf Seiten der Pflegeeltern geprüft werden (s. auch Teil D in diesem Band). Strukturen und Bedingungen in der Herkunftsfamilie, individuelle Faktoren des Kindes und der Pflegeeltern aber auch strukturelle Bedingungen beim Träger der Hilfeleistung müssen bei der Vermittlung berücksichtigt werden.

Zusammenfassend kann festgestellt werden, dass Bezugspersonen, die Kinder im Rahmen von Hilfen zur Erziehung stationär betreuen, diesen ein Beziehungsangebot machen muss um korrektive Erfahrungen zu ermöglichen. Die Kinder benötigen Hilfestellungen um ihr Verhalten auf die neue Situation auszurichten und traumatische Erlebnisse verarbeiten zu können. Sie müssen außerdem in dem oft schwierigen Prozess der Ablösung von ihren Eltern begleitet werden und ihre möglicherweise ambivalenten Gefühle angenommen werden. Bezugserzieherinnen und -erzieher im Heim und auch Pflegeeltern benötigen Unterstützung im Umgang mit den zu betreuenden Kindern. Die Sonderrolle von Privatpersonen, die Pflegekinder in ihr Zuhause aufnehmen muss beachtet werden. Wichtig erscheint, dass es schwieriger ist generelle Empfehlungen auszusprechen sondern die Besonderheiten der Situation des jeweiligen Kindes und seiner Umgebung zu berücksichtigen um eine maßgeschneiderte Hilfe zu ermöglichen.

3   Individuelle Hilfe zur Erziehung

Um den individuellen Bedürfnissen von Kindern und Jugendlichen, die nach traumatischen Erfahrungen fremduntergebracht werden müssen, gerecht zu werden ist es notwendig verschiedenartige Angebote der Hilfen zur Erziehung vorzuhalten und speziell anzupassen. Das kann zum Beispiel einen flexiblen Umgang mit Hilfeangeboten innerhalb eines Anbieters oder zwischen mehreren Trägern der Jugendhilfe bedeuten (Toprak & Nowacki, 2012; Klatetzki, 1995). Freie Träger der Jugendhilfe bieten zum Beispiel immer häufiger Mischangebote stationärer und ambulanter Formen als flexible Hilfen zur Erziehung an (z.b. Adler & Holzwarth, 1999; Kinder- und Jugendhilfehaus FleX, ohne Jahr; Caritas Erzbistum Köln, ohne Jahr).

Auch im Bereich des Pflegekinderwesens gibt es, wie bereits erwähnt, eine größere Bandbreite von Angeboten. Sowohl das Ausmaß pädagogischer Vorkenntnisse von Pflegeeltern als auch die begleitende fachliche Unterstützung sind beispielsweise sehr unterschiedlich. So reichen die Hilfen, wie bereits erwähnt, von professionellen Pflegefamilien mit regelmäßiger Supervision bis hin zu privaten Familien, die die Pflegekinder wie ihre eigenen Kinder aufziehen. Auch Blandow (2004) betont, dass es sehr unterschiedliche Hilfeangebote im Bereich des Pflegekinderwesens gibt, diese aber deutlich benannt und abgegrenzt werden sollten. Eine explizite Nennung der Möglichkeiten einer Maßnahme erleichtert die passgenaue Hilfe für die Kinder und Familien.

Um maßgeschneiderte Hilfeangebote konzipieren zu können ist außerdem eine gezielte Diagnostik notwendig, die zum einen Verhaltensweisen von Kindern auf ihrem Erfahrungshintergrund und im Hinblick auf ihre Basismotive einordnen kann (Sachse, 2005; Nowacki, 2009). Hierzu gehören z.B. das Motiv nach Anerkennung durch nahe Bezugspersonen und die Respektierung von Grenzen und Autonomie der Kinder. Zum anderen sollte aus dem Blickwinkel eines Diversity Ansatzes die Verschiedenartigkeit und Individualität begriffen werden. Hiermit sind Aspekte von Geschlecht und Rollenzuschreibung, kulturellem Hintergrund aber auch Alter und Entwicklungsstand sowie mentaler und physischer Fähigkeiten gemeint (Krell et al., 2007).

Die Rahmenbedingungen einer Hilfe sollten nicht alleine ausschlaggebend für eine Installierung sein, sondern im Wesentlichen die Anliegen der Kinder und Jugendlichen, die auch altersabhängig angemessen in den Prozess miteinbezogen werden sollten. Das bedeutet, dass auch bei geringer Bewerberlage eine sorgfältige Auswahl des stationären Settings erfolgen

muss. Kinder, die viel Aufmerksamkeit und Zeitressourcen der neuen Bezugspersonen benötigen sollten nicht bei berufstätigen Pflegeeltern untergebracht werden. Hier müssen u. U. andere Entlastungen, z.b. finanzieller
Art überlegt werden, um den Pflegemutter oder Pflegevater eine vorüber-
gehende Erziehungszeit zu ermöglichen. Wenn Kinder und Jugendliche bereits eine feste Bezugsperson haben, die sie z.b. ambulant im Elternhaus
betreut hat könnte die Einrichtung einer zusätzlichen pädagogischen Begleitung auch bei der Unterbringung in einer Pflegefamilie Sinn machen um die
Konstanz von Beziehungsangeboten zu gewährleisten und noch nicht erreichte Erziehungsziele für das Kind oder den Jugendlichen zu ermöglichen
(z.B. Begleitung im Schulunterricht; Elemente eines Selbstbehauptungs-
trainings oder Sozialen Kompetenztrainings o.ä.). Hier ist es notwendig im
Rahmen des Hilfeplans über die Kombination und Zuschneidung der Hilfen
mit allen Beteiligten zu sprechen und die Ziele regelmäßig zu überprüfen.

Darüber hinaus müssen auch die Belange der Herkunftsfamilie explizit
berücksichtigt werden, da es zum einen per Gesetz eine Rückkehroption zu
den leiblichen Eltern gibt und auch bei einer dauerhaften Unterbringung
Ablösung und Trauerarbeit essentiell sind, damit die Kinder sich mit möglichst geringen Loyalitätskonflikten in ihre neue Lebenssituation integrieren
können. Deshalb ist es in diesem Zusammenhang von Bedeutung, welches
mittel- bzw. langfristige Ziel die stationäre Unterbringung des Kindes hat um
adäquat mit allen Beteiligten an diesem zu arbeiten.

Dementsprechend sollten im Sinne einer flexiblen Erziehungshilfe (Klatetzki, 1995) die Bedürfnisse insbesondere der betroffenen Kinder im Mittelpunkt stehen. So haben sie unterschiedliche soziale und kulturelle Erfahrungen in ihren Herkunftsfamilien gemacht und bringen diverse Persönlichkeitsmerkmale wie beispielsweise Geschlecht, Intelligenz oder Tempera-
ment mit, die wiederum durch ihre Umwelterfahrungen geprägt wurden. Um
die geeignete und passende Hilfe zu installieren bedarf es also einer um-
fassenden Diagnostik (s.o.) und qualifizierter sozialpädagogischer Entwick-
lungsprognosen (Münder et al., 2009). In den letzten Jahren ist die Anzahl
älterer Kinder mit größeren Schwierigkeiten, zum Beispiel im Verhalten,
gestiegen (ebd.), wodurch sich die Anforderung sowohl an die Mitarbeiterinnen und Mitarbeiter von Jugendämtern als auch an die Pflegeeltern, die
immer stärker mit herausforderndem und schwierigem Verhalten der Pflegekinder konfrontiert sind erhöht (Münder et al., 2009; Kindler et al., 2011)
Dies bedeutet, dass die Auswahl der Pflegefamilien und ihre Unterstützung
besonderes sorgfältig und nachhaltig erfolgen muss.

4 Forderungen

Insgesamt lassen sich entsprechend verschiedene Forderungen auf sozialpolitischer und pädagogischer Ebene ableiten.

- Für das Vorgehen in der Jugendhilfe insgesamt sollten Eckpunkte für
  eine Standardisierung im Vorgehen der Erfassung, Diagnostik, Vermittlung und Begleitung von Kindern, Jugendlichen und ihren Famili-
  en geschaffen werden (s. auch Teil C im vorliegenden Band). Diese
  sollten aber genügend Freiräume lassen um zum einen die individuellen Besonderheiten des Kindes und seiner Familie zu berücksichtigen und zum anderen die jeweiligen persönlichen Fähigkeiten und
  Ressourcen örtlicher Netzwerke optimal nutzen zu können. Hier sind
  sowohl Fachleute als auch die Politik gefragt die Flexibilität und den
  inhaltlichen Diskurs zur Qualitätsverbesserung vor eine übermäßige
  Bürokratisierung von Abläufen zu stellen. Um dies zu erreichen hilft
  möglicherweise ein Vergleich mit europäischen Nachbarländern, wie
  z.b. England (s. Kapitel 1).
- Die Politik sollte das Thema Jugendhilfe stärker wahrnehmen und erkennen, dass nachhaltige Maßnahmen langfristige Folgekosten von
  Einsparungspolitik verringern können.
- Fallspezifische, sozialpädagogische Diagnostik unter Berücksichtigung ausgewählten psychologischen und soziologischen Fachwis-
  sens sind wichtige Bausteine um eine flexible und individuelle Hilfe
  zu ermöglichen, die Abbrüche von längerfristigen Hilfemaßnahmen
  möglichst minimieren sollte. Dies bedeutet eine noch bessere Ausbildung von Fachkräften und das Angebot regelmäßiger Fortbildungen durch öffentliche und freie Träger der Jugendhilfe.
- Bei der Arbeit mit Familien und bei der Vermittlung von Kindern, z.B.
  in Pflegefamilien sollten Aspekte des Diversity Ansatzes noch stär-
  kere Berücksichtigung finden. Hierunter fällt zum Beispiel die Beachtung kultureller Hintergründe von Herkunftsfamilien. Dafür müsste
  zum einen die interkulturelle Kompetenz von Mitarbeiterinnen und
  Mitarbeitern im Jugendamt mehr geschult werden. Zum anderen
  sollte versucht werden noch stärker Pflegefamilien mit diversen kulturellen Hintergründen als Pflegeeltern zu gewinnen und die Offenheit von Pflegeeltern gegenüber kulturellen Besonderheiten als wichtiges Auswahlkriterium zu nehmen.

- Wichtig erscheint ebenfalls eine gezielte Schulung und Unterstützung von Pflegeeltern. Auch in Zeiten von geringen finanziellen Mitteln kommunaler Haushalte sollten hierfür ausreichende Ressourcen zur Verfügung gestellt werden um Kinder optimal zu betreuen und Folgekosten möglichst gering zu halten (s. auch Teil C im vorliegenden Band). Zur Förderung einer stabilen Beziehung zwischen Pflegeeltern und Kind gibt es verschiedene Trainingsprogramme (für einen Überblick: Bovenschen & Spangler, 2008). Auch im Intensivpädagogischen Programm (Eberhard & Eberhard, 2000) für Pflegekinder wird die Beziehung zwischen Pflegeeltern und Kind in den Vordergrund gestellt und darauf aufbauend Erziehungsziele verfolgt („Erst Beziehung, dann Erziehung") (Malter, 2001). Solche Programme sollten noch stärker in die Arbeit von Pflegekinderdiensten integriert werden um auch Kindern mit herausfordernden Verhaltensweisen eine dauerhafte Unterbringung zu ermöglichen.
- Nicht zuletzt genannt werden sollten sozialpolitische Forderungen nach Unterstützung von Familien generell um Armut und Überforderung zu minimieren und die Zahlen für Fremdunterbringungen zu verringern (s. auch Teil B im vorliegenden Band).
- Zur Untermauerung der vorliegenden Aussagen und Forderungen ist es notwendig mehr Forschung über die Wirkmechanismen der verschiedenen Hilfen, insbesondere auch der Unterbringung in Pflegefamilien voranzubringen. Die Längsschnittstudie „Bindungsentwicklung von Pflegekindern" (Spangler, Bovenschen & Nowacki, unveröffentlicht), soll dazu einen Beitrag leisten, in dem Aussagen über hilfreiche Mechanismen für eine gelungene Entwicklung von Kindern in Pflegefamilien gemacht werden.

Bei der kritischen Einschätzung bezüglich der Umsetzung der genannten Forderungen sollte beachtet werden, dass es um das Wohl und die Entwicklung von Kindern geht. Diese sind die Zukunft unserer Gesellschaft und müssen tragende Funktionen, auch im Hinblick auf den demographischen Wandel, übernehmen.

Teil B

Silke Remiorz

Erfahrungen von Pflegekindern in der Herkunftsfamilie – Pädagogische und sozialpolitische Konsequenzen

Abstract

Pflegekinder werden durch ihre Vorerfahrungen in der Herkunftsfamilie geprägt. Häufig führen massive Vernachlässigungen und Misshandlungen, einhergehend mit schwierigen sozioökonomischen Bedingungen und hohen psychischen Belastungen der Herkunftseltern, zu Fremdunterbringungen in Pflegefamilien.

In diesem Beitrag werden Vorerfahrungen von Kindern erfasst, die im Alter von ein bis sechs Jahren im Raum Dortmund in eine Pflegefamilie vermittelt worden sind. Insbesondere werden von Mitarbeiterinnen und Mitarbeitern der Pflegekinderfachdienste die traumatischen Erlebnisse der Kinder eingestuft und darüber hinaus ihre sozialen Bezüge erfasst. Hierbei liegt der Schwerpunkt auf der Schichtzugehörigkeit der Pflegekinder, gemessen am Einkommen und dem Bildungsstand der Herkunftseltern.

Die Gesamtstichprobe gliedert sich in drei Teilstichproben. Die erste umfasst 15 Kinder, die im Rahmen der Längsschnittstudie „Bindungsentwicklung und psychosoziale Anpassung von Pflegekindern" (Spangler, Bovenschen & Nowacki, unveröffentlicht) der Friedrich-Alexander-Universität Erlangen-Nürnberg und der Fachhochschule Dortmund am Standort Dortmund untersucht werden. In der zweiten Teilstichprobe sind Daten von 8 Kinder erfasst, die an der Vorstudie „Bindung und psychosoziale Anpassung von Pflegekindern" (Bovenschen, Nowacki & Spangler, unveröffentlicht) teilnehmen. Die dritte Teilstichprobe setzt sich aus 30 Kindern des Pflegekinderdienstes der Stadt Dortmund zusammen die aktuell im Rahmen einer Dauerpflege vermittelt sind. Die Erhebung der von den Pflegekindern in ihrer Herkunftsfamilie gemachten Erfahrungen erfolgt durch einen speziell entwickelten Fragebogen.

Besonders deutlich wird, dass ein Zusammenhang zwischen der Vernachlässigung eines Kindes und dem soziostrukturellen Status der Herkunftseltern besteht. Dies bedeutet zum einen, dass ein hoher pädagogischer Interventionsbedarf hinsichtlich der Eltern-Kind Interaktion besteht, der Kinderschutz gestärkt und die Beratung für Pflegeeltern ausgebaut werden muss und zum anderen, dass der Staat sozialpolitische Maßnahmen vorantreiben muss.

Einleitung

Ist das Wohl eines Kindes oder Jugendlichen gefährdet, so ist das Jugendamt dazu berechtigt und verpflichtet das Kind oder den Jugendlichen in
Obhut zu nehmen, um Gefahr von diesem abzuwenden und dessen Wohl
zu gewährleisten (Stascheit, 2009). In der Bundesrepublik Deutschland lag
die Anzahl der Kinder und Jugendlichen, die im Jahr 2009 Hilfen zur Erziehung gem. §§ 27-35 Sozialgesetzbuch VIII (SGB VIII) erhalten haben bei
537.843 Fällen (Statistisches Bundesamt, 2011). Davon wurden mehr als
120.000 der Betroffenen stationär in einer Vollzeitpflegefamilie, in einem
Heim oder einer anderen Betreuungsform untergebracht. Die Gefährdung
oder die drohende Gefährdung des Wohls der Kinder oder der Jugendlichen wurde dabei als Grund für die Inobhutnahme durch das jeweils zuständige Jugendamt genannt (ebd., 2011).

Was aber gefährdet das Wohl eines Kindes oder Jugendlichen in seiner
Herkunftsfamilie? Welche Erfahrungen machen Kinder oder Jugendliche in
ihrer Familie, die dazu führen, dass sie fremduntergebracht werden müssen? Verschiedene Studien zu diesem Thema zeigen auf, dass Pflegekinder
häufig traumatisierende Erfahrungen in ihren Herkunftsfamilien gemacht
haben (z.b. Burry, 1999; Minnis, 2006). Die Erfassung dieser traumatischen
Erfahrungen und sowohl innerfamiliärer, als auch sozialstruktureller Faktoren, erscheinen somit besonders wichtig, um eine passgenaue Hilfe zur
Erziehung festzulegen. Gründe für eine Überforderung von Herkunftseltern
in der Pflege und Erziehung ihrer Kinder, sind häufig neben innerfamiliären,
auch sozialstrukturelle Aspekte, wie zum Beispiel der soziale Status der
Herkunftseltern (Geißler, 2004). Dies hat sozialpolitische Relevanz, da so-
ziostrukturelle Faktoren von Familien in Deutschland nachhaltig verbessert
werden sollten, damit das Eingreifen des Staates, bei Kindeswohlgefährdung möglichst reduziert werden kann und eine Fremdunterbringung seltener notwendig wird. Besonders für Alleinerziehende in Deutschland ist jedoch häufig die individuelle Lebenslage schwierig. Rund 40 % aller Alleinerziehenden in Deutschland sind von relativer Armut betroffen und zudem
meist erwerbslos (Bertram, 2010). Hier sollten neben den gewährten Hilfen
zur Erziehung im Einzelfall auch allgemeine sozialpolitische Konsequenzen
diskutiert werden.

Die Auswirkungen aller einflussnehmenden Faktoren und sich daraus
ergebenen Konsequenzen für die Arbeit mit den betroffenen Kindern und
Jugendlichen, deren Herkunftsfamilien, sowie deren Vollzeitpflegefamilien
steht im Vordergrund dieser Auseinandersetzung und wird ausführlich erläutert.

Als Grundlage für die Entwicklung der Fragestellung „Erfahrungen von
Pflegekindern in der Herkunftsfamilie – pädagogische und sozialpolitische
Konsequenzen", diente die Mitarbeit am Forschungsprojekt „Bindungsentwicklung und psychosoziale Entwicklung von Pflegekindern" der Friedrich-
Alexander-Universität Erlangen-Nürnberg und der Fachhochschule Dort-
mund (Spangler, Bovenschen & Nowacki, unveröffentlicht). Die Mitarbeit
erfolgte am Forschungsstandort in Dortmund unter der Leitung von Prof.
Dr. Katja Nowacki. Zur Erhebung der vorliegenden Stichprobe wurde ein
Fragebogen zur Erfassung von Erfahrungen von Pflegekindern in der Herkunftsfamilie für die zuständigen Jugendamtsmitarbeiterinnen und -mit-
arbeiter entwickelt. Die Entwicklung des Fragebogens erfolgte durch Prof.
Dr. Gottfried Spangler und Dr. Ina Bovenschen der Friedrich-Alexander-
Universität Erlangen-Nürnberg. Dieser dient der Erfassung des Schweregrades, der von den Pflegekindern in der Herkunftsfamilie gemachten Vorerfahrungen. Hinsichtlich der Erfassung der Vorerfahrungen wurde der Fragebogen in Anlehnung an Barnett (1993) gestaltet.

In der vorliegenden Stichprobe wurden Informationen von insgesamt 53
Pflegekindern erhoben. Die Datenerhebung erfolgte in drei Teilstichproben
durch die Autorin und erstreckte sich über den gesamten Einzugsraum
„Ruhrgebiet".

Die vorliegende Auseinandersetzung beginnt mit einer theoretischen Her-
anführung an einflussnehmende Faktoren auf die Vorerfahrungen von Pflegekindern in ihrer Herkunftsfamilie und ihre Auswirkungen. Hierbei werden
im Wesentlichen Aspekte von Kindeswohlgefährdung und ihre rechtlichen
Grundlagen erläutert. Anschließend wird die verwendete Methode (Stichproben und Fragebogen) beschrieben, um darauf folgend die erhobenen
Ergebnisse darzustellen. Abschließend werden die Ergebnisse unter pädagogischen und sozialpolitischen Konsequenzen diskutiert.

1   Theorie

Die Vorerfahrungen von Pflegekindern in ihren Herkunftsfamilien sind prägende Sozialisationsbedingungen, die ihre weitere Entwicklung wesentlich beeinflussen. Insbesondere die sozioökonomischen und innerfamiliären Faktoren des Sozialisationsprozesses sind bedeutsam und können Risiko- oder Schutzfaktoren für das Aufwachsen der Kinder sein. Unter ungünstigen Bedingungen kann es zu Vernachlässigung, Misshandlung oder sexuellem Missbrauch durch primäre Bezugspersonen kommen, was wiederum eine Fremdunterbringungen von Kindern nach §§ 27 ff. SGB VIII (Stascheit, 2009) notwendig machen kann.

1.1   Einflussnehmende Faktoren auf die Sozialisation des Pflegekindes in seiner Herkunftsfamilie

In diesem Kapitel werden sozioökonomische Faktoren der Herkunftsfamilie, sowie innerfamiliäre Faktoren als wesentlich einflussnehmende Bereiche auf die Sozialisation des Pflegekindes in seiner Herkunftsfamilie dargestellt.

1.1.1   Sozioökonomische Faktoren in der Herkunftsfamilie

Die Sozialisation lässt sich nach sozialwissenschaftlichen Definitionen in drei Phasen unterteilen (Helsper, 2007). Neben der ersten, der familiären, also primären Sozialisationsphase gibt es die sekundäre und tertiäre Sozialisationsphase. Die sekundäre Sozialisation beschreibt die Jugend- und Heranwachsendenphase eines Menschen, die tertiäre Phase umfasst die Sozialisation eines Erwachsenen bis zu seinem Tod (ebd.). Die Erfahrungen der Pflegekinder in ihrer Herkunftsfamilie gehören zur primären Sozialisation. Schwierige sozioökonomische Bedingungen führen nicht automatisch zu einem problematischen Umgang der Eltern mit ihrem Kind, können sich aber belastend auswirkend.

Zum besseren Verständnis wird der Sozialisationsbegriff, sowie die Sozialstruktur unserer Gesellschaft erläutert. Der Sozialisationsbegriff umfasst das Zusammenwirken des einzelnen Individuums mit der Gesellschaft in der es lebt. Dieses Zusammenwirken nimmt Einfluss auf die physische und psychische Entwicklung des Individuums und somit auch auf dessen innere und äußere Lebenslagen (Geißler, 2004). Nach Helsper (2007) umfassen physische und psychische Entwicklungsfaktoren eines Menschen, innerhalb seiner Sozialisation seine kognitive und sprachliche Entwicklung, sowie die Ausbildung einer eigenen rationalen und emotionalen Identität. Gesellschaftliche Bedingungen haben Einfluss auf die individuelle Entwicklung. Das bedeutet konkret, dass sich zum Beispiel ein geringer sozioökonomischer Status der Herkunftseltern belastend auf die Erziehung ihrer Kinder auswirken kann. Kann die primäre physische Versorgung durch Nahrungsmittel und/oder Hygiene des Kindes nicht nach den Ansprüchen der Eltern für ihr Kind erfüllt werden, kann sich dies belastend auf die psychische Situation der Eltern auswirken. Im Zusammenspiel mit den nicht erfüllten Bedürfnissen der Kinder, die diese zum Beispiel durch schreien und/oder quengeln äußern, kann es dazu kommen, dass Herkunftseltern eher dazu neigen sich nicht anders helfen zu können, als ihr Kind durch Gewalt ruhig zu stellen. Somit ist festzuhalten, dass sich die relative Armut der Herkunftseltern so belastend und überfordernd auf diese auswirken kann, dass Eltern das Wohl ihres Kindes nicht gewährleisten können und diese zu Pflegekindern werden.

Abschließend ist der Begriff der „Sozialstruktur" zu erläutern, um den Zusammenhang einzelner einflussnehmender Faktoren, zum Beispiel den sozialen Status, welcher ökonomische-, bildungs- und beschäftigungs- Faktoren beinhaltet, sowie den sozialen Wohnraum in dem die Sozialisation stattfindet, deutlich zu machen. Die zuvor genannten Faktoren lassen sich nach Helsper (2007, S.86) unter dem Begriff der „schichtspezifische Sozialisation" zusammenfassen. Die Sozialstruktur einer Gesellschaft umfasst nach Geißler (2008, S.19):

> „(...) die Wirkungszusammenhänge in einer mehrdimensionalen Gliederung der Gesellschaft in unterschiedliche Gruppen nach wichtigen sozial relevanten Merkmalen sowie in den relativ dauerhaften sozialen Beziehungen dieser Gruppe untereinander."

Dies bedeutet, dass sich die Struktur einer Gesellschaft in einzelne Teile untergliedern lässt, diese in einer wechselseitigen Beziehung zueinander stehen und gegenseitig aufeinander einwirken. Nach Marx (1953) umfasst die Sozialstruktur genau das, was demnach unter dem Konstrukt der Gesellschaft zu verstehen ist. Marx versteht „Die Gesellschaft (...) [als] die Gesamtheit der Beziehungen und Verhältnisse der Individuen. Sie entsteht als

Resultat des wechselseitigen Handelns der Menschen (...)." (Lotter, 2006, S.131)

Welchen Einfluss „die Gesamtheit der Beziehungen und Verhältnisse der Individuen" (Lotter, 2006, S.131) in der Gesellschaft auf die Erfahrungen von Pflegekindern in ihrer Herkunftsfamilie haben, wird in den folgenden Abschnitten erläutert.

Sozialer Status (Schichtzugehörigkeit)

Wie zuvor beschriebenen, impliziert die Sozialisation des Individuums in der Gesellschaft eine gegenseitige Wechselwirkung mit dieser. So steht die sozialisationsbedingte Einordnung in eine gesellschaftliche Schicht, der soziale Status, im Zusammenhang mit der weiteren Entwicklung des Einzelnen (Frank, 2008). Eine Einordnung des Individuums in eine soziale Schicht wird unter anderem durch ökonomische Faktoren und Bildungs- und Beschäftigungsfaktoren bestimmt (Helsper, 2007). Geißler (2004) beschreibt ferner zwei einflussnehmende Aspekte, die eine Einteilung der Bevölkerung in eine soziale Schicht bedingen können. Diese benennt Geißler (2004) wie bereits erwähnt, als innere und äußere Lebensbedingungen. Die äußeren Lebensbedingungen umfassen „(...) insbesondere die Berufsposition, Einkommen und Besitz, das Qualifikationsniveau sowie Einfluss und Sozialprestige." (Geißler, 2004, S.37) Diese genannten Faktoren beeinflussen somit die inneren Lebensbedingungen, welche im Zusammenwirken mit den äußeren Lebensbedingungen wiederum die Herausbildung eines „schichttypische[n] Habitus" bedingen (Geißler, 2004, S.39). Eine soziale Schicht umfasst also Menschen oder ganze Bevölkerungsgruppen, die ähnliche oder gleiche Lebenserfahrungen machen oder gemacht haben, welche sich in ihren Persönlichkeitsstrukturen ähneln und die demzufolge die aus den genannten Faktoren erwachsenen Lebenschancen und Risiken miteinander teilen (Geißler, 2008).

Ebenso ist eine soziale Vererbung des sozialen Status möglich, gleichermaßen wie der individuelle Auf- und Abstieg des Individuums zwischen den einzelnen Schichten (Helsper, 2007). Würde man in der Auseinandersetzung mit dieser These behaupten, dass Pflegekinder, welche in ihrer Sozialisation vielen Belastungen ausgesetzt sind, ausschließlich aus der sozialen Unterschicht kommen, so würde man den sozialen Status des Individuums, in diesem Fall den sozialen Status der Herkunftsfamilie des Pflegekindes, unter einen Generalverdacht für das Scheitern der physischen

und psychischen Entwicklung eines Kindes in sozial schwachen Familien
stellen. Die Wahrscheinlichkeit, dass sich die These auf einen bestehenden
Zusammenhang zwischen dem sozialen Status und der Entwicklung des
Individuums bestätigt, ist bei Pflegekindern und deren Herkunftsfamilien
jedoch höher (Esser, 2007). Erklärungen dafür können zum Beispiel in den
von der Gesellschaft forcierten und geforderten Normen und Werten, sowie
der gesellschaftlichen Partizipation gefunden werden. Diese Normen und
Werte implizieren Verantwortung gegenüber der Gesellschaft und dem sozialen Umfeld in dem das Individuum lebt. Bestehen jedoch nicht einmal die
Voraussetzung für eine Erfüllung der genannten Faktoren, so beeinflusst
dies die Sozialisation des Individuums und dessen weiteren Lebensweg
(BFSFJ, 2009). Der soziale Status ist demzufolge als ein hervorzuhebender
einflussnehmender Faktor in Bezug auf die Sozialisation und die damit verbundenen Erfahrungen des Pflegekindes in seiner Herkunftsfamilie zu nennen. Zu weiteren einflussnehmenden sozioökonomischen Faktoren zählen
auch der ökonomische Status, der Bildungs- und Beschäftigungsstatus sowie der soziale Wohnraum. Diese Faktoren beeinflussen einander und stellen die betroffenen Familien dann vor besondere Belastungen, wenn diese
Faktoren sich negativ auf das sozioökonomische Leben des einzelnen
auswirken. Familien werden somit zu Familien „mit besonderem Unterstüt-
zungsbedarf" (Strohmeier, 2009, S.27). Sie bewegen sich in sogenannten
„Benachteiligungsstrukturen" (Belwe, 2009, S.2). Ein Zusammenhang zwischen einflussnehmenden sozioökonomischen Faktoren, vorangestellt der
soziale Status, auf Pflegekinder in ihrer Herkunftsfamilie und den sich daraus ergebenen innerfamiliären Belastungen, welche zu kindeswohlgefähr-
denen Handlungen oder Unterlassungen führen können, ist herauszustellen
(Deegener, 2008). In den folgenden Punkten weitere einflussnehmende
Faktoren erläutert.

Ökonomischer-, Bildungs- und Beschäftigungsstatus

In der Betrachtung des ökonomischen Status der Herkunftsfamilien von
Pflegekindern ist davon auszugehen, dass ein geringer ökonomischer Status negativen Einfluss auf die Erziehung und Pflege eines Kindes oder Jugendlichen in seiner Herkunftsfamilie hat (Träger, 2009). Dabei ist jedoch
anzumerken, dass Bevölkerungsgruppen mit einem geringen ökonomischen Status laut Geißler (2008, S.202) von „(…) keine[r] absolute[n], sondern relative[n] Armut (...)." betroffen sind. Dies bedeutet, dass Bevölke-

rungsgruppen mit einem geringen ökonomischen Status, die an relativer Armut leiden, keineswegs um ihr „physisches Überleben" kämpfen, sondern es geht vielmehr um ein „menschenwürdiges Leben", welches für sie möglich ist oder nicht (Geißler, 2008, S.202). Ein geringer ökonomischer Status ist zudem kein einheitliches Problem aller Bevölkerungsgruppen innerhalb einer Gesellschaft, sondern betrifft eher die bereits benachteiligten Bevölkerungsgruppen (ebd.). Der ökonomische Status umfasst zudem bestimmte Voraussetzungen, welche durch ihre Erfüllung zur Erlangung von Besitz und Eigentum, Einkommen und der Beschäftigung in einem Beruf führen. Diese Voraussetzungen sind abhängig von der individuellen Ausbildung und Qualifikation des Individuums, aber auch von dem vorhandenen Arbeitsplatzangebot des Staates (Strohmeier, 2009).

Der Bildungs- und Beschäftigungsstatus hat somit auch Einfluss auf den ökonomischen Status des Einzelnen. Sozial benachteiligte Bevölkerungsgruppen sind häufig ungebildeter und haben somit geringere Chancen, Arbeit zu finden, die ihnen ein hohes Einkommen ermöglicht (Strohmeier, 2009). In Deutschland wird der Bildungs- und Beschäftigungsstatus ferner sozial vererbt. Im dritten Armuts- und Reichtumsbericht der Bundesregierung im Auftrag des Bundesministeriums für Arbeit und Soziales (2008, S.5) heißt es dazu:

> „Bildung ist der Schlüssel zur Teilhabe. Gute Bildung muss im frühen Kindesalter beginnen und ist unabdingbare Voraussetzung für gute Ausbildungs- und Beschäftigungschancen. Sie geht auch einher mit einem bewussteren Gesundheitsverhalten sowie verantwortlicher Haushaltsführung und erfolgreicher Alltagsbewältigung in der Familie. Der Bildungsstand der Bevölkerung ist in den letzten Jahrzehnten kontinuierlich gestiegen. Die Bildungserfolge von Kindern hängen in Deutschland jedoch noch zu stark vom Bildungsniveau der Eltern ab."

Sind bestimmte Bevölkerungsgruppen von einem geringen ökonomischen Status und Bildungs- und Beschäftigungsstatus betroffen, kann diese Lebenssituation zu großen Belastungen, sogar zur Armut führen (Holz, 2007). Die damit einhergehende Überforderung innerhalb der Herkunftsfamilie kann schließlich zu kindeswohlgefährdenden Handlungen oder Unterlassungen führen. Von einer Pauschalisierung ist jedoch auch hier generell abzusehen, da der Status einer sozioökonomisch schwachen Bevölkerungsgruppe allein, nicht impliziert, kindeswohlgefährdend zu agieren (Herrmann, 2008).

Die zuvor beschriebene und von einem geringen ökonomischen und Bildungs- und Beschäftigungsstatus betroffene Bevölkerungsgruppe wird als „Neues Subproletariat" bezeichnet, welches

> „22 bis 28 Jährige Arbeitslose [umfasst], die von ALG II oder Sozialhilfe leben, überwiegend keine Berufsausbildung oder nur eine geringe Qualifikation haben; einige sind gesundheitlich beeinträchtigt. Sie wohnen in „Problemstadtteilen", haben oft Kleinkinder und wechseln ihre Partner, teilweise [sind sie] Alleinerziehende. (...)." (Neugebauer, 2007, S.23).

Das beschriebene neue Subproletariat wird im Verlauf der Auseinandersetzung mit den Erfahrungen von Pflegekindern in ihrer Herkunftsfamilie, sowie in späteren Kapiteln der vorliegenden Arbeit aufgegriffen. Folgend wird nun der soziale Wohnraum als ein einflussnehmender sozialstruktureller Faktor in Bezug auf Pflegekinder in der Herkunftsfamilie beschrieben.

Sozialer Wohnraum

Die soziale Verortung des Individuums in der Gesellschaft muss abschließend in Bezug auf die sozioökonomischen Faktoren, als einflussnehmender Faktor auf Pflegekindern in ihrer Herkunftsfamilie genannt werden. Die Lebenswirklichkeiten in denen ein Individuum innerhalb der Gesellschaft, seiner sozialen Schicht, aufwächst, lebt und sich bewegt erscheinen für dieses als alltäglich und gehören demzufolge zu seiner Lebenswirklichkeit dazu. Benachteiligungen oder Bevorzugungen prägen die alltägliche Lebenswirklichkeit des Individuums nachhaltig (Strohmeier, 2009). Die Sozialisation eines Kindes oder Jugendlichen wird durch die soziale Verortung seiner Herkunftsfamilie beeinflusst, da die Verortung von sozial schwachen Familien in Regionen oder Bezirken, in denen schon andere sozial schwache Familien leben, einen sozialen Unterschied zu Familien in sozial starken Regionen oder Bezirken bedingt (Strohmeier, 2009). Einen „familiengerechten Wohnraum", welcher genügend Wohnraum pro Person und die Einhaltung der Privatsphäre impliziert, wird man in sozial schwachen Regionen oder Bezirken kaum finden, dabei hat gerade dieses eine nachteilige Auswirkung auf die Entwicklung eines Kindes oder Jugendlichen (Strohmeier, 2009, S.28). Die Sozialisation innerhalb eines sozial schwachen Wohnraums kann durch ein gesundheitsschädliches, risikobehaftetes und kriminelles Wohnumfeld beeinflusst werden, in dem die Pflege und Erzie-

hung eines Kindes oder Jugendlichen für Eltern erschwert werden kann
(ebd.). Welche weiteren Faktoren auf Pflegekinder in ihrer Herkunftsfamilie
einflussnehmen, beschreiben die innerfamiliären Faktoren, welche im folgenden Kapitel erläutert werden.

Zusammenfassung sozioökonomischer Faktoren in der Herkunftsfamilie

Die Sozialisation eines Menschen ist ein reziprokes Zusammenspiel zwischen der Gesellschaft und dem Individuum. Die soziale Verortung eines
Menschen nimmt Einfluss auf dessen Schichtzugehörigkeit innerhalb einer
Sozialstruktur. Der ökonomische Status, sowie der Bildungs- und Beschäftigungsstatus des Menschen steht ferner stets im Zusammenhang mit seiner
Schichtzugehörigkeit. Die Möglichkeiten der Partizipation am gesellschaftlichen Leben, zum Zugang zu Bildung oder zur gesundheitlichen Versorgung
sind nicht für alle Bevölkerungsgruppen in Deutschland chancengleich gegeben. Leben Familien mit Kindern und Jugendlichen in sozial schwachen
Regionen oder Bezirken, mit einem geringen ökonomischen Status oder
Bildungs- und Beschäftigungsstatus, so sind deren Voraussetzungen für
eine gesunde Pflege und Erziehung ihrer Kinder zu deren Wohl deutlich
schlechter, als für Familien mit gegensätzlichen Voraussetzungen. Abschließend ist festzuhalten, dass sozialökonomische Faktoren Einfluss auf
die Sozialisation des Pflegekindes in seiner Herkunftsfamilie nehmen, unabhängig von deren Bewertung.

1.1.2   Innerfamiliäre Faktoren in der Herkunftsfamilie

Neben den zuvor beschriebenen sozioökonomisch einflussnehmenden Faktoren auf Pflegekinder in der Herkunftsfamilie, umfasst das folgende Kapitel
innerfamiliäre Faktoren, welche die Entwicklung, Pflege und Erziehung eines Kindes oder Jugendlichen beeinflussen, sogar dessen Wohl gefährden
können, sodass diese ggf. fremduntergebracht werden müssen. Innerfamiliäre Faktoren umfassen zum Beispiel die Überforderung der Herkunftseltern in der Pflege und Erziehung ihrer Kinder, psychische Erkrankungen in
der Herkunftsfamilie, die Substanzabhängigkeit und als weitere besondere
innerfamiliäre Faktoren die Gehörlosigkeit, sowie die Intelligenzminderung
eines oder beider Elternteile.

Überforderung

Die Erziehung und Pflege von Kindern und Jugendlichen stellt Eltern vor besondere Aufgaben, Belastungen und Herausforderungen. Größtenteils bewältigen Eltern die Erziehung und Pflege ihrer Kinder, nach bestem Wissen und Gewissen und zu deren Wohl. Dennoch sind einige Eltern mit denen an sie gestellten gesellschaftlichen Erwartungen an die Erziehung ihrer Kinder oder mit der Erziehung selbst überfordert. Die erzieherische Überforderung, eine Unfähigkeit im Erziehungsverhalten der Eltern nicht ausschließend, äußert sich häufig in Hilflosigkeit und einem Gefühl von Lähmung im Handeln der Eltern gegenüber ihren Kindern. Oft reagieren Eltern extrem, jedoch sind sie sich häufig dieser Überreaktion gegenüber ihren Kindern nicht bewusst. Eigene Gewalterfahrungen in der Kindheit, nicht vorhandene Ressourcen in Erziehungswerten und Erziehungsverhalten, darin impliziert eine eventuelle Diskrepanz zwischen Anspruch und Umsetzung, eingeschränkte Kommunikationsfähigkeiten, mangelndes Verantwortungsvermögen und andere Faktoren können mögliche Gründe für Überforderungen der Eltern in deren Handeln oder Unterlassen sein. Ferner können Faktoren seitens der Kinder und Jugendlichen eine elterliche Überforderung bedingen. Beispiele dafür können eine vorhandene chronische Krankheit, eine geistige oder körperliche Behinderung des Kindes, eine Entwicklungsstörung oder andere Auffälligkeiten in der Persönlichkeit oder im Verhalten von Kindern sein. Im Folgenden werden jedoch, in Bezug auf die Fragestellung der vorliegenden Arbeit, hauptsächlich Faktoren beschrieben, die ausgehend von den Eltern in der Herkunftsfamilie zu einer erzieherischen Überforderung bzw. erzieherischen Unfähigkeit führen können (Klepp, 2009).

Psychische Erkrankungen in der Herkunftsfamilie

Die psychische Erkrankung eines oder beider Elternteile in der Herkunftsfamilie belastet und überfordert nicht nur die Betroffen selbst, sondern auch die Kinder und anderen Angehörigen, die gemeinsam mit den Betroffenen zusammenleben. Häufig sind psychisch erkrankte Eltern nicht in der Lage die Bedürfnisse ihres Kindes wahrzunehmen, richtig zu deuten und demzufolge diese zu befriedigen. Ihre Erziehungsfähigkeit ist durch ihre psychische Erkrankung eingeschränkt und kann zu kindeswohlgefährdeten Handlungen oder Unterlassungen führen (Alle, 2010).

Psychische Erkrankungen können affektive Störungen, Angst- und Zwangsstörungen, Psychosen, Borderline Persönlichkeitsstörungen oder Suchterkrankungen sein. Diese sind im ICD-10 (International Classification of Diseases; Dilling, Mombour & Schmidt, 2008) in Kapitel V unter Psychischen und Verhaltensstörungen eingeordnet. Die Unterschiedlichkeit der Erkrankungen selbst spiegelt sich auch in deren Ausmaß, sowie Auswirkungen wieder. Sie können akut, chronisch oder episodisch auftreten und sind demzufolge oft nicht vorhersehbar und verlaufen zudem häufig nicht gradlinig. Psychisch erkrankte Eltern sind folglich in ihrem Verhalten unberechenbar für ihre Kinder und tragen dadurch, dass diese das Verhalten der Eltern nicht einschätzen können zu einer Verunsicherung der Kinder bei. Diese können Ängste entwickeln, wenn sie die Symptome und Auswirkungen der Erkrankung ihrer Hauptbezugsperson miterleben und diese nicht einordnen können. Eine hohe Suizidalität, Stimmungsschwankungen, psychotische Episoden oder die Folgen eines gesteigerten Alkoholkonsums des erkrankten Elternteils können diese Ängste bedingen (Alle, 2010).

Ferner treten Scham- und Schuldgefühle, sowie Loyalitätskonflikte und Isolation bei den Betroffenen Kindern oder Jugendlichen auf. Sie schämen sich für das krankheitsbedingt gesellschaftlich unkonforme Verhalten ihrer Eltern, glauben, sie tragen Schuld an der Erkrankung, bewegen sich zwischen zwei Welten. Einerseits wollen Kinder für ihre Eltern da sein, aber sie wollen auch ihre eigenen Bedürfnisse befriedigen, somit kehren sie ihre eigene innerfamiläre Rolle um, in dem sie Verantwortung für das erkrankte Elternteil oder die meist jüngeren Geschwister übernehmen und sich von ihrer sozialen Umwelt isolieren, um für das erkrankte Elternteil, im schlimmsten Fall beide erkrankte Elternteile, zu sorgen (Mattejat, 2000). So sind die Auswirkungen und Belastungen einer psychischen Erkrankung in den Herkunftsfamilie, auf die in der betroffenen Familie lebenden Kinder oder Jugendliche, besonders hoch. Mattejat (2008) geht davon aus, dass das Risiko selbst an einer psychischen Störung zu erkranken für Kinder und Jugendliche psychisch kranker Eltern wesentlich höher ist, als bei Kindern oder Jugendlichen, die mit Eltern ohne psychische Erkrankung aufwachsen. Remschmidt (2008) verweist auf eine genetische Veranlagung von Kindern und Jugendlichen psychisch erkrankter Eltern, selbst zu erkranken. Daneben nennt Mattejat (2008) psychosoziale und sozioökonomische Faktoren als einflussnehmende Faktoren für Kinder oder Jugendliche selbst psychisch zu erkranken. Ferner sind die Auswirkungen auf Kinder und Jugendliche vom Ausmaß der Erkrankung und dem Umgang der Betroffenen innerhalb der Herkunftsfamilie abhängig (Alle, 2010). Psychisch erkrankte Eltern haben meist Angst vor Stigmatisierungen außerhalb ihrer innerfamiliären Strukturen, sie sind innerhalb des Familienlebens im Umgang mit ihren Angehörigen überfordert und haben zudem keine Einsicht, dass ihnen geholfen werden kann (Mattejat, 2000).

Kommt es zu einer Trennung des psychisch erkrankten Elternteils von der Familie, da dieser sich ambulant, stationär oder tagesklinisch behandeln lässt, steht die betroffene Familie vor neuen Herausforderungen und Problemen. Die Pflege und Erziehung, also das Wohl des Kindes, muss weiterhin, auch im Fall einer therapeutischen Behandlung, gewährleistet sein (Mattejat, 2000). Neben räumlichen Trennungen der Betroffenen als innerfamiliär einflussnehmende Faktoren auf Pflegekinder sind auch emotionale Beziehungsabbrüche zu beachten. Verlässliche Beziehungen, welche durch die Symptome und Auswirkungen der psychischen Erkrankung belastet werden, nehmen Einfluss auf die gesunde Entwicklung des Kindes. Eine psychische Erkrankung in der Herkunftsfamilie kann demzufolge kindeswohlgefährdenden Einfluss auf die Pflege und Erziehung eines Kindes oder Jugendlichen nehmen. Dennoch ist nicht auszuschließen, dass auch Kinder und Jugendliche von psychisch kranken Eltern ohne kindeswohlgefährdende Auswirkungen in ihrer Herkunftsfamilie aufwachsen können (Alle, 2010).

Im folgenden Abschnitt wird die Substanzabhängigkeit als besondere psychische Erkrankung in der Herkunftsfamilie erläutert. Diese wird gesondert aufgeführt, um deren Relevanz und Auftretenshäufigkeit besonders in Bezug auf innerfamiliäre einflussnehmende Faktoren herauszustellen.

Substanzabhängigkeiten in der Herkunftsfamilie

Wachsen Kinder oder Jugendliche in Familien auf, in denen eine Substanzabhängigkeit eines oder beider Elternteile vorliegt, sind die betroffenen Kinder und Jugendlichen ebenso wie bei den zuvor genannten innerfamiliären einflussnehmenden Faktoren, besonderen Belastungen ausgesetzt (Lindenmeyer, 2010). Es kann somit bei einer Substanzabhängigkeit in der Herkunftsfamilie eher zu kindeswohlgefährdendem Handeln oder Unterlassen seitens der Herkunftseltern gegenüber ihren Kindern kommen, als in einer unbelasteten Familie. Dieses äußert sich zum Beispiel in Form von Überforderungen in der Erziehung und Pflege des Kindes, einschließlich der Unfähigkeit die elementarsten Bedürfnisse des Kindes oder Jugendlichen zu befriedigen, dieses zu beaufsichtigen oder es vor innerfamiliären oder anderen umweltbedingten Schädigungen zu schützen. Es kann zu Vernachlässigungen und/oder Misshandlungen kommen (Zobel, 2006). Aufgrund der Allgegenwärtigkeit der Suchterkrankung des betroffenen Elternteils kann die Familie als ein schützender Ort entfallen, welche den Kindern und Jugendlichen Halt und Geborgenheit geben sollte (Rennert, 2001). Kinder und Jugendliche erleben ständige Ambivalenzen im Handeln und Verhalten ihrer Eltern, sie erfahren keine Kontinuität und müssen sich ständig neu auf den jeweiligen Zustand des substanzabhängigen Elternteils einstellen (Lambrou, 2010). Sie erleben zwei Gesichter ihres abhängigen Elternteils im Umgang, eines nach Substanzkonsum und eines ohne. Sie sind aggressiven Handlungen und Verbalisierungen ausgesetzt und können durch ständige Angsterfahrungen selbst psychisch erkranken, zum Beispiel an einer Angststörung (Zobel, 2001). Eine häufige Folge der Substanzabhängigkeit in der Herkunftsfamilie ist zudem eine Rollenumkehr, eine sogenannte Parentifizierung, der betroffenen Kinder und Jugendlichen in ihrer Familie. So ersetzen diese den erkrankten Elternteil und übernehmen häufig dessen alltägliche innerfamiliären Aufgaben und Verpflichtungen, z.B. die Versorgung jüngerer Geschwister mit Nahrung, oder die Erledigung von Einkäufen oder anderen Aufgaben des Haushalts (Lindenmeyer, 2010). Ebenso ist festzuhalten, dass Kinder und Jugendliche substanzabhängiger Eltern mit einer höheren Wahrscheinlichkeit in ihrer Jugend oder im Erwachsenenalter selbst substanzabhängig werden. Dies kann auch als ein einflussnehmender Faktor auf Pflegekinder in ihrer Herkunftsfamilie hervorgehoben werden (Zobel, 2006).

Exemplarisch für eine Substanzabhängigkeit in der Herkunftsfamilie ist die Alkoholabhängigkeit eines oder beider Elternteile zu nennen, da diese statistisch, die am häufigsten auftretende Substanzabhängigkeit der Bevölkerung in Deutschland ist (Drogenbeauftragte der Bundesregierung, 2010). In Bezug auf die Substanzabhängigkeit eines Elternteils innerhalb der Herkunftsfamilie wurden bereits die wichtigsten Auswirkungen auf Kinder und Jugendliche, die in alkoholbelasteten Familien aufwachsen, genannt. Es ist jedoch hervorzuheben, dass innerhalb dieser Problematik die Alkoholabhängigkeit von Müttern in der Schwangerschaft als ein besonderer einflussnehmender Faktor gilt. Dieser kann bereits vor der Geburt zu Folgeschäden beim Kind führen. Eine durch den übermäßigen Alkoholkonsum der Mutter ausgelöste, so genannte „Alkoholembryopathie", wirkt sich to-

xisch auf den gesamten Organismus des Säuglings aus und schädigt diesen nachhaltig (Löser, 2001, S.78). So werden Säuglinge mit einer Alkoholembryopathie häufig mit extremen kognitiven und physischen Schädigungen geboren (Zobel, 2006).

In Bezug auf das Pflegekinderwesen ist festzuhalten, dass gerade Säuglinge alkoholkranker Mütter nach der Geburt nicht bei diesen bleiben, sondern oftmals im Rahmen der Kinder- und Jugendhilfe in Deutschland in einem Pflegeverhältnis aufwachsen. Die Unfähigkeit der Mutter sich auszu-
reichend um die Erziehung und Pflege ihres Kindes zu kümmern, bedingt
durch ihre Alkoholabhängigkeit, stehen dabei als ein Faktor im Vordergrund
der Entscheidung der Kinder- und Jugendhilfe, den Säugling von der Mutter
zu seinem Wohl zu trennen (ebd., 2006). Zobel (2006) spricht von ungefähr
der Hälfte bzw. Zweidrittel der von einer Alkoholembryopathie betroffenen
Säuglinge, welche nach ihrer Geburt nicht in ihrer Herkunftsfamilie aufwachsen. Im Folgenden werden die Gehörlosigkeit, sowie die Intelligenzminderung eines oder beider Elternteile als besondere einflussnehmende
Faktoren auf Pflegekinder in ihrer Herkunftsfamilie erläutert.

Gehörlosigkeit und Intelligenzminderung in der Herkunftsfamilie

In Bezug auf die vorliegende empirische Erhebung dieses Beitrags sind die
Gehörlosigkeit und die Intelligenzminderung eines oder beider Elternteile
als innerfamiliär einflussnehmende Faktoren auf Kinder oder Jugendliche in
der Herkunftsfamilie zu nennen. Die Gehörlosigkeit eines Menschen ist im
ICD-10 in Kapitel VIII unter Sonstige Krankheiten des Ohres (H90-H95)
eingeordnet und somit nicht als geistige oder körperliche Behinderung zu
benennen, sondern als eigenständiger Punkt aufzuführen (DIMDI, 2010).
Die Problematik, welche für Kinder und Jugendliche in deren Herkunftsfamilien auftritt, in der ein oder beide Elternteile gehörlos sind, können primär
als Kommunikationsstörungen bezeichnet werden. Als hörender Mensch
können die Sprache, Laute und Geräusche in der Interaktion mit anderen
Menschen oder in der Umwelt direkt aufgenommen und verarbeitet werden.
Dieser Aufnahme- und Verarbeitungsprozess verläuft bei gehörlosen Menschen jedoch in kleineren, mühsameren und langwierigeren Kommunikati-
onsschritten, als bei hörenden Menschen. Gehörlose achten in der Interaktion mit anderen Menschen verstärkt auf deren Körpersprache, Gestik und
Mimik, sowie auf die Mundbewegungen und bei noch gering vorhandenem
Hörvermögen auf die Laute seines Gegenübers (DGFGS, 2000). Ferner

dient die Gebärdensprache gehörlosen Menschen als Kommunikationsmittel untereinander und in der Interaktion mit hörenden Menschen, sofern sie diese beherrschen und zur Kommunikation nutzen können (Ahrbeck, 1992). Wenn ein oder beide Elternteile jedoch gehörlos sind und ein hörendes Kind auf die Welt bringen, wird deren Kommunikation mit diesem erschwert bzw. kann kaum stattfinden. Da ein Säugling aufgrund seiner körperlichen und geistigen Entwicklung nicht fähig dazu ist, so zu kommunizieren, dass seine gehörlosen Eltern seine Bedürfnisse genau deuten und befriedigen können, indem es seine Bedürfnisse ausschließlich durch schreien äußert, ist sein Wohl in der Erziehung und Pflege gefährdet. Bei Elternpaaren, bei denen nur ein Elternteil gehörlos ist können die Bedürfnisse in der Erziehung und Pflege durch das hörende Elternteil zumindest zu einem Teil gewährleistet werden, jedoch ist auch hier auf das reziproke Zusammenspiel zwischen beiden Elternteilen und dem Kind zu achten, um einer Kommunikationsstörung vorzubeugen. Dies kann zu äußerst schweren Belastungen innerhalb der betroffenen Familie führen und Kinder- und Jugendhilferechtliche Maßnahmen nach sich ziehen (DGFGS, 2000).

Ein weiterer innerfamiliär einflussnehmender Faktor auf Pflegekinder in ihrer Herkunftsfamilie ist die Intelligenzminderung eines oder beider Elternteile. Die Intelligenzminderung ist im ICD-10 in Kapitel V klassifiziert und wird somit in die Kategorie der Psychischen und Verhaltensstörungen (F00-F99) in den Abschnitt F70 bis F79 Intelligenzminderung eingeordnet (DIMID, 2010). Definiert man die Intelligenzminderung, so ist in der allgemeinen Klassifikation von einer geistigen Behinderung zu sprechen, welche je nach Schweregrad in eine leichte, mittelgradige, schwere oder schwerste geistige Behinderung zu unterteilen ist (ICD-10, 2008). Ist ein Mensch intelligenzgemindert, fehlen diesem somit unter anderem kognitive, sprachliche, motorische und soziale Fähigkeiten, welche ihm eine Teilhabe am alltäglichen Leben erschweren oder es nicht möglich machen (Knölker, 2000). Die Amerikanische Gesellschaft für Intelligenzminderung (AAMR) definiert die Intelligenzminderung eines Menschen ferner als Unfähigkeit der sozialen Teilhabe im Bereich der „Kommunikation, Selbstversorgung, Haushaltsführung, soziale[n] Fähigkeiten, Behördengänge[n], Selbstbestimmung, Gesundheit und Sicherheit, theoretische[n] Zusammenhänge[n] und [der] Arbeit." (Knölker, 2000, S.213) Demzufolge erscheinen intelligenzgeminderte Eltern nicht in der Lage zu sein ihre Kinder zu deren Wohl zu erziehen und zu pflegen. Dies ist jedoch abhängig vom Schweregrad der geistigen Behinderung des betroffenen Elternteils (Knölker, 2000).

Die Auswirkungen der einflussnehmenden sozioökonomischen und innerfamiliären Faktoren, welche im vorangegangenen Kapitel beschrieben wurden, werden nun im folgenden Kapitel des vorliegenden Beitrags erläutert.

Zusammenfassung innerfamiliärer Faktoren in der Herkunftsfamilie

Die Familie als Keimzelle gesellschaftlichen Lebens soll im Idealfall Kindern und Jugendlichen als Schutzraum dienen und ihnen Geborgenheit bieten. Eltern haben die Verantwortung und Verpflichtung gegenüber ihren Kindern, deren gesunde Pflege und Erziehung zu deren Wohl zu gewährleisten. Aufgrund verschiedener innerfamiliärer Faktoren können dies jedoch nicht immer alle Herkunftseltern gewährleisten. So sind Überforderungen in Erziehungsfragen, implizierend eine Erziehungsunfähigkeit der Herkunftseltern, eine psychische Erkrankung, sowie die Substanzabhängigkeit eines oder beider Elternteile als einflussnehmende Faktoren innerhalb der Familie auf die Sozialisation des Kindes oder Jugendlichen zu nennen. Besondere, in Bezug auf den vorliegenden Beitrag, zu nennende Faktoren sind die Gehörlosigkeit, sowie die Intelligenzminderung eines oder beider Elternteile.

1.1.3 Auswirkungen der einflussnehmenden Faktoren

Das Zusammenwirken einzelner oder mehrerer einflussnehmender sozioökonomischer und innerfamiliärer Faktoren birgt die Hypothese in sich, dass diese Auswirkungen auf das innerfamiliäre Zusammenleben haben können. Die Auswirkungen der einflussnehmenden Faktoren, die sogenannten „Risikofaktoren" (Schone, 2008, S.53) implizieren jedoch nicht automatisch die Annahme, dass diese zu einem dem Kindeswohl nicht dienlichen Verhalten der Eltern im Umgang mit ihren Kindern führen müssen. Ist ein Zusammenwirken mehrerer Faktoren vorhanden, ist dennoch davon auszugehen, dass dies in einem höheren Maß zu negativen Auswirkungen im Zusammenleben in der Familie führen kann (Schone, 2008).

Eine Pauschalisierung, welche impliziert, dass ausschließlich „Problemfamilien" (Blandow, 2004, S.125) aus den unteren, sehr stark belasteten sozialen Schichten gefährdet sind, die auf sie einflussnehmenden Faktoren durch Kindesvernachlässigung, Misshandlung oder Missbrauch im Zusammenleben mit ihren Kindern zu kompensieren, wäre vermessen. Auswirkungen einflussnehmender Faktoren scheinen schichtunabhängig (Schone, 2008). Wolff (2008) hingegen spricht davon, „dass Kindesmisshandlung in all ihren Formen in hohem Maße schichtabhängig ist" (Wolff, 2008, S.45). Dies gilt es im folgenden Abschnitt stets zu beachten, um eventuelle sozialstrukturelle einflussnehmende Faktoren in der späteren Diskussion argumentativ aufzufassen und zu diskutieren. Nun folgend werden die Auswirkungen der einflussnehmenden Faktoren auf Pflegekinder in der Herkunftsfamilie erläutert. Beginnend mit Traumatisierungen, der thematischen Einordnung der Kindeswohlgefährdung, sowie abschließend mit der Begriffserläuterung der Vernachlässigung, der körperlichen, psychischen und emotionalen Misshandlung, sowie dem sexuellen Missbrauch.

Traumatisierungen

Nienstedt und Westermann (1998, S.90) sprechen von einer Traumatisierung eines Kindes, „(...) wenn von Eltern die elementarsten Bedürfnisse des Kindes nicht wahrgenommen und respektiert werden und wenn das Kind von seinen Eltern überwältigt wird und sie dadurch als Schutzobjekt verliert." Eltern verlieren ihre Funktion als Schutzobjekte für ihre Kinder dann, wenn diese durch das Einwirken von physischer und psychischer Gewalt und den daraus resultierenden Verletzungen für das Kind, einen Verlust der physischen und psychischen Unversehrtheit dessen verursachen. Begleitet wird der Verlust der physischen und psychischen Unversehrtheit des Kindes mit intensiver Angst, Hilflosigkeit und dem Entsetzen der traumatisierenden Situation machtlos ausgesetzt zu sein. Ferner kann nicht nur das Handeln, sondern auch das Unterlassen der Befriedigung kindlicher Grundbedürfnisse zu einer Traumatisierung führen; es kommt zu einer Vernachlässigung (Streeck-Fischer, 2004).

Die diagnostische und klinische Einordnung einer Traumatisierung erfolgt über die Klassifikationssysteme des ICD-10 (Diling et al., 2008) und des DSM-VI (Saß, Wittchen & Zaudig, 1996). Die Klassifikationssysteme teilen eine Traumatisierung in eine Akute- und Posttraumatische Belastungsstörung (F 43.1) ein (Dilling et al., 2008). Beide Einordnungen implizieren die zuvor beschriebenen Merkmale einer Traumatisierung. Die Unterscheidung zwischen einer Akuten- und Posttraumatischen Belastungsstörung findet ausschließlich im zeitlichen Auftreten der Störung nach einem durchlebten Trauma statt. Eine akute Belastungsstörung nach einem traumatisierenden Erlebnis tritt meist bis vier Wochen nach diesem auf und klingt bereits nach einigen Stunden oder Tagen ab (Dilling et al., 2008). Bleiben die Symptome über diesen Zeitraum hinaus bestehen, ist von einer Posttraumatischen Belastungsstörung zu sprechen (Saß et al., 1996). In Bezug auf die Definition einer Traumatisierung von Nienstedt und Westermann (1998), welche eine Verletzung der kindlichen Grundbedürfnisse beinhaltet, werden folgend Traumatisierungen im Kontext einer Kindeswohlgefährdung erläutert. Vernachlässigung, körperliche, psychische und emotionale Misshandlung, sowie sexueller Missbrauch stehen nachfolgend im Vordergrund der Auseinandersetzung.

Kindeswohlgefährdung

In der Annäherung an den Begriff der Kindeswohlgefährdung, ist es sinnvoll sich zunächst mit dem unbestimmten Rechtsbegriff des Kindeswohls auseinanderzusetzen, dessen Interpretation sich an den zu erfüllenden Grundbedürfnissen eines Kindes orientiert. Die Erziehung von Kindern soll gewährleisten, dass ihre Grundbedürfnisse erfüllt werden und sie in ihrer Entwicklung physisch, psychisch, emotional und sozial zu eigenständigen, verantwortungsvollen und gesellschaftsfähigen Persönlichkeiten heranwachsen. Ferner entscheiden Eltern auf Grundlage des Artikel 6, Abs. 2 Satz 1 des Grundgesetzes (GG) selbst, was zum Wohl ihres Kindes förderlich ist oder nicht. Die Eigenverantwortlichkeit in der Erziehung von Kindern durch ihre Eltern wird in Art. 6 Abs.2 S.2 eingeschränkt (Bundeszentrale für politische Bildung, 2010). Der genannte Artikel des GG definiert das staatliche Wächteramt, welches zum Schutz von Kindern und Jugendlichen dient und demzufolge ein Minimum an erzieherischen Grundlagen für das Wohl des Kindes voraussetzt (Kinderschutz-Zentrum Berlin, 2009). Grundbedürfnisse, können durch ihre Befriedigung zu einer gesunden Entwicklung von Kindern beitragen: Das Bedürfnis nach körperlicher Unversehrtheit, Sicherheit und Regulation, individuellen und entwicklungsgerechten Erfahrungen, Grenzen und Strukturen, stabilen und unterstützenden Gemeinschaften und kultureller Kontinuität, sowie das Bedürfnis nach einer sicheren Zukunft (Brazelton & Greenspan, 2008). Nowacki (2007, S.1) hält zudem „verlässliche und liebevolle Bezugspersonen für das Wohlergehen unerlässlich". Dies verdeutlicht, dass für eine gesunde Entwicklung eines Kindes dessen Bindung zu seinen Eltern, oder anderen Bezugspersonen besonders wichtig ist, um dessen Wohl zu gewährleisten (ebd., 2007).

In Bezug zu den genannten Grundbedürfnissen in der Erziehung von Kindern sind zudem immer die in den vorangegangenen Punkten beschriebenen sozioökonomischen und innerfamiliären Faktoren zu betrachten. Ferner sind ebenso ökonomische, religiöse und kulturelle Lebensumstände innerhalb einer Familie genauso in die Definition des Wohl des Kindes mit ein zu beziehen, wie die Individualität jedes einzelnen Kindes selbst (Kinderschutz-Zentrum Berlin, 2009). Werden die zuvor beschriebenen Grundbedürfnisse für eine gesunde Entwicklung eines Kindes nicht in einem Minimum erfüllt, so kann das Wohl eines Kindes nicht gewährleistet sein (Kinderschutz-Zentrum Berlin, 2009). Die Definition des Bundesministeriums für Familie, Senioren, Frauen und Jugend (2009) beschreibt eine Kindeswohlgefährdung wie folgt: „Unter Kindeswohlgefährdung werden gewöhnlich Formen körperlicher und psychischer Misshandlung, körperliche und emotionale Vernachlässigung, sowie sexueller Missbrauch zusammengefasst." (BFSFJ, 2009, S.89).

Um eine endgültige Einordnung einer Kindeswohlgefährdung vornehmen zu können, bedarf es jedoch einer detaillierten Betrachtung der zuvor benannten Faktoren, um ein ganzheitliches Bild dem Wohl des Kindes unzureichenden Situation zu erlangen. Demzufolge ist abschließend festzuhalten, dass keine endgültige Definition der Kindeswohlgefährdung vorliegt.

In der Auseinandersetzung mit einer Kindeswohlgefährdung sind zudem immer gesellschaftliche Normen und Werte, das soziale Umfeld in dem das Kind lebt, sowie der innerfamiliäre Kontext zu betrachten (Kinderschutz-Zentrum Berlin, 2009). Ferner ist bei einer Kindeswohlgefährdung zu beachten, dass es sich diese „(...) nicht auf eine einzelne isolierte Handlung oder Unterlassung reduzieren lässt." (Kinderschutz-Zentrum Berlin, 2009, S.30). Vielmehr ist eine „Kindeswohlgefährdung eine soziale Konstruktion" (ebd., S.31), welche viele Faktoren umfasst, die dem Wohlergehen eines Kindes nicht dienlich sind. Das Bundesministerium für Familie, Senioren, Frauen und Jugend (2009) beschreibt die einwirkenden Faktoren, welche zu einer Kindeswohlgefährdung führen können, als einen Verlauf, in dem „komplexe Wechselwirkungen von Faktoren beim Kind, den Eltern und dem familiären Kontext" (BMFSFJ, 2009, S.90) aufeinander einwirken. Die Ursachen für die einwirkenden Faktoren, welche zu einer Kindeswohlgefährdung führen können, sind wie bereits beschrieben sehr vielschichtig.

In Bezug auf das deutsche Recht steht das Wohl des Kindes, die Rechte und Pflichten der Inhaber der Personensorge, sowie der elterlichen Sorge und somit auch der Staat, welcher sich rechtlich dazu verpflichtet hat über

das Wohl des Kindes zu wachen im Spannungsfeld zu der praktischen Umsetzung dessen. Kinder bilden gemeinsam mit den Inhabern der elterlichen
Sorge, sowie den Personensorgeberechtigten im Zusammenwirken mit
dem Staat, in seiner Wächteramtsfunktion, den inneren Kern einer Kindeswohlgefährdung. Demgegenüber stehen die äußere Handlungsrahmen.
Diese werden bei einer Kindeswohlgefährdung als missbräuchlicher Umgang mit Handlungen innerhalb der elterlichen Sorge, sowie dem schlichten
Unterlassen von Handlungen, welche dem Wohl des Kindes dienen könnten beschrieben (Kinderschutz-Zentrum Berlin, 2009). Ferner sind „sozio-
kulturelle und fachliche Bewertungskriterien zur Beurteilung einer erheblichen Beeinträchtigung eines Kindes;" sowie die „professionelle Handlungs-
verpflichtungen, die im Kern auf hilfesystemischen Risikoeinschätzungen
beruhen." (Kinderschutz-Zentrum Berlin, 2009, S.31) in einer Erläuterung
von einer Kindeswohlgefährdung zu betrachten.

Vernachlässigung

Eine Vernachlässigung ist eine Mangelversorgung, welche sich in einem
andauernden oder akuten Unterlassen fürsorglichem Handeln von Eltern,
oder anderen für die Erziehung von Kindern zuständigen Personen (z.b.
Personensorgeberechtigten), gegenüber diesen äußert (Kinderschutz-
Zentrum Berlin, 2009). Fürsorgliches Handeln umfasst die Befriedigung
verschiedener lebensnotwendiger und lebenserhaltender Grundbedürfnisse
eines Kindes. Zu diesen zählen physische, psychische und emotionale
Grundbedürfnisse (Galm, 2010). Das Berliner Kinderschutz-Zentrum (2009)
beschreibt unter anderem eine dem Alter des Kindes entsprechende Ernährung, eine hygienische und gesundheitliche Versorgung, eine angemessene Bekleidung, sowie die Förderung der emotionalen, kognitiven und physischen Fähigkeiten als besonders wichtige, zu erfüllende Grundbedürfnisse.
   Deegener und Körner (2008, S.83) implizieren in ihren Auseinandersetzungen mit Vernachlässigungen von Schutzbefohlenen weitere einflussnehmende Faktoren, sogenannte „Subgruppen", welche wichtig für eine
gesunde Entwicklung eines Kindes sind und deren Unterlassung eine Vernachlässigung eines Kindes in sich birgt. Diese ergänzen die zuvor benannten Faktoren, an denen eine Vernachlässigung festzustellen ist und
erweitern diese durch den Faktor der geringen Beaufsichtigung eines Kindes, sowie einer „umfeldbedingte[n] Vernachlässigung (z.B. sozialer Brenn-

punkt, Gewalt auf der Straße, keine Spielplätze, wenig verfügbare Ressourcen) (...)." (Deegener & Körner, 2008, S.82-83)

Ein Zusammenwirken verschiedener Faktoren, welche eine Vernachlässigung bedingen ist am wahrscheinlichsten, jedoch ist nicht auszuschließen, dass eine Vernachlässigung nur in einem bestimmten Bereich z.b.
in der Ernährung eines Kindes, vorkommen kann (Galm, 2010). In den meisten Fällen kommt es jedoch zu einer groben Vernachlässigung in einem
Bereich (z.b. einer mangelnden hygienischen Versorgung) und weiteren
anderen Vernachlässigungen und/oder Misshandlungen, welche im Gegensatz dazu nicht so schwerwiegend bewertet werden (Deegener & Körner, 2008).

Schlussfolgernd kann das vernachlässigende Handeln von Eltern gegenüber ihren Kindern als eine Art „Beziehungsstörung" (Kinderschutz-
Zentrum Berlin, 2009, S.43) bezeichnet werden, welche auf deren man-
gelndem Wissen und Handlungsunfähigkeit basiert (Kinderschutz-Zentrum
Berlin, 2009). Ferner wird in Bezug auf das Auftreten der verschiedenen
Formen der Kindeswohlgefährdungen vermutet, dass die Vernachlässigung
eines Kindes zu den häufigsten Formen dieser zählt. Empirische Daten zu
dieser These wurden bisher jedoch nicht oder nur wenig erhoben, sodass
die in der Literatur anzufindenden Daten rein spekulativ sind (Deegener &
Körner, 2008). Engfer (2000, S.25) geht davon aus, dass „...Vernach-
lässigungen, ca. drei Viertel aller betreuten Misshandlungsfälle (...)" aus-
machen. Neuere Zahlen aus der Forschung sind zur Bestätigung oder Wi-
derlegung dieser Daten leider bis zum heutigen Zeitpunkt nicht erhoben
worden.

Körperliche, psychische und emotionale Misshandlungen

Verlieren Eltern gegenüber ihren Kindern ihre Funktion als Schutzobjekt,
indem ihre elterliche Autorität in Gewalt übergeht, kann man dies als körperliche Kindesmisshandlung bezeichnen (Westermann, 1998). Der körperlichen Misshandlung liegen häufig gezielt bewusste oder impulsiv, affektiv
und reaktiv unbewusste Handlungen zugrunde, welche zu einer Schädigung des Kindes führen können (Kinderschutz-Zentrum Berlin, 2009). Dabei ist die Schädigung des Kindes nicht allein von der an ihm ausgeübten
Gewalt an sich abhängig, sondern ferner von der physischen Verfassung
des Kindes im Allgemeinen und den äußeren Umständen, in denen eine
Kindesmisshandlung stattfindet (Engfer, 2000). Körperliche Schäden von

groben Misshandlungen können, unabhängig von den damit einhergehenden psychischen Belastungen für das Kind, von Hämatomen bis hin zu
Platzwunden und Brüchen, alles beinhalten. Sie führen zu körperlichen
Schmerzen, Verletzungen oder sogar zum Tod (Alle, 2010). Zu den körperlichen Misshandlungsformen zählt das Berliner Kinderschutz-Zentrum
(2009) folgende Formen der Misshandlung; „(…) einzelne Schläge mit der
Hand (…), Prügeln, Festhalten, Verbrühen, Verbrennen, hungern oder durs-
ten lassen, Unterkühlen, Beißen, Würgen bis zum gewaltsamen Angriff mit
Riemen, Stöcken, Küchengeräten und Waffen." (Kinderschutz-Zentrum Berlin, 2009, S.38). Dabei kann der Gewalt mithilfe von Gegenständen an dem
Kind gezielt oder unbewusst Nachdruck verliehen werden. Die nach außen
sichtbaren Tatbestandsmerkmale werden laut Graichen (2009) in Bezug auf
die im Gesetz verankerten Begriffe als „rohe Misshandlungen" bezeichnet
(Kinderschutz-Zentrum Berlin, 2009, S.62) Ferner sind körperliche Kindes-
misshandlungen nur über einen bestimmten Zeitraum nachzuweisen, was
in Bezug auf gegebenenfalls einzuleitende rechtliche Schritte von Bedeutung ist (Westermann, 1998). Die rechtlichen Grundlagen bei einer nach-
gewiesenen Kindeswohlgefährdung werden folgend unter Punkt 1.2 ausführlich erläutert.

Psychische und emotionale Misshandlungen, welche sich unter seelischer Misshandlung zusammenfassen lassen, sind im Gegensatz zu körperlichen Misshandlungen nur schwer nach außen ersichtlich und nach-
weisbar. Das Ausmaß und die damit verbundenen Folgeschäden seelischer
Misshandlungen sind dennoch stets zu beachten. Soziale Verhaltensauffälligkeiten, sowie die dauerhafte Störung des Grundvertrauens eines Kindes
in zwischenmenschlichen Beziehungen zu ihren Hauptbezugspersonen
können Folgen einer psychischen und emotionalen Misshandlung sein
(Graichen, 2009). In der Literatur ist es schwierig eine einheitliche Definition
für psychische und emotionale Misshandlungen zu finden, da auch bei seelischen Misshandlungen die Grenzen, ebenso wie bei körperlichen Misshandlungen, zwischen der elterlichen Autorität und dem Kind schädigen-
dem Verhalten nicht sichtbar sind. Demzufolge sind die vorhandenen Definitionen seelischen Missbrauchs Grundgerüste, die sich durch einzelne
Elemente gegenseitig ergänzen.

Wirken Eltern durch ihr Verhalten, ihre Handlungen oder ihr Unterlassen
wiederholend und andauernd negativ und schädigend auf ihre Kinder ein
und beeinträchtigen dadurch deren physische und psychische Entwicklung,
so misshandeln sie diese seelisch (Galm, 2010). Verhaltensweisen und

Handlungen seelischer Misshandlung können unter anderem folgende sein: Die Herabsetzung des Kindes durch ablehnendes Verhalten, das ständige Äußern von Kritik, Erniedrigungen, Verachtung und die Vermittlung des Gefühls an das Kind wertlos, fehlerhaft, ungewollt und ungeliebt zu sein (Alle, 2010). Isolation, durch Einsperrungen und Kontaktverbote zählen ebenso zu seelischen Misshandlungen wie die Einschüchterung eines Kindes durch ständige Drohungen, Überforderungen, Schuldzuweisungen und Beschimpfungen (Galm, 2010). Ist ein Kind ferner ständiger Angst ausgesetzt, indem es Androhungen von möglichen Gewaltanwendungen an ihm selbst oder geliebten Gegenständen, Menschen oder Tieren ertragen muss, zählt dies auch zu einer Form der seelischen Misshandlung (Graichen, 2009). Abschließend werden in der Literatur noch die Förderung antisozialen Verhaltens, die Behinderung der gesunden Entwicklung des Spieltriebs des Kindes, sowie die Parentifizierung eines Kindes als seelische Misshandlungen bezeichnet. Unter dem Begriff der Parentifizierung ist eine Rollenumkehr zwischen Eltern und deren Kindern zu verstehen, dies bedeutet konkret, dass zum Beispiel ein Kind die Nahrungsversorgung der kleineren Geschwister übernimmt, da die Herkunftseltern selbst aufgrund zum Beispiel ihrer psychischen Erkrankung nicht in der Lage dazu sind. Eine massive Überbehütung des Kindes kann sich jedoch auch schädlich auf dessen Entwicklung auswirken, obwohl dieser Aspekt in der Literatur nur selten als Faktor einer seelischen Kindesmisshandlung genannt wird (Kinderschutz-Zentrum Berlin, 2009).

Das Berliner Kinderschutz-Zentrum (2009, S.46) führt ferner noch zwei weitere Aspekte auf, welche als „Spezialformen der psychischen Misshandlung" bezeichnet werden und besonders in Bezug auf Pflegekinder und deren Erfahrungen in deren Herkunftsfamilien eine besondere Bedeutung bekommen. Die unter Punkt 1.1 aufgeführten einflussnehmenden Faktoren auf Pflegekinder in der Herkunftsfamilie, haben auch Einfluss auf die Herkunftseltern selbst. Dies bedeutet, dass partnerschaftliche Konflikte und die damit oftmals verbundene Gewalt, zurückzuführen sind auf sozioökonomische und innerfamiliäre einflussnehmende Faktoren und diese sich im Umkehrschluss auf die Kinder in der Herkunftsfamilie auswirken, da diese verbale und körperlich gewaltsame Auseinandersetzungen miterleben müssen.

Sexueller Missbrauch

Definitionen, welche die Komplexität eines sexuellen Missbrauchs einheit-
lich beschreiben, sind in der Literatur nicht zu finden. Vielmehr wird ein sexueller Missbrauch von bestimmen Faktoren abhängig gemacht, welche
zwischen verschiedenen Formen sexuellen Missbrauchs unterscheiden lassen können. Fegert (2008) unterscheidet zwischen intra- und extrafamiliä-
rem Missbrauch, sowie zwischen direkten und indirekten Taten. Bei direkten, den sogenannten „Hands-on" Taten (Fegert, 2008, S.484), handelt es
sich um direkten Körperkontakt zwischen dem Täter und dem Opfer. Dieser
impliziert analen, oralen oder genitalen Geschlechtsverkehr oder die Berüh-
rung der Geschlechtsorgane des Kindes. Indirekte Taten, „Hands-off" Taten
(Fegert, 2008, S. 484), sind sexuell missbräuchliche Taten ohne direkten
Körperkontakt, welche die pornographische Darstellung des Kindes in Form
von Fotos oder Filmen umfasst. Zum indirekten sexuellen Missbrauch zählen auch exhibitionistische, sowie voyeuristische Taten und sexuelle Beläs-
tigungen (Fegert, 2008).

Wolff (1999) definiert sexuellen Missbrauch, in dem er von einer Ausnut-
zung des Kindes durch Erwachsene oder Jugendliche, welche durch die
Ausübung ihrer hierarchischen Position dem Kind gegenüber, dieses zu
sexuellen Handlungen zwingen und es überwältigen. Das Kind kann die
sexuellen Handlungen jedoch aufgrund seines Entwicklungsstandes nicht
wertend beurteilen und kann diesen demzufolge nicht zustimmen (Wolff,
1999). Die in der Literatur gängigste sozialwissenschaftliche Definition sexuellen Missbrauchs stammt von Schechter und Roberge (1976). Diese
definieren sexuellen Missbrauch ähnlich wie Wolff (1999), als eine Beteiligung von Kindern oder Jugendlichen an sexuellen Handlungen, welchen
sie aufgrund ihres altersbedingt niedrigen Entwicklungsstandes nicht verstehen und diesem nicht zustimmen können. Ergänzt wird die Definition
von Schechter und Roberge (1976) durch den Faktor, dass sexueller Missbrauch familiär und gesellschaftlich sexuelle Tabus verletzt und dieser ausschließlich der sexuellen Befriedigung gegenüber dem Kind deutlichen älteren Personen dient (Schechter & Roberge, 1976).

Das Strafgesetzbuch (StGB) bestimmt die rechtliche Definition des sexuellen Missbrauchs an Kindern in den §§ 176, 176a und 176b StGB (Stascheit, 2009). In diesen wird zwischen sexuellem Missbrauch von Kindern
(§ 176 StGB), schwerem sexuellen Missbrauch von Kindern (§ 176a StGB)
und sexuellem Missbrauch von Kindern mit Todesfolge (§ 176b StGB) un-

terschieden. Ferner umfasst die rechtliche Bestimmung sexuellen Missbrauchs von Kindern auch eine Altersgrenze der Opfer bis zur Vollendung
ihres vierzehnten Lebensjahres, sowie die Altersbestimmung des Täters
von über achtzehn Jahren (ebd., 2009). § 176a Abs.2 Nr.3 StGB umfasst
außerdem die in der Tat liegende Gefahr einer nachhaltig gesundheitlichen
Schädigung des Kindes auch in dessen physischer und psychischer Entwicklung (ebd., 2009).

*Zusammenfassung der Auswirkungen einflussnehmender Faktoren in der
Herkunftsfamilie*

Sozialökonomische Faktoren nehmen Einfluss auf den sozialen Status des
Einzelnen, sogar auf den ganzer Bevölkerungsgruppen. Ferner wurde in
dem vorangegangenen Kapitel (1.1.2) zudem auf innerfamiliäre Faktoren
eingegangen, welche neben den sozialökonomischen Faktoren, die Sozialisation des Pflegekindes innerhalb seiner Herkunftsfamilie beeinflussen
können. Die Auswirkungen einflussnehmender Faktoren, welche in der vorliegenden Arbeit empirisch erfasst wurden, sind Traumatisierungen, welche
sich in verschiedene Faktoren aufgliedern lassen. Folgende Traumatisierungen sind als Kindeswohlgefährdungen zu nennen: Vernachlässigungen,
körperliche, psychische und emotionale Misshandlungen, sowie der sexuelle Missbrauch an Schutzbefohlenen. Das folgende Kapitel 1.2 legt seinen
Schwerpunkt jedoch nicht auf den strafrechtlichen Aspekt kindeswohlge-
fährdender Handlungen, z.B. dem sexuellen Missbrauch von Kindern, sondern vielmehr auf die jugendhilferechtlichen Rahmenbedingungen zum
Umgang mit diesen.

1.2   Rechtliche Grundlagen zum Umgang bei
Kindeswohlgefährdung

Seit 1949 verpflichtet sich der deutsche Staat mit dem Inkrafttreten des
Grundgesetzes (GG) in Artikel 6 Absatz 2 Satz 2 zur Überwachung der
Pflege und Erziehung von Eltern gegenüber ihren Kindern, um deren Wohl
zu gewährleisten (Bundeszentrale für politische Bildung, 2010). Das sogenannte staatliche Wächteramt bildet demzufolge im Bereich der Kinder- und
Jugendhilfe, sowie in Teilen des Familienrechts das Grundgerüst gesetzlichen Handelns zum Wohl des Kindes.

Im folgenden Kapitel werden auf Grundlage dessen, die rechtlichen Grundlagen zum Umgang bei Kindeswohlgefährdung erläutert. Dabei stehen das
achte Sozialgesetzbuch (SGB VIII), sowie das Bürgerliche Gesetzbuch
(BGB) im Vordergrund der Erläuterungen.

Das achte Sozialgesetzbuch (SGB VIII) umfasst die gesetzlichen Grundlagen der Kinder- und Jugendhilfe in Deutschland. Im Vordergrund des
SGB VIII stehen im Besonderen die Leistungen und Aufgaben der Jugendhilfe. Im folgenden Kapitel werden einzelne Paragraphen erläutert, die in
Bezug auf das Pflegekinderwesen relevant sind. Hervorzuheben sind die
Paragraphen 1 SGB VIII mit allgemeinen Vorschriften der Jugendhilfe, § 8a
SGB VIII mit dem Schutzauftrag bei Kindeswohlgefährdung, die §§ 27 ff.
SGB VIII mit den Leistungen der Jugendhilfe, sowie der § 42 SGB VIII im
dritten Kapitel des Sozialgesetzbuches mit der Inobhutnahme von Kindern
und Jugendlichen (Stascheit, 2009).

Das vierte Buch des Bürgerlichen Gesetzbuches (BGB) umfasst in zwei
Abschnitten familienrechtliche Grundlagen für die bürgerliche Ehe, sowie
für die Verwandtschaft. Hervorzuheben ist in Bezug auf die vorliegende
Arbeit besonders § 1666 BGB, welcher die gerichtlichen Maßnahmen bei
Gefährdung des Kindeswohls bestimmt und demzufolge in den Umgang bei
Kindeswohlgefährdung einzuordnen ist (Stascheit, 2009).

1.2.1 Recht auf Erziehung, Elternverantwortung, Jugendhilfe

Der in den allgemeinen Vorschriften des achten Sozialgesetzbuches verankerte § 1 SGB VIII erläutert in Absatz 1 das Recht jedes jungen Menschen
in Deutschland auf seine „Erziehung zu einer eigenverantwortlichen und
gemeinschaftsfähigen Persönlichkeit", sowie sein „Recht auf Förderung seiner Entwicklung" (BFSFJ, 2010, S.71). § 1 Absatz 2 SGB VIII beschreibt
erneut die Aufgabe des Staates, in seiner Funktion als staatliches Wächteramt (Art.6 Abs.2 S.2 GG), über dem natürlichen Recht und der Pflicht der
Eltern, ihre Kinder zu pflegen und zu erziehen, zu wachen. Die Ausübung
dieser Aufgabe geschieht stets zum Wohl des Kindes (Grühn, 2010). Der
dritte Absatz des Paragraphen beschreibt abschließend die Ziele der Jugendhilfe. Diese umfassen die Förderung junger Menschen in ihrer individuellen und sozialen Entwicklung, um eventuelle Benachteiligungen präventiv zu unterbinden, oder falls bereits vorhanden diese abzubauen (§ 1
Abs.3 Nr.1 SGB VIII), die Unterstützung und Beratung von Eltern oder anderen Erziehungsberechtigten in Erziehungsfragen (§ 1 Abs.3 Nr.2 SGB VI-

II), den Schutz zum Wohl des Kindes oder des Jugendlichen vor Gefahren (§ 1 Abs.3 Nr.3 SGB VIII), sowie die Erhaltung oder Schaffung einer kinder- und familienfreundlichen Sozialstruktur und den darin implizierten positiven Lebensbedingungen (§ 1 Abs.3 Nr. 4 SGB VIII) (Bernzen, 2005).

1.2.2 Schutzauftrag bei Kindeswohlgefährdung und gerichtliche Maßnahmen bei Gefährdung des Kindeswohls

Wie bereits in dem zuvor beschriebenen § 1 SGB VIII (vgl. Art.6 Abs.2 S.2 GG) hat es sich der Staat zur Aufgabe gemacht über die Pflege und Erziehung der Eltern zum Wohl des Kindes zu wachen. Das staatliche Wächteramt umfasst einen staatlichen Schutzauftrag bei einer Gefährdung des Kindeswohls. Der staatliche Schutzauftrag wurde mit dem Inkrafttreten des Kinder- und Jugendhilfeweiterentwicklungsgesetzes (KICK) im Jahr 2005 verdeutlicht. Er verstärkt die Zusammenarbeit verschiedener Träger der Jugendhilfe, um das staatliche Eingreifen in die Pflege und Erziehung bei Kindeswohlgefährdung schneller zu ermöglichen. Der gesellschaftliche Druck, bedingt durch das Unterlassen von notwendigen Hilfen von Mitarbeitern der Kinder- und Jugendhilfe in konkreten Einzelfällen, trug nachhaltig dazu bei, dass der § 8a in das SGB VIII eingeführt wurde (Grühn, 2010).

§ 8a SGB VIII beschreibt im ersten Absatz den Schutzauftrag des Jugendamtes bei Kindeswohlgefährdung. Dieses hat aufgrund konkreter Anhaltspunkte einer eventuell vorliegenden Kindeswohlgefährdung das Gefährdungsrisiko des betroffenen Kindes oder des Jugendlichen in der Zusammenarbeit mit denen am Fall beteiligten Fachkräften abzuschätzen. Den Betroffenen ist eine Mitwirkung an den einzuleitenden Hilfen anzubieten, wenn der Schutz des Kindes oder Jugendlichen nicht gefährdet ist. Grundsätzlich gilt, dass das Jugendamt jedoch den Personensorgeberechtigten oder den Erziehungsberechtigten Hilfen anzubieten hat, wenn ersichtlich ist das eine Gewährleistung des Kindeswohls nicht gegeben ist (Grühn, 2010). Liegen freien Trägern der Jugendhilfe, Anhaltspunkte für eine Kindeswohlgefährdung vor, haben diese den Auftrag die zuständigen Fachkräfte des Jugendamtes in die Abschätzung des Gefährdungsrisikos mit einzubeziehen. Die freien Träger haben ferner darauf hinzuwirken, dass Hilfen in Anspruch genommen werden, wenn diese erforderlich sind. Abschließend haben freie Träger zur Abwendung einer Gefährdung des Kindeswohls das Jugendamt darüber zu informieren ob die eingeleiteten Hilfen beansprucht werden oder nicht. Dies soll der Abwendung einer Gefährdung

dienen (§ 8a Abs.2 SGB VIII) (Grühn, 2010). Absatz 3 des § 8a SGB VIII
beschreibt den Einbezug des Familiengerichts, für den Fall, dass die Personensorgeberechtigten oder die Erziehungsberechtigten nicht mit dem Jugendamt kooperieren wollen, um die Gefährdung des Kindeswohls abzuwenden. Besteht eine Kindeswohlgefährdung und eine Entscheidung des
Familiengerichts kann nicht abgewartet werden, hat dieses gemäß § 8a
Abs. 3 SGB VIII das Recht und die Verpflichtung das Kind oder den Jugendlichen in Obhut zu nehmen (Grühn, 2010). Im letzten Absatz des § 8a
SGB VIII wird abschließend die Kooperation mit anderen zuständigen Institutionen und Leistungsträgern konkretisiert. Dies wird dann erforderlich,
wenn zur Abwendung einer Kindeswohlgefährdung keine Kooperation zwischen den Betroffenen Personensorgeberechtigten oder Erziehungsberechtigten gemäß § 8a Abs. 1 SGB VIII zustande gekommen ist (Grühn, 2010).

Werden bestimmte Tatbestände, die zu einer Gefährdung des Kindeswohls beitragen erfüllt, hat der Staat gemäß § 1666 BGB das Recht durch
gerichtliche Maßnahmen in das elterliche Recht auf Erziehung und Pflege
des Kindes (Art.6 Abs.2 S.1 GG) einzugreifen (Hannemann, 2009). Wie in
§ 8a Abs.3 SGB VIII verankert, ist das Jugendamt berechtigt und verpflichtet das Familiengericht anzurufen, wenn dieses ein Tätigwerden dessen für
erforderlich hält. Ein Tätigwerden des Familiengerichts ist gemäß § 1666
BGB nur dann möglich, wenn das Kindeswohl durch Vernachlässigungen,
Misshandlungen oder Missbrauch gefährdet ist (ferner zählt das Gesetz
auch eine Gefährdung des Vermögens des Kindes dazu) und die Eltern die
Gefährdung des Kindeswohls nicht abwenden oder beenden, da sie dazu
nicht bereit oder in der Lage sind (BFSFJ, 2010). Das Familiengericht muss
zudem in das Sorgerecht der Eltern eingreifen, wenn die Anwendung bzw.
Inanspruchnahme anderer Kinder- und Jugendhilfemaßnahmen nicht ausreichen, um die Kindeswohlgefährdung abzuwenden und demzufolge er-
folglos geblieben sind (vgl. § 1666a BGB), obwohl diese für eine Gefahr-
abwendung einer Kindeswohlgefährdung geeignet und Verhältnismäßig
erschienen (BFSFJ, 2010). Ferner findet § 1666 BGB auch seine Anwendung, wenn das Wohl des Kindes objektiv durch elterliches Fehlverhalten
gefährdet, dieses den Eltern jedoch subjektiv nicht vorzuwerfen ist. Dies
kann der Fall sein, wenn Eltern aufgrund einer psychischen Erkrankung mit
der Erziehung und Pflege des Kindes überfordert sind, oder sie ihre elterliche Sorge schlicht nicht wahrnehmen können (Hannemann, 2009). § 1666
Absatz 4 BGB richtet sich gegen Dritte, die außerdem das Wohl des Kindes
gefährden können. Der Staat beugt somit einer Untätigkeit der Eltern vor,

die nicht in der Lage oder Willens dazu sind, eine Gefährdung des Kindes durch Dritte abzuwenden. Eine Gefährdung durch Dritte kann zum Beispiel der Umgang mit substanzabhängigen oder delinquenten Personen sein (Hannemann, 2009). Zu den familiengerichtlichen Maßnahmen, welche nach einer Erfüllung der Tatbestände gemäß § 1666 Absatz 1 BGB greifen, zählen insbesondere: „1. Gebote, öffentliche Hilfen wie zum Beispiel Leistungen der Kinder- und Jugendhilfe und der Gesundheitsfürsorge in Anspruch zu nehmen, 2. Gebote, für die Einhaltung der Schulpflicht zu sorgen, 3. Verbote, vorübergehend oder auf unbestimmte Zeit die Familienwohnung oder eine andere Wohnung zu nutzen, sich in einem bestimmten Umkreis der Wohnung aufzuhalten oder zu bestimmende andere Orte aufzusuchen, an denen sich das Kind regelmäßig aufhält, 4. Verbote, Verbindung zum Kind aufzunehmen oder ein Zusammentreffen mit dem Kind herbeizuführen, 5. die Ersetzung von Erklärungen des Inhabers der elterlichen Sorge, [und] 6. die teilweise oder vollständige Entziehung der elterlichen Sorge." (Stascheit, 2009, S.963). Folgend wird die gesetzliche Regelung in Bezug auf die Inobhutnahme von Kindern und Jugendlichen erläutert.

1.2.3 Inobhutnahme von Kindern und Jugendlichen

Gemäß § 42 SGB VIII gliedert sich die Inobhutnahme von Kindern und Jugendlichen im achten Sozialgesetzbuch in den Tatbestand der Inobhutnahme und die sich daraus ergebenen Rechtsfolgen, sowie die Aufgaben und Pflichten des zuständigen Jugendamtes. Die Inobhutnahme, zum Schutz von Kindern und Jugendlichen, erfolgt als vorläufige Maßnahme in drei Fällen. Erstens bei einer Selbstmeldung des Kindes oder des Jugendlichen (§ 42 Abs.1 Nr.1 SGB VIII), zweitens bei einer dringenden Kindes- und Jugendwohlgefährdung (§ 42 Abs.1 Nr.2 SGB VIII), sowie drittens der Einreise eines unbegleiteten ausländischen Kindes oder Jugendlichen nach Deutschland (§ 42 Abs.1 Nr.3 SGB VIII) (BFSFJ, 2010). Die Inobhutnahme hat eine vorläufige Unterbringung des Kindes oder des Jugendlichen zur Folge. Die Unterbringung kann „(...) bei einer geeigneten Person, in einer geeigneten Einrichtung oder in einer sonstigen Wohnform (...)" (BFSFJ, 2010, S.92) erfolgen.

Die Aufgaben und Pflichten des Jugendamtes werden in § 42 Abs. 2,3 und 5 SGB VIII erläutert. Absatz 2 beinhaltet die Pflicht und Berechtigung des Jugendamtes, die Situation in der sich das Kind oder der Jugendliche

befindet aufzuklären und den Betroffenen, Kinder- und Jugendhilferechtlichen Möglichkeiten aufzuzeigen und ihnen Unterstützung anzubieten. In
diesem Fall sollte das Kind oder der Jugendliche unverzüglich die Möglichkeit erhalten eine Vertrauensperson über die Inobhutnahme zu informieren.
Das Jugendamt hat zudem dafür Sorge zu tragen, den Unterhalt sowie die
Krankenhilfe sicher zu stellen. § 42 Abs. 2 SGB VIII berechtigt das Jugendamt dazu alle notwendigen Rechtshandlungen zum Wohl des Kindes oder
des Jugendlichen vorzunehmen. Dabei ist der mutmaßliche Wille der Personensorgeberechtigten zu berücksichtigen (Dahm, 2008).Die Unterrich-
tung der Personensorgeberechtigten, sowie der Erziehungsberechtigten
über die Inobhutnahme ist gemäß § 42 Abs. 3 SGB VIII eine Aufgabe des
zuständigen Jugendamtes. Widersprechen diese der erfolgten Inobhutnahme, so hat das Jugendamt diesen das Kind zu übergeben, wenn keine Gefahr für das Kind besteht, oder eine vorhandene Gefahr abwendbar ist. Ist
dies nicht der Fall und die Personensorgeberechtigten, sowie die Erziehungsberechtigten sind weiterhin gegen eine Inobhutnahme, eine Gefahr
für das Wohl des Kindes hat jedoch weiterhin Bestand, hat das Jugendamt
gemäß § 42 Abs. 3 SGB VIII die Möglichkeit das Familiengericht anzurufen,
damit dieses familienrechtliche Maßnahmen gemäß §§ 1666, 1666a BGB
anordnet (Trenczek, 2008). Sind die Personensorgeberechtigten, sowie die
Erziehungsberechtigten mit der Inobhutnahme einverstanden, so ist unmittelbar ein Hilfeplanverfahren einzuleiten. Bei einer dringenden Gefahr für
das Wohl des Kindes oder des Jugendlichen gemäß § 42 Abs. 1 Nr. 2 SGB
VIII ist ein Vormund oder ein Pfleger für das Kind oder den Jugendlichen
über das Jugendamt zu bestellen (Grühn, 2010). Abschließend beschreibt
Absatz 5 des § 42 SGB VIII die Möglichkeit bei einer lebendbedrohlichen
Gefährdung des Kindes oder des Jugendlichen oder Dritter freiheitsentzie-
hende Maßnahmen anzuordnen (Trenczek, 2008). Die Inobhutnahme ist
gemäß § 42 Abs. 4 SGB VIII beendet, sobald das Kind oder der Jugendliche an die Personensorgeberechtigten oder die Erziehungsberechtigten
übergeben worden ist oder Hilfen zur Erziehung gemäß § 27 ff. SGB VIII
eingeleitet wurden (BFSFJ, 2010). Der sechste Absatz des § 42 Inobhutnahme von Kindern und Jugendlichen des SGB VIII umfasst „(...) die Anwendung unmittelbaren Zwangs (...)" (Grühn, 2010, S.77). Dies bedeutet,
dass die zuständigen Jugendamtsmitarbeiterinnen und -mitarbeiter bei der
Notwendigkeit der Anwendung des zuvor genannten Zwangs, diesen nicht
selbst ausüben dürfen, sondern in diesen Fällen auf Amtshilfe von zum
Beispiel der zuständigen Polizei angewiesen sind (Grühn, 2010).

1.2.4   Hilfen zur Erziehung

Der § 27 SGB VIII beschreibt die zu erfüllenden Voraussetzungen für die Erbringung der Hilfen zur Erziehung der Kinder- und Jugendhilfe. Anspruch auf Leistungen der Kinder- und Jugendhilfe haben (vgl. § 7 Nr. 1 & 2 SGB VIII) Kinder und Jugendliche selbst, sowie deren Eltern, welche einen Bedarf an Unterstützung in Erziehungsfragen haben, um das Wohl des Kindes oder des Jugendlichen zu gewährleisten, ferner sollten diese inhaltliche Geeignetheit und Notwendigkeit für die Inanspruchnahme der Hilfen zur Erziehung erfüllen (§ 27 Abs. 1 SGB VIII). Eine Geeignetheit und Notwendigkeit beinhaltet zwei Faktoren, erstens die Überprüfung der Hilfen zur Erziehung im Einzelfall auf ihre Geeignetheit, also inwiefern die angestrebte Hilfe zur Erziehung dem betroffenen wirklich effektiv helfen kann, sowie nach bzw. während der Erbringung der Hilfen die Überprüfung der Geeignetheit auf Deckung des Hilfebedarfs (Bernzen, 2005).

Die zu gewährenden Hilfen zur Erziehung sind in § 27 Abs. 2 SGB VIII verankert. Dazu gehören die Paragraphen 28 bis 35 des achten Sozialgesetzbuches. Diese umfassen die Erziehungsberatung (§28), Soziale Gruppenarbeit (§29), Erziehungsbeistand und Betreuungshelfer (§30), Sozialpädagogische Familienhilfe (§31), Erziehung in einer Tagesgruppe (§32), Vollzeitpflege (§33), Heimerziehung, sonstige betreute Wohnform (§34), sowie Intensive sozialpädagogische Einzelbetreuung (§35). Ferner beschreibt § 27 Abs. 2 S.2 SGB VIII, dass abhängig von der Form der zu gewährenden Hilfe, das soziale Umfeld des Kindes oder Jugendlichen in den Hilfeprozess einbezogen werden sollte. Die zu gewährenden Hilfen sind nach Maßgabe in Absatz 2 Satz 3 des § 27 SGB VIII ausschließlich in Deutschland zu erbringen. Eine Hilfe im Ausland darf nur dann erbracht werden, wenn diese im Einzelfall erforderlich und sinnvoll erscheint (BFSFJ, 2010). Ferner kann eine Hilfe zur Erziehung auch außerhalb des Elternhauses des Kindes oder Jugendlichen erbracht werden, wenn eine unterhaltspflichtige Person die Erfüllung dieser Aufgabe übernimmt. Diese sollte für die Erbringung der Hilfen geeignet und bereit sein und versuchen die Hilfe gemeinsam mit Trägern der öffentlichen Jugendhilfe gemäß der §§ 36, 37 SGB VIII zu gewähren (§ 27 Abs. 2a SGB VIII) (BFSFJ, 2010). Absatz 3 des § 27 SGB VIII beschreibt „...die Gewährung pädagogischer und damit verbundener therapeutischer Leistungen." (BFSFJ, 2010, S.85) und erweitert durch die Formulierung des Wortes „insbesondere" das Spektrum der Träger, welche diese erbringen können (Bernzen, 2005). Abschließend beschreibt § 27 Abs. 4 SGB VIII die Gewährleistung von Hilfen zur Erziehung für den Fall, dass ein Kind oder eine Jugendliche selbst Mutter eines Kindes wird und diese sich in einer Einrichtung oder einer Pflegefamilie befindet (Grühn, 2010).

Die nun folgende Erläuterung des § 33 SGB VIII umfasst die rechtlichen Grundlage für die Gewährleistung von Hilfen zur Erziehung eines Kindes oder Jugendlichen in einer Vollzeitpflegefamilie und stellt somit neben den §§ 8a SGB VIII, 42 SGB VIII und 1666 BGB die wichtigste Handlungsgrundlage für die Pflegekinderdienste der Jugendämter.

1.2.5 Vollzeitpflege als stationäre Hilfe zur Erziehung

Ist eine dem Alter eines Kindes oder Jugendlichen entsprechende Pflege, Erziehung und Entwicklung in der Herkunftsfamilie nicht gewährleistet (z.B. durch das Unterlassen dem Wohl des Kindes oder des Jugendlichen dienlichen Handlungen der Herkunftseltern) so kann das betroffene Kind oder der betroffene Jugendliche gemäß § 33 SGB VIII zeitlich befristet oder auf Dauer in einer anderen Familie, als der Herkunftsfamilie, untergebracht werden. Ferner bestünde zudem die Option für das Kind oder den Jugendlichen in seine Herkunftsfamilie zurückzukehren, wenn eine dem Kindeswohl dienliche Pflege, Erziehung und Entwicklung in dieser wieder gewährleistet werden könnte (Grühn, 2010). Die Benennung einer „anderen Familie" (Wabnitz, 2009, S.86) als Ort für die Unterbringung eines Kindes oder Jugendlichen dient der Abgrenzung zu den Herkunftseltern. Der Begriff der anderen Familie umfasst außerdem die für die Pflege geeigneten Personen und Familien, bei denen das Kind oder der Jugendliche untergebracht werden kann. Dies können unter anderem Verwandte, Vormünder oder vom Jugendamt ausgewählte Pflegefamilien sein (Wabnitz, 2009). Die Unterbringung eines Kindes oder Jugendlichen außerhalb der eigenen Herkunftsfamilie soll dem Kind oder dem Jugendlichen zur Verbesserung der eigenen Entwicklung dienen. Für Kinder und Jugendliche mit besonderen Entwicklungsbeeinträchtigungen, zum Beispiel aufgrund einer Alkoholembryopathie oder einer körperlichen oder geistigen Behinderung, werden besonders geeignete Formen der Familienpflege geschaffen (§ 33 S.2 SGB VIII) (Wabnitz, 2009).

Die Vollzeitpflege gehört ferner zu den stationären Hilfen zur Erziehung. Leistungsberechtigte sind die Personensorgeberechtigten, wohingegen Kinder und Jugendliche die Adressaten, im Zeitraum zwischen ihrer Geburt und der Vollendung des 18. Lebensjahrs, dieser Hilfe sind. Stimmen die Personensorgeberechtigten dieser Kinder- und Jugendhilferechtlichen Maßnahme nicht zu, obwohl diese zum Wohl des Kindes oder des Jugendlichen notwendig ist, so kann der öffentliche Träger, das Aufenthaltsbestimmungsrecht bzw. das komplette Sorgerecht vor Gericht einklagen, um diese Hilfe zur Erziehung umzusetzen. Hat ein Kind oder ein Jugendlicher bereits einen Vormund, so ist auch dieser berechtigt einen Antrag auf Vollzeitpflege gemäß § 33 SGB VIII zu stellen (Grühn, 2010).

1.2.6 Zusammenfassung rechtlicher Grundlagen zum Umgang bei Kindeswohlgefährdung

Die rechtlichen Grundlagen zum Umgang bei Kindeswohlgefährdung gliedern sich in das achte Sozialgesetzbuches (SGB VIII), mit Kinder- und Jugendhilferechtlichen Maßnahmen, Aufgaben und Leistungen, sowie in das Bürgerliche Gesetzbuch (BGB), mit familienrechtlichen Grundlagen bei einer Gefährdung des Kindeswohls. Hervorzuheben ist hierbei besonders § 1666 BGB, welcher die gerichtlichen Maßnahmen bei Gefährdung des Kindeswohls bestimmt. Die wichtigsten Paragraphen des achten Sozialgesetzbuches (SBG VIII) zum Umgang bei Kindeswohlgefährdung sind die in § 1 SGB VIII verankerten allgemeinen Vorschriften mit dem Recht auf Erziehung, Elternverantwortung und der Jugendhilfe, § 8a SGB VIII mit dem Schutzauftrag bei Kindeswohlgefährdung und den Hilfen zur Erziehung in den §§ 27 ff. SGB VIII. Besonders hervorzuheben ist jedoch in Bezug auf die vorliegende Arbeit § 33 SGB VIII mit den rechtlichen Grundlagen zur Vollzeitpflege, sowie § 42 SGB VIII mit den Bestimmungen zur Inobhutnahme von Kindern und Jugendlichen.

Die zuvor in dem gesamten theoretischen Teil erläuterten Grundlagen der einflussnehmenden Faktoren auf die Sozialisation des Pflegekindes in seiner Herkunftsfamilie, sowie die rechtlichen Grundlagen zum Umgang bei Kindeswohlgefährdung, dienen der nun folgenden methodischen Erhebung und Auseinandersetzung mit den Erfahrungen ausgewählter Pflegekinder in ihrer Herkunftsfamilie.

2   Methode

Die Gründe für die Herausnahme von Kindern aus ihren Familien sind vielfältig. Sie resultieren aus Erfahrungen der Kinder, die in der Regel als
traumatisch zu bezeichnen sind und folglich Konsequenzen für den pädagogischen Umgang mit ihnen haben. Um gezielte Interventionsmaßnahmen
auf pädagogischer und sozialpolitischer Ebene zu implementieren, ist eine
genaue Analyse der zuvor genannten Faktoren elementar. Dafür wurden
für die vorliegende Untersuchung Daten über insgesamt 53 Pflegekinder
erhoben. Die Zusammensetzung der gesamten Stichprobe und das Vorgehen bei der Erhebung der Daten werden im Folgenden beschrieben.

2.1   Stichprobe

Die Gesamtstichprobe besteht aus 53 Pflegekindern. 29 (54,7%) der Pflegekinder sind weiblichen, 24 (45,3%) sind männlichen Geschlechts. Das
durchschnittliche Alter, der an der Stichprobe teilnehmenden Pflegekinder,
betrug bei deren Vermittlung in die aktuelle Pflegefamilie im Mittel 31,38
Monate. Das Alter der Pflegekinder bei deren Inobhutnahme betrug im Mittel 24,15 Monate (siehe Tabelle 1). Die Gesamtstichprobe setzt sich aus
drei Teilstichproben zusammen, die im Folgenden erläutert werden. Die
drei Teilstichproben unterscheiden sich hinsichtlich des Alters bei der Vermittlung und der Inobhutnahme nicht signifikant.

Tabelle 1: Demographische Übersicht der Stichproben (Geschlecht und Alter bei Vermittlung in die aktuelle Pflegefamilie und bei der ersten Inobhutnahme)

	Gesamt	Anteil n (%) Mädchen	Anteil n (%) Jungen	Alter bei Vermittlung in Monaten Mittelwert (SD)	Alter bei Inobhutnahme in Monaten Mittelwert (SD)
Gesamtstichprobe	53 (100%)	29 (54,71%)	24 (45,29%)	31,38 (25,44)	24,15 (23,21)
Teilstichprobe I*	15 (100%)	9 (60,00%)	6 (40,00%)	34,00 (18,96)	26,86 (17,05)
Teilstichprobe II**	8 (100%)	5 (62,50%)	3 (37,50%)	19,88 (25,26)	15,87 (25,41)
Teilstichprobe III***	30 (100%)	15 (50,00%)	15 (50,00%)	33,13 (28,09)	25,00 (25,41)

*Anmerkung: *DFG Projekt „Bindungsentwicklung und psychosoziale Anpassung von Pflegekindern", FH Dortmund, **Vorstudie „Bindung und psychosoziale Anpassung von Pflegekindern", FH Dortmund, ***Pflegekinderdienst Stadt Dortmund*

2.1.1 Teilstichprobe I

Teilstichprobe I besteht aus 15 Pflegekindern, die an dem von der Deutschen Forschungsgemeinschaft geförderten Längsschnittprojekt „Bindungsentwicklung und psychosoziale Anpassung von Pflegekindern" der Universität Erlangen-Nürnberg und der Fachhochschule Dortmund teilnehmen. Berücksichtigt werden hier nur Familien, die am Standort Dortmund untersucht werden. Die Teilstichprobe I setzt sich zusammen aus 9 (60,0%) weiblichen und 6 (40,0%) männlichen Pflegekindern, deren Alter bei der Vermittlung in die aktuelle Pflegefamilie im Mittel 34,00 Monate beträgt. Das durchschnittliche Alter der Pflegekinder bei deren Inobhutnahme beträgt im Mittel 26,86 Monate (siehe Tabelle 1).

2.1.2 Teilstichprobe II

Teilstichprobe II besteht aus acht Pflegekindern, welche an einer Vorstudie zum Thema „Bindung und psychosoziale Anpassung von Pflegekindern" (Bovenschen, Nowacki & Spangler, unveröffentlicht) teilnehmen. Hierbei handelt es sich um 5 (62,5%) weibliche und 4 (37,5%) männliche Pflegekinder, die bei ihrer Vermittlung in die aktuelle Pflegefamilie im Mittel 19,88

Monate und zum Zeitpunkt ihrer Inobhutnahme im Mittel 15,87 Monate alt waren (siehe Tabelle 1).

2.1.3 Teilstichprobe III

Teilstichprobe III setzt sich aus 30 Pflegekindern zusammen, die im Alter von 12 bis 72 Monaten durch das Jugendamt Dortmund vermittelt wurden und sich noch aktuell in den Pflegefamilien befinden. Die Verteilung der Geschlechter in Teilstichprobe III verhält sich zu jeweils 50 % eines Geschlechts (15 weibliche Pflegekinder, sowie 15 männliche Pflegekinder). Das Alter der Pflegekinder beträgt bei der Vermittlung in deren Pflegefamilie im Mittel 33,13 Monate und das Alter bei Herausnahme aus der Herkunftsfamilie im Mittel 25,00 Monate (siehe Tabelle 1).

2.2   Instrument

Zur Erhebung der Vorerfahrungen in den Herkunftsfamilien wurde ein Fragebogen (s. Anhang) am Forschungsstandort Erlangen-Nürnberg entwickelt. Dieser dient der Erfassung des Schweregrades, der von den Pflegekindern in der Herkunftsfamilie gemachten Vorerfahrungen. Hinsichtlich der Erfassung des Vorkommens und des Schweregrads der Vorerfahrungen wurde der Fragebogen in Anlehnung an Barnett (1993) gestaltet. Dabei werden fünf verschiedene Formen von Vorerfahrungen abgefragt und skaliert, welche die verschiedenen Formen von Vernachlässigungen sowie körperlicher Misshandlung und sexuellen Missbrauches umfassen. Ferner erfasst der Fragebogen Angaben zur Herkunftsfamilie des Pflegekindes, zur Inobhutnahme, zur aktuellen Pflegschaft sowie zu geplanten bzw. bereits bestehenden Umgangskontakten des Pflegekindes mit der Herkunftsfamilie. Der Fragebogen zu den Vorerfahrungen des Pflegekindes in seiner Herkunftsfamilie gliedert sich in fünf Abschnitte, welche im Folgenden kurz einzeln erläutert werden.

2.2.1 Angaben zur Herkunftsfamilie

Die Angaben zur Herkunftsfamilie umfassen das Geburtsdatum der Herkunftseltern, deren Familienstand sowie deren beruflichen Status. Ferner werden eventuelle psychische Krankheiten, im ersten Abschnitt des Fragebogens erfasst und benannt.

2.2.2 Angaben zur Inobhutnahme

Der zweite Abschnitt des Fragebogens erfasst den Verlauf der Fremdunterbringungen des Pflegekindes durch das Jugendamt, welches dieses seit
der Inobhutnahme aus der Herkunftsfamilie durchlaufen musste. Erfasst wird
das Datum der Inobhutnahme, die Art sowie das Ende dieser. Der Fragebogen erfasst bis zu drei eventuelle Fremdunterbringung durch das Jugendamt.

2.2.3 Angaben zur aktuellen Pflegschaft

Die Angaben zur aktuellen Pflegschaft umfassen den genauen Beginn der
Pflegschaft, die Art sowie das Ziel dieser. Ferner werden eventuelle Unter-
brechungen des aktuellen Pflegeverhältnisses erfasst und im Fall einer Unterbrechung auch die Gründe und der Zeitraum dafür im Fragebogen aufgenommen.

2.2.4 Grund der Inobhutnahme

Bei der Erfassung der Gründe für die Inobhutnahme des Pflegekindes
durch das Jugendamt, werden fünf verschiedene Gründe genannt, welche
zu einer Inobhutnahme führen können. Ferner erfolgt eine Skalierung dieser auf einer Skala von eins bis fünf in einem Schweregrad. Zu den Gründen gehören die Emotionale Misshandlung sowie die Vernachlässigung; die
Vernachlässigung durch mangelnde Versorgung in den Bereichen Nahrung, Kleidung, Unterkunft, Gesundheit und/oder Kleidung; die Vernachlässigung der Aufsichtspflicht; die Körperliche Misshandlung sowie der sexuelle Missbrauch. Außerdem werden andere Gründe, zum Beispiel der Tod
oder die Inhaftierung eines oder beider Elternteile sowie die freiwillige Abgabe des Pflegekindes aus der Herkunftsfamilie erfasst.

2.2.5 Geplante Besuchskontakte

Der letzte Abschnitt des Fragebogens erfasst die geplanten bzw. bereits
bestehenden Umgangskontakte zwischen dem Pflegekind und seinen leiblichen Eltern. In diesem Abschnitt werden zudem die Art und der Ort des
Umgangskontakts erfasst.

2.3   Durchführung der Datenerhebung

Die Durchführung der Datenerhebung wird im Folgenden näher erläutert.

2.3.1 Teilstichprobe I

Die Datenerhebung der Teilstichprobe I erfolgt im Rahmen der Durchführung der laufenden Längschnittstudie „Bindungsentwicklung und psychosoziale Anpassung von Pflegekindern" (Spangler, Bovenschen & Nowacki, unveröffentlicht) in diesem Fall am Forschungsstandort Dortmund. Neun, der insgesamt fünfzehn vorliegenden Fragebögen, wurden mit der Bitte, diesen ausgefüllt an das Forschungsprojekt zurückzuschicken, an die für das jeweilige Pflegekind zuständigen Jugendamtsmitarbeiterin oder -mitarbeiter versendet. In einem an den Fragebogen beigefügten Anschreiben, wird die Notwendigkeit dieser Datenerhebung zur Vervollständigung der gesamten Daten des Forschungsprojekts dem Adressaten erläutert. Ferner werden in dem beigefügten Anschreiben der Vorname des Pflegekindes sowie der Familienname und die Anschrift der aktuellen Pflegefamilie genannt, um eine eindeutige Identifikation des jeweiligen Pflegekindes bei der jeweils zuständigen Jugendamtsmitarbeiterin oder -mitarbeiter zu gewährleisten. Zwei Fragebögen wurden durch die Autorin persönlich bei der zuständigen Jugendamtsmitarbeiterin oder -mitarbeiter des Pflegekinderdienstes abgeholt, die vorab postalisch zugeschickt worden waren. Darüber hinaus war die Autorin zudem in vier Fällen beim Ausfüllen der Fragebögen durch Fachdienstmitarbeiterinnen und -mitarbeiter persönlich anwesend. Die Termine für die zuletzt genannten Erhebungen wurden im Vorfeld telefonisch vereinbart.

2.3.2 Teilstichprobe II

Die Datenerhebung von Teilstichprobe II der Vorstudie „Bindung und psychosoziale Anpassung von Pflegekindern" (Bovenschen, Nowacki & Spangler, unveröffentlicht) am Forschungsstandort der Fachhochschule Dortmund, erfolgte bei allen acht erhobenen Fragebögen auf postalischem Weg. Auch in dieser Teilstichprobe erhielten die für das entsprechende Pflegekind zuständigen Jugendamtsmitarbeiterin und -mitarbeiter den Fragebogen zusammen mit einem Anschreiben, in dem die Notwendigkeit der Datenerhebung erläutert wurde.

2.3.3 Teilstichprobe III

Um die Repräsentativität der Daten zu erhöhen, werden ergänzend zu den Daten aus den beiden Forschungsprojekten (Teilstichproben I und II) Fragebögen durch eine Mitarbeiterin des Pflegekinderdienstes der Stadt Dortmund für ausgewählte Fälle ausgefüllt. Hierbei handelte es sich um 30 aktuell in der Dauerpflege untergebrachte Kinder, die aktuell von der Mitarbeiterin betreut werden und im Alter von 12 bis 72 Monaten vermittelt wurden. Der Kontakt zu der Mitarbeiterin entstand über das Forschungsprojekt „Bindungsentwicklung und psychosoziale Anpassung von Pflegekindern". Die Datenerhebung wurde mit dem zuständigen Abteilungsleiter abgeklärt und die weitere Verwendung erfolgte ausschließlich anonymisiert.

3   Ergebnisse

Im Folgenden werden die ausgewerteten Ergebnisse der vorliegenden Daten erläutert. Die Berechnungen wurden mit Hilfe des Statistikprogramms SPSS 18.0 für Microsoft Windows durchgeführt. Die tabellarische Darstellung der Ergebnisse erfolgte mit dem Programm Microsoft Word. Die Berechnung und Darstellung der vorliegenden Daten erfolgte deskriptiv. Es wurden ausschließlich Häufigkeiten, sowie der Mittelwert und die dazugehörigen Standardabweichungen berechnet.

3.1   Familienstand der leiblichen Eltern

Aus Tabelle 2 geht hervor, welchen Familienstand die leiblichen Eltern, der an der vorliegenden Stichprobe teilnehmenden Pflegekinder hatten, als diese durch das Jugendamt, gemäß § 42 SGB VIII (Stascheit, 2009) in Obhut genommen wurden. Es ist zu erkennen, dass in insgesamt 33 Nennungen (62,2 %) die leiblichen Eltern zum Zeitpunkt der Datenerhebung entweder ledig (11 = 20,8 %) oder geschieden / getrennt (18, 34,0 %), sowie in einem nicht definierten und als „Anders" (4 = 7,4%) bezeichneten Familienstand lebten. In 20 Fällen (37,8 %) lebten die leiblichen Eltern als Paar zusammen. Davon waren elf leibliche Elternpaare zum Zeitpunkt der Datenerhebung verheiratet (20,8 %), und neun (17,0%) lebten in einer eheähnlichen Lebensgemeinschaft.

Tabelle 2: Darstellung des Familienstandes der leiblichen Eltern der Pflegekinder

Familienstand	Häufigkeit n (%)
Verheiratet	11 (20,8 %)
Ledig	11 (20,8 %)
Eheähnliche Lebensgemeinschaft	9 (17,0 %)
Geschieden / getrennt	18 (34,0 %)
Anders	4 (7,4 %)
Gesamt	53 (100 %)

3.2 Berufstätigkeit der leiblichen Eltern (leibliche Mutter/leiblicher Vater)

Tabelle 3 stellt die Berufstätigkeit der leiblichen Eltern dar, die in 53 Fällen (100%) erfasst wurde. Diese unterscheidet ferner die Berufstätigkeit der leiblichen Mütter sowie die der leiblichen Väter. Zum Zeitpunkt der Inobhutnahme des Pflegekindes durch das Jugendamt waren insgesamt sechs leibliche Mütter (11,3%) und sieben leibliche Väter (13,2%) berufstätig. Nicht berufstätig waren insgesamt 47 leibliche Mütter (88,7%) sowie 45 leibliche Väter (84,9%). Bei einem leiblichen Vater galt der Status der Berufstätigkeit als unbekannt (1,9%).

Tabelle 3: Darstellung der Berufstätigkeit der leiblichen Eltern

	Berufstätigkeit leibliche Mutter n (%)	Berufstätigkeit leiblicher Vater n (%)
Berufstätig	6 (11,3%)	7 (13,2%)
Nicht berufstätig	47 (88,7 %)	45 (84,9%)
Unbekannt	0 (0,0 %)	1 (1,9%)
Gesamt	53 (100 %)	53 (100 %)

3.3 Leibliche Geschwister in der Herkunftsfamilie

31 von 53 Pflegekindern haben mindestens ein, höchstens acht Geschwisterkinder haben. Prozentual liegt der Anteil der Pflegekinder, die leibliche Geschwister zum Zeitpunkt der Inobhutnahme haben demnach bei 58,5 %. Im Mittel beträgt die Anzahl der leiblichen Geschwister in der Herkunftsfamilie 2,68 mit einer Standardabweichung (SD) von 2,10.

3.3.1 Wo leben die leiblichen Geschwister der Pflegekinder

Wie bereits beschrieben haben 31 der 53 teilnehmenden Pflegekinder mindestens ein, höchstens acht leibliche Geschwisterkinder. Tabelle 54 zeigt auf, wo die leiblichen Geschwisterkinder der Pflegekinder leben, bzw. wo diese fremduntergebracht sind. Dabei bezeichnet das so genannte erste Geschwisterkind entweder das einzige oder eins von mehreren anderen Geschwisterkinder. In keinem Fall sind die leiblichen Geschwister in der gleichen Pflegefamilie untergebracht. Bezogen auf das erste leibliche Geschwisterkind (insgesamt 31 Nennungen = 100%) sind 23 (74,2 %) der leiblichen Geschwisterkinder in einer anderen Pflegefamilie oder in einer Heimeinrichtung untergebracht. In acht Fällen (25,8 %) leben die leiblichen Geschwisterkinder noch bei den leiblichen Eltern des Pflegekindes oder in einem Verwandtenpflegeverhältnis. Das zweite Geschwisterkind (insgesamt 22 Nennungen = 100%) lebt in 15 Fällen (68,2 %) in einer anderen Pflegefamilie oder in einer Heimeinrichtung. Sieben der zweiten leiblichen Geschwisterkinder (31,8%) sind anders untergebracht, diese leben zum Beispiel noch in der Herkunftsfamilie des Pflegekindes. Das dritte leibliche Geschwisterkind (insgesamt acht Nennungen = 100%) lebt in sieben Fällen (87,5%) in einer anderen Pflegefamilie oder einem Heim, ein leibliches Geschwisterkind lebt anders untergebracht (12,5%). Das vierte Geschwisterkind (insgesamt acht Nennungen = 100%) lebt in sechs Fällen (75%) in einer anderen Pflegefamilie oder einer Heimeinrichtung. In zwei Fällen (25%) lebt das leibliche Geschwisterkind in der Herkunftsfamilie des Pflegekindes, oder es ist in einer anderen Betreuungsform untergebracht. Das fünfte Geschwisterkind (insgesamt vier Nennungen (100%) lebt in vier Fällen (100%) in einer anderen Pflegefamilie oder in einer Heimeinrichtung. Das sechste und siebente Geschwisterkind (insgesamt je vier Nennungen = 100%) lebt jeweils in zwei Fällen (50%) in einer anderen Pflegefamilie oder in einem Heim oder es lebt in jeweils zwei Nennungen (50%) in der Herkunftsfamilie des Pflegekindes oder es ist in einer anderen Betreuungsform untergebracht. Das achte leibliche Geschwisterkind (insgesamt 2 Nennungen = 100%) lebt in zwei Fällen (100%) zum Beispiel noch in der Herkunftsfamilie des Pflegekindes oder es wird in einer anderen Betreuungsform.

Tabelle 4: Darstellung des Wohnorts / der Unterbringung der leiblichen Geschwister der Pflegekinder

	Anteil n (%) 1. Geschwis-terkind	Anteil n (%) 2. Geschwis-terkind	Anteil n (%) 3. Geschwis-terkind	Anteil n (%) 4. Geschwis-terkind	Anteil n (%) 5. Geschwis-terkind	Anteil n (%) 6. Geschwis-terkind	Anteil n (%) 7. Geschwis-terkind	Anteil n (%) 8. Geschwis-terkind
Gleiche Pflege-familie wie PK	0 (0%)	0 (0%)	0 (0%)	0 (0%)	0 (0%)	0 (0%)	0 (0%)	0 (0%)
Anders unter-ge-bracht (andere Pflege-familie, Heim u.ä.)	23 (74,2%)	15 (68,2%)	7 (87,5%)	6 (75%)	4 (100%)	2 (50%)	2 (50%)	0 (0%)
Anders (z.B. leben noch bei den leib-lichen Eltern)	8 (25,8%)	7 (31,8%)	1 (12,5%)	2 (25%)	0 (0%)	2 (50%)	2 (50%)	2 (100%)
Gesamt*	31 (100%)	22 (100%)	8 (100%)	8 (100%)	4 (100%)	4 (100%)	4 (100%)	2 (100%)

Anmerkung: *Anzahl der Pflegekinder von Insgesamt 53, welche leibliche Geschwister haben.

3.4 Psychische Erkrankungen in der Herkunftsfamilie

Aus Tabelle 5 geht hervor, ob psychische Erkrankungen in der Herkunftsfamilie der Pflegekinder vorhanden sind oder nicht. Ferner wird zwischen
einer psychischen Erkrankung der leiblichen Mutter, sowie des leiblichen
Vaters unterschieden. Insgesamt lagen 53 Nennungen (100%) vor. Der
Anteil der psychischen Erkrankung bei der leiblichen Mutter und / oder dem
leiblichen Vater lag zum Zeitpunkt der Inobhutnahme des Pflegekindes
durch das Jugendamt bei insgesamt 32 Fällen (60,4%). In 21 (39,6%) der
53 Fälle lag keine psychische Erkrankung der leiblichen Eltern in der Herkunftsfamilie vor. In acht der genannten Fälle (25%) wurde sowohl für die
leibliche Mutter als auch für den leiblichen Vater eine psychische Erkrankung angegeben. Aus Tabelle 6 geht hervor, dass 30 von 53 (56,6%) der
leiblichen Mütter psychisch erkrankt sind. Der Anteil der psychischen Erkrankungen der leiblichen Väter liegt bei zehn Nennungen von insgesamt
53 Fällen (18,13%).

Tabelle 5: Darstellung psychischer Erkrankungen in der Herkunftsfamilie

	Anteil *n* (%) psychische Erkrankung leibliche Mutter und/oder leiblicher Vater*	Anteil *n* (%) psychische Erkrankung leibliche Mutter	Anteil *n* (%) psychische Erkrankung leiblicher Vater
Psychisch Erkrankt	32 (60, 4 %)	30 (56, 6 %)	10 (18,13 %)
Nicht psychisch Erkrankt	21 (39, 6 %)	23 (43, 4 %)	43 (81,87 %)
Gesamt	53 (100 %)	53 (100 %)	53 (100 %)

* in 8 Fällen lag sowohl bei der leiblichen Mutter als auch beim leiblichen Vater eine psychische Erkrankung vor.

3.4.1 Art der psychischen Erkrankung in der Herkunftsfamilie

Tabelle 6 beschreibt die Art der psychischen Erkrankungen in der Herkunftsfamilie. Die Ergebnisse enthalten Mehrfachnennungen durch komorbide Störungsbilder und in neun Fällen sowohl eine psychische Erkrankung bei der leiblichen Mutter als auch bei dem leiblichen Vater. Die häufigste psychische Erkrankung ist die Borderline Persönlichkeitsstörung, diese lag in insgesamt 16 Fällen vor und teilte sich auf 12 Nennungen bei den leiblichen Müttern und vier Nennungen bei den leiblichen Vätern auf. Insgesamt lagen 13 Nennungen für eine Alkoholabhängigkeit vor. Diese gliedert sich in neun Nennungen bei den leiblichen Müttern und vier Nennungen bei den leiblichen Vätern. Eine Schizophrenie lag in drei Fällen vor, diese verteilte sich auf zwei Nennungen bei den leiblichen Müttern, sowie einer Nennung bei einem leiblichen Vater. Eine Bindungsstörung wurde bei jeweils einer leiblichen Mutter und einem leiblichen Vater genannt. Die folgenden Störungsbilder lagen laut der Angaben aus den Fragebögen nur bei den leiblichen Müttern vor. In neun Fällen wurde eine Depression, in vier Fällen eine Drogenabhängigkeit und in eine Angst- und Panikstörung in drei Fällen angegeben. Außerdem gab es jeweils eine Nennung für eine dissoziale und eine histrionische Persönlichkeitsstörung, eine psychische Belastungsstörung sowie eine Intelligenzminderung.

Tabelle 6: Darstellung der Art der psychischen Erkrankung in der Herkunftsfamilie

Art der psychischen Erkran-kung	Anteil *n* (%) leibliche Mutter	Anteil *n* (%) leiblicher Vater	Anteil *n* (%) Gesamt
Borderline Persönlichkeitsstö-rung	12 (21,8%)	4 (7,3%)	16 (29,1%)
Alkoholabhängigkeit	9 (16,4%)	4 (7,3%)	13 (23,7%)
Depressionen	9 (16,4%)	0 (0%)	9 (16,4%)
Drogenabhängigkeit	4 (7,3%)	0 (0%)	4 (7,3%)
Angst- und Panikstörung	3 (5,4%)	0 (0%)	3 (5,4%)
Schizophrenie	2 (3,6%)	1 (1,8%)	3 (5,4%)
Bindungsstörung	1 (1,8%)	1 (1,8%)	2 (3,6%)
Dissoziale Persönlichkeitsstö-rung	1 (1,8%)	0 (0%)	1 (1,8%)
Histrionische Persönlichkeits-störung	1 (1,8%)	0 (0%)	1 (1,8%)
Psychische Belastungsstö-rung	1 (1,8%)	0 (0%)	1 (1,8%)
Intelligenzminderung	1 (1,8%)	0 (0%)	1 (1,8%)
Medikamentenabhängigkeit	1 (1,8%)	0 (0%)	1 (1,8%)
Gesamt	45 (81,8 %)	10 (18,2 %)	55 (100 %)

Anmerkung: Es liegen Mehrfachnennungen vor. Komorbidität in 9 Fällen bei der leiblichen Mutter / keine beim leiblichen Vater.

3.5 Unterbringung des Pflegekindes durch das Jugendamt vor der aktuellen Inpflegenahme (Art der Unterbringung und Häufigkeit)

Tabelle 7 zeigt die Art und die Häufigkeit der Unterbringung des Pflegekin-des vor deren aktueller Inpflegenahme durch das Jugendamt auf. In allen 53 Nennungen (100%) waren die Pflegekinder vor der aktuellen Inpflege-nahme mindestens in einem anderen Pflegeverhältnis untergebracht. Alle 53 Pflegekinder (100%) wurden durch das Jugendamt in Obhut genommen und an folgende Stellen vermittelt: In 43 Nennungen (81,1%) wurden die Pflegekinder in eine Bereitschaftsfamilie vermittelt. In drei Fällen (5,7%) wurden die Pflegekinder in einem Mutter-Kind-Heim untergebracht, in kei-nem Fall (0%) lebten die Pflegekinder vor deren aktuellen Inpflegenahme in einer Heimeinrichtung. Direkt in ein Vollzeitpflegeverhältnis wurden drei Pflegekinder (5,7%) vermittelt. In vier Fällen (7,5%) lebten die Pflegekinder zum Beispiel in einer Kinderklinik oder waren in einem Verwandtenpflege-verhältnis untergebracht. Dies beinhaltet zum Beispiel die Unterbringung bei den Großeltern oder anderen geeigneten nahen Anverwandten. In 14

Fällen (100%) kam es zu einer zweiten Unterbringung durch das Jugendamt. Diese beinhaltete folgende Pflegeverhältnisse: In drei Nennungen
(21,4%) wurden die Pflegekinder in eine Bereitschaftspflegefamilie vermittelt, in einer Nennung (7,1%) lebte das Pflegekind in einem Mutter-Kind-
Heim. In ein Vollzeitpflegeverhältnis wurden vier Pflegekinder (28,8%) vermittelt und sechs Pflegekinder (42,9%) wurden anders untergebracht. Elf
Pflegekinder (100%) waren von einer dritten Unterbringung durch das Jugendamt betroffen. Fünf Pflegekinder (45,5%) wurden in ein Bereitschafts-
pflegeverhältnis vermittelt. Ein Kind (9,1%) lebte in einem Mutter-Kind-
Heim, drei Pflegekinder (27,3%) lebten in einer Heimeinrichtung. In einem
Vollzeitpflegeverhältnis lebten nach der dritten Unterbringung durch das
Jugendamt zwei Pflegekinder (18,2%). Kein Kind (0%) wurde in einem an-
deren Pflegeverhältnis untergebracht.

Tabelle 7: Darstellung der Unterbringung des Pflegekindes durch das Jugendamt vor der
aktuellen Inpflegenahme (Art der Unterbringung und Häufigkeit)

Art der Unterbrin-gung	Anteil n (%) erste Inobhutnahme durch das Jugend-amt	Anteil n (%) zweite Inobhutnahme durch das Jugend-amt	Anteil n (%) dritte Inobhutnahme durch das Jugend-amt
Bereitschaftspflege	43 (81,1%)	3 (21,4%)	5 (45,5%)
Mutter-Kind-Heim	3 (5,7%)	1 (7,1%)	1 (9,1%)
Heim	0 (0%)	0 (0%)	3 (27,3%)
Vollzeitpflege	3 (5,7%)	4 (28,8%)	2 (18,2%)
Anderes (z.B. Kin-derklinik, Verwand-tenpflege)	4 (7,5%)	6 (42,9%)	0 (0%)
Gesamt*	53 (100%)	14 (100%)	11 (100%)

Anmerkung: *von insgesamt 53 Pflegekindern.

Aus den erhobenen Daten der Gesamtstichprobe geht zudem hervor, dass
im Mittel 7,23 Monate zwischen der ersten Inobhutnahme durch das Jugendamt und der Vermittlung der Pflegekinder in deren aktuelles Pflegeverhältnis lagen.

3.6   Art der aktuellen Pflegschaft

Die 52 der 53 Pflegekinder der Stichprobe (98,1%) sind aktuell, also zum
Zeitpunkt der Erhebung, in einem Vollzeitpflegeverhältnis untergebracht. In

einem Fall (1,9%) ist das Pflegekind noch in einem Bereitschaftspflegever-
hältnis.

3.6.1 Ziel der aktuellen Pflegschaft

In 51 (96,2%) der insgesamt 53 (100%) Nennungen, wird als Ziel der aktuellen Pflegschaft, der Verbleib des Pflegekindes in der aktuellen Pflegefamilie von den zuständigen Jugendamtsmitarbeiterinnen und -mitarbeitern
genannt. In zwei (3,8%) Fällen wird eine Rückführung des Pflegekindes in
seine Herkunftsfamilie geplant und befürwortet.

3.6.2 Unterbrechung der aktuellen Pflegschaft

Aus den vorliegenden Daten geht hervor, dass nur in einer Nennung (1,9%)
eine Unterbrechung des aktuellen Pflegeverhältnisses stattfand. In 52
(98,1%) von insgesamt 53 (100%) Nennungen gab es keine Unterbrechung
des aktuellen Pflegeverhältnisses.

3.7   Gründe für die Inobhutnahme

Die Gründe für die Inobhutnahme der Pflegekinder werden in Tabelle 8 dargestellt. Es ist anzumerken, dass der dargestellte Mittelwert aus einem
Skalierungsrahmen zwischen 1 und 5 berechnet wurde (s. Methodenteil).
Die Skalierung ist aufsteigend, so dass eine Einordnung bei 1 das Auftreten
des angegebenen Grundes in einer leichten Ausprägung beschreibt. Eine
Einordnung auf 5 beschreibt hingegen ein schweres Auftreten des angegebenen Grundes. Erfasst wurden emotionale Misshandlungen und Vernachlässigungen, Vernachlässigungen in der Versorgung, speziell im Bereich
der Nahrung, Kleidung, Unterkunft, Gesundheit und/oder Hygiene, die Vernachlässigung der Aufsichtspflicht, sowie körperliche Misshandlungen und
sexueller Missbrauch. Im Einzelnen werden folgende Gründe für die Inobhutnahme in der Auftretenshäufigkeit in Tabelle 8 dargestellt. Eine emotionale Misshandlung und/oder eine Vernachlässigung wurde in 38 (71,7%)
der insgesamt 53 (100%) Fällen genannt. Deren Schweregrad betrug innerhalb der Skalierung von 1 bis 5 im Mittel 3,11 (SD 3,1). Der größte Anteil
von Nennungen (insgesamt 46 (86,8%) von 53 (100%)) fiel auf den Bereich
der Vernachlässigung. Der Schweregrad der mangelnden Versorgung im
Bereich der Nahrung, Kleidung, Unterkunft, Gesundheit und/oder Hygiene

erreichte im Mittel einen Wert von 3,22 (SD 1,3). In 36 (67,9%) von 53 (100%) Nennungen lag eine Vernachlässigung der Aufsichtspflicht, als ein Grund für die Inobhutnahme der Pflegekinder durch das Jugendamt, vor. Im Mittel betrug der Wert 2,94 (SD 1,35). Eine körperliche Misshandlung lag in 27 (50,9%) der insgesamt 53 (100%) Nennungen vor. Der Mittelwert lag bei 2,70 (SD 1,29). Die wenigstens Nennungen erfolgten bei einem sexuellen Missbrauch als Grund für die Inobhutnahme des Pflegekindes durch das Jugendamt. Dabei lagen 15 (28,3%) von 53 (100%) Nennungen im Mittelwert bei 2,00 (SD 1,13).

Tabelle 8: Darstellung der Gründe für die Inobhutnahme

	Emotionale Misshandlung / Vernachlässigung	Vernachlässigung (mangelnde Versorgung im Bereich Nahrung, Kleidung, Unterkunft, Gesundheit und/oder Hygiene)	Vernachlässigung der Aufsichtspflicht	Körperliche Misshandlung	Sexueller Missbrauch
Mittelwert (SD)*	3,11 (1,31)	3,22 (1,34)	2,94 (1,35)	2,70 (1,29)	2,00 (1,13)
Anteil n (%)**	38 (71,7%)	46 (86,8%)	36 (67,9%)	27 (50,9%)	15 (28,3%)

Anmerkung:
*Der Mittelwert betrifft den Rahmen der Skalierung im Schweregrad zwischen 1 bis 5. **Bei jeweils X von insgesamt 53 Pflegekindern lag der genannte Grund für die Inobhutnahme vor.

3.7.1 Rechtszustand und andere Gründe für die Inobhutnahme durch das Jugendamt

Neben den zuvor dargestellten Gründen für die Inobhutnahme durch das Jugendamt, gaben die Jugendamtsmitarbeiterinnen und -mitarbeiter ferner noch den rechtlichen Zustand an, unter denen die Kinder in Obhut genommen wurden (Tabelle 9). Es ist darauf hinzuweisen, dass Mehrfachnennungen vorlagen. In jeweils 10 (18,9%) von 53 (100%) Fällen wurde der Entzug des Sorgerechts der Herkunftseltern per Gerichtsbeschluss, gemäß § 1666 BGB als rechtlicher Zustand genannt, welcher dazu führte, dass das Kind durch das Jugendamt in Obhut genommen wurde. In 8 Nennungen (15,1%) führte die freiwillige Abgabe durch die Herkunftseltern zur Inobhutnahme. In den anderen Fällen lagen keine Angaben vor.

Ferner wurden noch weitere Gründe genannt, die inhaltlich zur Inobhutnahme führten. Die Erziehungsunfähigkeit eines oder beider Elternteile in der Herkunftsfamilie als ein weiterer Grund für die Inobhutnahme des Kindes wurde in 10 (18,9%) Fällen genannt. In 6 Nennungen (11,3%) führte unter anderem eine Überforderung zu den Inobhutnahmen. In 3 Fällen (5,6%) wurden den Herkunftseltern gerichtliche Auflagen (zum Beispiel die, eine Psychotherapie zu beginnen) aufgetragen. Dieser Grund führte in diesen Fällen zu einer Inobhutnahme durch das Jugendamt. Jeweils 2 Nennungen (3,7%) erhielten eine Inhaftierung eines oder beider Elternteile, eine minderjährige Mutterschaft und der Tod eines oder beider Elternteile. In einem Fall (1,8%) führte die Gehörlosigkeit der Herkunftseltern als unter anderem einem Grund zu der Inobhutnahme.

Tabelle 9: Darstellung anderer Gründe für die Inobhutnahme durch das Jugendamt

Andere Gründe für die Inobhutnahme	Anteil n (%)*
Entzug des Sorgerechts per Gerichtsbeschluss gem. § 1666 BGB	10 (18,9%)
Erziehungsunfähigkeit	10 (18,9%)
Freiwillige Abgabe	8 (15,1%)
Überforderung	6 (11,3%)
Gerichtliche Auflagen (z.b. eine Psychotherapie zu beginnen)	3 (5,6%)
Inhaftierung	2 (3,7%)
Minderjährige Mutter	2 (3,7%)
Tod eines Elternteils	2 (3,7%)
Gehörlosigkeit der leiblichen Eltern	1 (1,8%)

Anmerkung: *Es liegen Mehrfachnennungen vor

3.8 Besuchskontakte zwischen Herkunftseltern und Pflegekindern

Aus Tabelle 10 geht hervor, ob Besuchskontakte zwischen Herkunftseltern und Pflegekindern vorliegen, bzw. nicht vorliegen. Liegen Besuchskontakte vor, so wird in der Darstellung dessen, zwischen regelmäßigen und unregelmäßigen Besuchskontakten unterschieden. In 24 Nennungen (45,3%) finden regelmäßige Besuchskontakte zwischen Herkunftseltern und Pflegekindern statt. Unregelmäßig stattfindende Besuchskontakte werden in 4 Fällen (7,5%) genannt. Insgesamt 25 (47,2%) der Pflegekinder stehen in keinem Besuchskontakt zwischen ihnen und ihren Herkunftseltern.

Tabelle 10: Darstellung der Besuchskontakte zwischen Herkunftseltern und Pflegekindern

Darstellung der Besuchskontakte	Anteil n (%)
Regelmäßige Besuchskontakte	24 (45,3%)
Unregelmäßige Besuchskontakte	4 (7,5%)
Keine Besuchskontakte	25 (47,2%)
Gesamt	53 (100%)

3.8.1 Häufigkeit der Kontakte zwischen Herkunftseltern und Pflegekindern

Im Mittel betrug die Häufigkeit der Besuchskontakte zwischen Herkunftseltern und Pflegekindern 13,61 Mal pro Jahr (SD 9,38). Die Häufigkeit der Besuchskontakte bezieht sich auf insgesamt 28 (52,8%) von 53 (100%) Nennungen, in denen regelmäßig oder unregelmäßig Besuchskontakte zwischen den Herkunftseltern und den Pflegekindern stattfinden.

3.8.2 Art des Kontaktes

Aus Tabelle 11 geht die Art des Kontaktes zwischen Herkunftseltern und Pflegekindern hervor. In 27 (50,9%) von 53 (100%) Fällen finden regelmäßige oder unregelmäßige Treffen zwischen den Herkunftseltern und den Pflegekindern statt. In einem Fall (1,9%) wurde eine andere Kontaktart genannt. Darunter könnte unter anderem der Kontakt mittels Telefon oder Brief gemeint sein. In insgesamt 25 (47,2%) Fällen besteht kein Kontakt zwischen der Herkunftsfamilie und den Pflegekindern.

Tabelle 11: Darstellung der Art des Kontaktes

Art des Kontaktes	Anteil n (%)
Treffen	27 (50,9%)
Anderes	1 (1,9%)
Kein Kontakt	25 (47,2%)
Gesamt	53 (100%)

3.8.3 Ort des Kontaktes

Tabelle 12 beschreibt die Orte, an denen Besuchskontakte zwischen Herkunftseltern und Pflegkindern stattfinden. In 3 (5,7%) Nennungen finden Besuchskontakte an einem neutralen Ort (Spielplatz, Café) statt. 2 (3,8%) der Besuchskontakte finden in der Herkunftsfamilie des jeweiligen Pflegekindes statt. Der größte Teil der Besuchskontakte (23 Nennungen (43,4%)) finden jedoch in dem jeweils für das Pflegekind zuständigen Jugendamt statt.

Tabelle 12: Darstellung des Ortes des Kontaktes

Ort des Kontaktes	Anteil *n* (%)
Neutraler Ort	3 (5,7%)
Herkunftsfamilie	2 (3,8%)
Jugendamt	23 (43,4%)
Kein Ort, da kein Kontakt	25 (47,2%)
Gesamt	53 (100%)

3.9   Zusammenfassung der Ergebnisse

Ein hervorzuhebendes Ergebnis innerfamiliärer Faktoren in der Herkunftsfamilie ist der Familienstand der leiblichen Eltern. In 33 (62,2%) von 53
(100%) Fällen lebten die Pflegekinder vor ihrer Vermittlung in keiner konstanten Familienstruktur, d.h. die leiblichen Eltern lebten zum Zeitpunkt der
Datenerhebung geschieden oder getrennt (18 = 34,0%), in einer nicht definierten und als „Anders" bezeichneten Lebensform (4 = 7,4%), oder sie waren ledig und somit allein erziehend (11 = 20,8%). In 20 (37,8%) Fällen lebten die leiblichen Eltern als Paar in einer Ehe (11 = 20,8%) oder einer eheähnlichen Gemeinschaft (9 = 17,0%) zusammen.

Neben dem nicht konstanten Familienstand der leiblichen Eltern ist deren nicht vorhandene Berufstätigkeit besonders hervorzuheben. 47 (88,7%)
der leiblichen Mütter und 45 (84,9%) der leiblichen Väter waren zum Zeitpunkt der Datenerhebung nicht berufstätig. Auch hier lagen insgesamt 53
(100%) Nennungen vor. Waren in der Herkunftsfamilie der Pflegekinder
leibliche Geschwisterkinder bekannt (mindestens ein, höchstens acht Geschwisterkinder), wie dies bei 31 (58,5%) von 53 (100%) der Nennungen
der Fall war, waren diese (also mindestens ein Geschwisterkind) in 23
(74,2%) von 53 (100%) der Fälle auch fremd untergebracht, z.B. in einer
anderen Pflegefamilie, einem Heim u.ä..

Ferner lag ein hoher Anteil einer psychischen Erkrankung in der Herkunftsfamilie vor. Insgesamt waren 32 (60,4%) von 53 (100%) der leiblichen
Eltern von einer psychischen Erkrankung betroffen. In acht Fällen (25%) lag
sowohl bei der leiblichen Mutter, als auch beim leiblichen Vater eine psychische Erkrankung vor. Der Anteil der psychischen Erkrankung der leiblichen Mütter (30 = 56,6%) lag jedoch deutlich höher gegenüber dem der
leiblichen Väter (10 = 18,13%). Bei der Art der psychischen Erkrankung in
der Herkunftsfamilie liegt eine besondere Häufigkeit bei einer Borderline
Persönlichkeitsstörung (16 = 29,1%), Depressionen (9 = 16,3%) und einer

Substanzabhängigkeit (Alkoholabhängigkeit (13 = 23,6%) und Drogenabhängigkeit (4 = 7,2%) vor.

In Bezugnahme auf die aktuelle Pflegschaft sind folgende Ergebnisse
hervorzuheben. In 53 (100%) Fällen wurden die Pflegekinder vor der aktuellen Inpflegenahme durch das Jugendamt mindestens in einem anderen
Pflegeverhältnis untergebracht. In 43 (8,1%) Nennungen erfolgte die Unterbringung in eine Bereitschaftspflegefamilie, in 3 (5,7%) Fällen lebten die
Pflegekinder mit ihrer leiblichen Mutter in einem Mutter-Kind-Heim, einer
anderen Vollzeitpflegefamilie (3 = 5,7%) oder waren in einer anderen Betreuungsform untergebracht (4 = 7,5%). Aus den erhobenen Daten geht
zudem hervor, das zwischen der ersten Inobhutnahme durch das Jugendamt und der Vermittlung der Pflegekinder in deren aktuelles Pflegeverhältnis im Mittel 7,23 Monate lagen.

In 52 (98,1%) der 53 (100%) Fälle sind die Pflegekinder aktuell in einem
Vollzeitpflegeverhältnis untergebracht (in einem Fall ist das Pflegekind aktuell noch in einer Bereitschaftspflegefamilie, welche jedoch zu einer Vollzeitpflegefamilie wird), deren Ziel es in 51 (96,2%) der Nennungen ist, in
der aktuellen Vollzeitpflegefamilie zu verbleiben. Lediglich in 2 (3,8%) Fällen wird eine Rückführung des Pflegekindes in seine Herkunftsfamilie geplant.

Der Hauptgrund für die Inobhutnahme der Pflegekinder durch das Jugendamt ist in 46 (86,8%) von 53 (100%) Fällen der Bereich der Vernachlässigung. Der Schweregrad der Vernachlässigung (Ernährung, Unterkunft,
Gesundheit und / oder Hygiene) erreichte im Mittel einen Wert von 3,22
(SD 1.3) innerhalb der Skalierung von 1 bis 5. Der zweit häufigste Grund für
die Inobhutnahme durch das Jugendamt ist eine emotionale Misshandlung
und/oder eine Vernachlässigung mit 38 (71,7%) Nennungen. Deren Schweregrad betrug im Mittel 3,11 (SD 3.1). Darauf folgt die Vernachlässigung der
Aufsichtspflicht mit 36 (67,9%) Nennungen (der Schweregrad liegt im Mittel
bei 2,94 (SD 1.35), eine körperliche Misshandlung in 27 (50,9%) der Nennungen (Schweregrad im Mittel bei 2,70 (SD 1.29) und mit der geringsten
Anzahl an Nennungen (15 (28,3%)) ein sexueller Missbrauch. Der Schweregrad liegt im Mittel bei 2,00 (SD 1.13).

Der Rechtszustand und andere Gründe für die Inobhutnahme durch das
Jugendamt waren u.a. der Entzug des Sorgerechts per Gerichtsbeschluss
gem. § 1666 BGB (10 (18,9%)), die Erziehungsunfähigkeit eines oder beider Elternteile (10 = 18,9%) oder die freiwillige Abgabe des Kindes durch
die Herkunftseltern in 8 (15,1%) Fällen.

Zuletzt sind die Besuchskontakte zwischen Herkunftseltern und Pflegekindern zusammenzufassen. Hier fanden zum Zeitpunkt der Datenerhebung in insgesamt 28 (52,8%) Fällen regelmäßige bzw. unregelmäßige Besuchskontakte statt. In 25 (47,2%) gibt es keinen Besuchskontakt zwischen Herkunftseltern und Pflegekindern. Die Häufigkeit der Kontakte liegt im Mittel bei 13,61 Besuchskontakten im Jahr (SD 9.38). Bei der Art des Besuchskontaktes handelt es sich in 27 (50,9%) Fällen um Treffen. In einem Fall (1,9%) wurde eine andere Kontaktart genannt (z.B. mittels Telefon oder Brief). Die Besuchskontakte finden zudem in 23 (43,4%) Fällen im jeweils zuständigen Jugendamt statt. In 3 (5,7%) Fällen wurde ein neutraler Ort und in 2 (3,8%) Fällen die Herkunftsfamilie als Ort für die stattfindenden Besuchskontakte genannt.

4   Diskussion

Die Thematik dieser Auseinandersetzung aufgreifend, wurden in den vorangegangenen Kapiteln die Erfahrungen von Pflegekindern in der Herkunftsfamilie theoretisch und durch die Darstellung der Ergebnisse der erhobenen Daten erläutert. Die sich daraus ergebenen pädagogischen und
sozialpolitischen Konsequenzen, sowie die vorhandenen strukturellen Rahmenbedingungen, der im SGB VIII verankerten Hilfen zur Erziehung gem.
§§ 27 ff., werden nun in Zusammenhang mit den vorhandenen Ergebnissen
diskutiert. Besonders hervorzuheben sind in Bezug auf die innerfamiliären
Faktoren, die Auswirkungen nicht konstanter Beziehungen in der Herkunftsfamilie auf die Entwicklung des Kindes, die Anzahl der Geschwisterkinder,
sowie mögliche psychische Erkrankungen eines oder beider Elternteile. Ein
möglicher Zusammenhang zwischen innerfamiliären und sozialstrukturellen
Belastungsfaktoren und Überforderungsverhalten bis hin zu psychischen
Erkrankungen wird diskutiert und die sich daraus ergebenen pädagogischen und sozialpolitischen Konsequenzen erläutert. Abschließend sind die
Rahmenbedingungen, unter denen eine Unterbringung von Pflegekindern
stattfindet, strukturell zu diskutieren und die sich daraus ergebenen pädagogischen und sozialpolitischen Konsequenzen herauszustellen.

Ein Kritikpunkt an der vorliegenden Studie ist die Größe der Stichprobe.
Mit insgesamt 53 Fällen aus dem Raum „Ruhrgebiet" ist sie nicht repräsen-
tativ für die Gesamtheit aller Pflegekinder in Deutschland. Die Ergebnisse
können lediglich explorative Aussagen über die Gesamtheit geben. Am Beispiel der Aussagen über die psychischen Erkrankungen der leiblichen Väter
wird die Limitierung der Studie deutlich. Es fällt auf, dass lediglich in 10
(18,13%) von 53 (100%) Fällen eine psychische Erkrankung der leiblichen
Väter bekannt ist. Betrachtet man im Zusammenhang hiermit den Familienstand der Herkunftseltern der Pflegekinder, so ist zu erkennen, dass in 33
(62,2%) von 53 (100%) Fällen die Herkunftseltern, zum Zeitpunkt der Datenerhebung, in einer nicht als Ehe oder eheähnlichen Gemeinschaft definierten Form lebten, sondern ferner ledig, geschieden oder getrennt waren.
Der Fokus in der Betrachtung des Familienstandes in der Herkunftsfamilie
und demzufolge auch bei der Betrachtung einer psychischen Erkrankung
liegt also höchstwahrscheinlicher auf den Herkunftsmüttern, so dass eine

psychische Erkrankung der leiblichen Mutter eher erfasst wurde, als die des leiblichen Vaters. Allerdings ist hervorzuheben, dass es zurzeit noch nicht viele empirische Erkenntnisse über Pflegekinder gibt (Köckeritz, 2008), was eine Studie mit diesem Stichprobenumfang also rechtfertigt.

Bei der Betrachtung der Ergebnisse wird zu Beginn deutlich, dass der Familienstand der Herkunftseltern in der vorliegenden Stichprobe in 33 (62,2%) von 53 (100%) Fällen zum Zeitpunkt der Datenerhebung unbeständig war. Verdeutlicht wird dies, indem die Herkunftseltern geschieden oder getrennt (18, 34,0%) oder in einem nicht genauer definierten und als „Anders" (4, 7,4%) bezeichneten Familienstand lebten. Hinzu kommt ein hoher Anteil an ledigen Herkunftseltern (11, 20,8%). Die in der Stichprobe verwendeten Kategorien schließen nicht aus, dass auch wenn die Angabe „alleinerziehend" oder „ledig" gemacht worden ist, sich weitere Erwachsene Bezugspersonen im Haushalt aufgehalten haben. Diese Stichprobe geht allerdings trotzdem davon aus, dass die Herkunftseltern zum Zeitpunkt der Datenerhebung alleinerziehend waren und nicht in einer anderen Familienform, zusammenlebten, diese Annahmen sind jedoch rein spekulativ. Geht man nun davon aus, dass in 62,2% der genannten Fälle, die Pflegekinder nur bei einem Elternteil in der Herkunftsfamilie lebten, kann dies mit aktuellen Zahlen aus einer Studie des Statistischen Bundesamtes (2009) zum Thema „Alleinerziehende in Deutschland" verifiziert werden.

Die Studie zeigt auf, dass in Deutschland insgesamt jede fünfte Familie in Deutschland alleinerziehend ist. Deren unbeständige Familienstruktur ähnelt den Daten der vorliegenden Stichprobe. Der größte Anteil der Alleinerziehenden in Deutschland war im Jahr 2009 geschieden oder getrennt (59%), 35% der Alleinerziehenden waren ledig, zudem kommen 6% verwitweter Alleinerziehender (Statistisches Bundesamt, 2009). Der Anteil von 6% verwitweter Alleinerziehender ist den Zahlen der in der Stichprobe nicht genauer definierten und als „Anders" bezeichneten Herkunftseltern zuzuordnen. Familienstrukturen in der Bundesrepublik Deutschland sind demnach neu zu überdenken und nicht mehr allein auf eine Kernstruktur, bestehend aus einer Mutter, einem Vater und mindestens einem Kind zu reduzieren. Der klassische Familienbegriff ist nicht mehr zeitgemäß und muss gerade im Hinblick auf sozialpolitische Rahmenbedingungen in Deutschland geöffnet werden. Insbesondere Alleinerziehende in der Bundesrepublik Deutschland stehen vor finanziellen und persönlichen Belastungssituationen, die ihnen das alltägliche Leben mit Kindern zusätzlich erschwert. Darauf muss primär sozialpolitisch reagiert werden. Die sozialpolitischen

Konsequenzen, welche sich daraus ziehen lassen, werden an anderer Stelle weiter ausgeführt.

Ferner ist bei der Betrachtung der Ergebnisse in Bezug auf den unbeständigen Familienstand der Herkunftseltern hinzuweisen. Unbeständigkeit in der Herkunftsfamilie äußert sich zum Beispiel in ständig wechselnden Lebenspartnerinnen oder Lebenspartnern oder in einer Trennung oder Scheidung von der festen Lebenspartnerin oder dem festen Lebenspartner. Zum Beispiel könnten ständig wechselnde Lebenspartnerinnen oder Lebenspartner der Herkunftsmutter zur Folge haben, dass diese sich nicht ausreichend und nicht der elterlichen Sorge gem. § 1626 BGB nachkommend um das Kind kümmert und dieses ständig von anderen Personen beaufsichtigen lässt. Eine beständige und fürsorgliche Beziehung zwischen Kindern und deren Hauptbezugsperson ist jedoch für deren gesunde Entwicklung unverzichtbar (Nowacki, 2007). Folglich wirkt sich die Beständig- bzw. Unbeständigkeit des Familienstandes auf die psychisch und physisch gesunde Befindlichkeit eines Menschen aus, hier im Besonderen auf die gesunde Entwicklung von Kindern in ihrer Herkunftsfamilie. John Bowlby definierte im Jahr 1951 im Auftrag der Weltgesundheitsorganisation (WHO) in seinem Bericht mit dem Titel: „Maternal Care and Mental Health" die menschliche Bindung wie folgt:

> „(...) dass man es für eine unerlässliche Voraussetzung geistiger Gesundheit hält, dass Säugling und Kleinkind in einer herzlichen, innigen und dauerhaften Beziehung zur Mutter (oder einem ständigen Mutterersatz) Glück und Befriedigung finden." (Bowlby, 1973, S.15).

Wird diese unerlässliche Voraussetzung nicht erfüllt und Kinder wachsen in ihren Herkunftsfamilien in unbeständigen Familienstrukturen auf, können diese nur schwer eine sichere Bindung zu ihrer Hauptbezugsperson entwickeln (Bowlby, 1973). Demzufolge kann es zu Beziehungs- und/oder Bindungsstörungen bei den betroffenen Kindern kommen. Die sich daraus ableitenden pädagogischen Konsequenzen beziehen sich auf Interventionsprogramme innerhalb der Herkunftsfamilie, gegebenenfalls auch schon für den Zeitpunkt vor der eigentlichen Familiengründung. Hierbei sollte es sich im Besondern um Frühe Hilfen im Bereich der Gesundheitsförderung handeln, da diese eine besondere Relevanz auf die spätere Erziehung und Grundversorgung eines Kindes hat. Die Aufklärung in Bezug auf eine angemessene und dem Kindeswohl dienliche hygienische Versorgung, sowie die Ernährung, dem Alter des Kindes entsprechend, sind Grundvoraussetzungen früher Hilfen in diesem Bereich. (Bundesministerium für Familie, Senioren, Frauen und Jugend, 2009) . Zudem ist es wichtig Familien in belastenden und überfordernden Lebenslagen zu unterstützen. Dies könnte zum Beispiel durch Beratungen und Trainings im Bereich der Erziehungskompetenzen gelingen. Anlaufstellen und Leistungserbringer sind unter anderem Ärztinnen und Ärzte, Krankenkassen, (Konflikt-) Beratungsstellen, sowie die Jugendhilfe etc. (Nationales Zentrum Früher Hilfen, 2008).

Ferner gehen die Daten des Statistischen Bundesamtes (2009) auch auf die sozioökonomische Lebenslage Alleinerziehender ein, diese wurde in der vorliegenden Stichprobe ebenfalls erfasst und unter die Betrachtung sozialpolitischer Konsequenzen gestellt. Hier ist besonders die Erwerbslosigkeit der Herkunftseltern zu nennen, was Auswirkungen auf das innerfamiliäre Leben haben kann. Alleinerziehende Eltern in Deutschland leben zu 31% von staatlichen Transferleistungen (Hartz IV, Sozialhilfe und ALG I), besonders alleinerziehende Mütter mit jungen Kindern sind davon betroffen (Statistisches Bundesamt, 2009). Der Bezug von staatlichen Transferleistungen ist ein Belastungsfaktor für die Herkunftseltern selbst und wirkt sich unter Umständen negativ auf die Erziehung ihrer Kinder aus. Reichen die finanziellen Mittel für die primäre Versorgung der Familie durch Nahrung und Hygiene nicht aus um die Bedürfnisse aller Familienmitglieder, im speziellen die der Kinder ausreichend zu erfüllen, so kann dies zu einer Überforderung der Herkunftseltern führen. Äußern Kinder zudem ihre Bedürfnisse nachdrücklich und erlangen keine Befriedigung dessen, so kann dieses weitere Auswirkungen auf die innerfamiliäre Beziehung zwischen Eltern und Kindern haben, sodass es unter Umständen zu Kindeswohlgefährdung durch Misshandlungen kommen kann. In Bezug auf eine ökonomische Verbesserung von Familien, Alleinerziehenden und/oder anderen Personen bei denen Kinder leben, welche auch staatliche Transferleistungen beziehen wurde gerade im Zuge der Umsetzung der Agenda 2010 und den darin implizierten Hartz-Gesetzen eine Novellierung der staatlichen Transferleistungen aus Politik, von Gewerkschaften und Sozialverbänden gefordert, nachdem sich nach der ersten Umsetzung der Sozialgesetze diese als finanziell nicht ausreichend erwiesen und sogar vom Bundesverfassungsgericht als Verfassungswidrig erklärt wurden (Bundesverfassungsgericht (BVerfG), 1 BvL 1/09 vom 9.2.2010, Absatz-Nr. (1 - 220)). Eine Erhöhung des Hartz IV Regelsatzes allein, welche aktuell in der Bundespolitik diskutiert wird, ist jedoch nicht ausreichend, um die allumfassenden sozioökonomisch bedingten Probleme der betroffenen Herkunftsfamilien zu lösen. Eine finanzielle Entlastung der betroffenen Herkunftsfamilien Seitens des Staates wäre somit sehr erstrebenswert. So fordert zum Beispiel auch der Sozialverband Deutschlands eine Koppelung der Erhöhung staatlicher Transferleistungen mit der Einführung gesetzlicher Mindestlöhne, um gerade sozialschwache Familien zu entlasten (Sozialverband Deutschlands, 2010). Die weitere Liste der möglichen sozialpolitischen Konsequenzen und Lösungsvorschlägen durch staatliche Interventionen zur Verbesserung der sozioökonomischen Lage von sozialschwachen Familien und Alleinerziehenden in Deutschland ist lang, aber keineswegs neu. Gerade in Bezug auf alleinerziehende Mütter forderten gerade Frauen bereits im Vergangenen Jahrhundert im Zuge der 68er Bewegung eine gleiche Entlohnung für gleiche Arbeit wie Männer zu bekommen (Schulz, 2008). Dieser Aspekt beherrscht gegenwärtig noch immer frauenpolitische Forderungen nach einer faktischen Gleichstellung von Frauen und Männern in der Entlohnung auf dem Arbeitsmarkt. (Schulz, 2008). Alleinerziehende Mütter, die laut Statistischen Bundesamts (2009) in den meisten Fällen erwerbstätig sind, arbeiten größtenteils in Teilzeitjobs, da häufig keine Vollzeitarbeitsplätze für Mütter mit Kleinkindern vorhanden sind, welche eine Vereinbarkeit von Familie und Beruf ermöglichen. Hinzu kommt, dass Frauen, auch in Teilzeitjobs, meist schlechter entlohnt werden, als Männer (Statistisches Bundesamt, 2009). Eine Überforderung alleinerziehender Mütter, bedingt durch eine Doppelbelastung in der Vereinbarkeit von Familie und Beruf ist somit nicht auszuschließen. Eine funktionierende und kostenlose Betreuung von unter Dreijährigen und eine gerechte Entlohnung würde eventuell zu einer Entlastung Alleinerziehender beitragen. Gegenwärtig ist zudem die Einführung von Vätermonaten zur Fortzahlung des Elterngeldes als ein weiterer sozialpolitischer Versuch, um Mütter zu entlasten eingeführt worden. Für die meisten Herkunftsfamilien, über die in dieser Arbeit geschrieben wird, dürfte diese Maßnahme allerdings aus Gründen von Erwerbslosigkeit und Alleinerziehenden Status nicht zum Tragen kommen.

In Bezug auf die Anzahl der Kinder in den Herkunftsfamilien fällt weiterhin auf, dass die Anzahl in der erhobenen Stichprobe im Mittel bei 2,68 leiblichen Geschwisterkindern lag. In 31 von 53 Fällen sind mindestens ein leibliches Geschwisterkind und höchstens acht Geschwisterkinder in der Herkunftsfamilie vorhanden. In den genannten Fällen sind die leiblichen Geschwisterkinder zum größten Teil auch in einer anderen Fremdbetreuungsform untergebracht. Beim ersten Geschwisterkind ist dies in 23 von 31

Nennungen der Fall (74,2%), beim zweiten Geschwisterkind sind es noch 15 von 22 Kinder (68,2%). Viele Kinder in einer Herkunftsfamilie können demzufolge auch ein innerfamiliärer Belastungsfaktoren sein, gerade im Zusammenwirken mit sozialökonomischen Faktoren. Je mehr Kinder in einer Herkunftsfamilie unter schlechten sozialökonomischen Bedingungen aufwachsen, umso höher ist die Wahrscheinlichkeit, dass eine Überforderung in der Erziehung von Kindern bei den Herkunftseltern auftreten kann. Dies kann zum Beispiel durch einen geringen sozioökonomischen Status der Herkunftseltern bedingt sein, welcher dazu führt, dass die primären Grundbedürfnisse der Kinder nicht erfüllt werden können. In diesen Fällen ist häufig die Rede von so genannten multiplen Problemfamilien, in denen ein Zusammenwirken von vielen Faktoren wie zum Beispiel ein nicht vorhandener Arbeitsplatz, der Bezug von staatlichen Transferleistungen und emotionale innerfamiliäre Belastungsfaktoren Ursachen und Wirkung bedingen (Kötter, 1997). Gerade in Bezugnahme auf die erhobenen Daten kann die zuvor aufgestellte Hypothese verifiziert werden, da die Herkunftsfamilien der erhobenen Stichprobe auch als multiple Problemfamilien bezeichnet werden können. Diese sind in den meisten Fällen erwerbslos, beziehen staatliche Transferleistungen, leben in unbeständigen Familienstrukturen und sind mit der Erziehung, umfassend die Ernährung und die hygienische Versorgung, ihres Kindes überfordert. Sind in den betroffenen Herkunftsfamilien weitere Kinder vorhanden, so ist deren Unterbringung in einer anderen Betreuungsform als der eigenen Herkunftsfamilie fast vorhersehbar.

Bei der Betrachtung der Ergebnisse der erhobenen Stichprobe wird weiterhin besonders deutlich, dass ein Zusammenwirken verschiedener einflussnehmender Faktoren besonders bei Frauen eine höhere Wahrscheinlichkeit an einer Depression zu erkranken bedingt. Bereits vorhandene physische und/oder psychische Erkrankungen und schwierige sozialstrukturelle Faktoren (z.B. ein zu geringes Einkommen, niedrige Transferleistungen, ein schlechter sozialer Wohnraum und/oder ein niedriger Bildungsstand usw.) können als einflussnehmende Faktoren genannt werden, die dazu führen, dass im speziellen Frauen an Depressionen erkranken (Kessler, 2000). Dies bedeutet in der Stichprobe, dass die leiblichen Mütter meist erwerbslos und Empfängerinnen staatlicher Transferleistungen (47 von 53 Nennungen = 88,7%) waren und zudem psychisch erkrankt (30 von 53 Nennungen = 56,6%) sind. Ferner tritt bei den meisten an Depressionen erkrankten leiblichen Müttern eine Alkoholerkrankung (9 von 30 = 30%) auf.

Daraus lässt sich schließen, dass eine Erkrankung an Depressionen und Alkohol hypothetisch im Zusammenhang mit schwierigen sozialstrukturellen Faktoren in der Herkunftsfamilie stehen. Wenn die betroffenen Herkunftseltern, in den meisten Fällen die Herkunftsmütter, welche häufig Alleinerziehend sind, erwerbslos sind und von staatlichen Transferleistungen leben kann dies Auswirkungen auf die davon direkt betroffenen Personen haben. Konkret bedeutet dies, dass bei einem niedrigen sozialen Status, bedingt durch Erwerbslosigkeit und den Bezug von staatlichen Transferleistungen ein niedriges Selbstwertgefühl der Betroffenen entstehen kann. Ein niedriges Selbstwertgefühl, sowie die zuvor beschriebenen sozialstrukturellen Faktoren bedingen eine höhere Wahrscheinlichkeit an Depressionen zu erkranken. Die Ursachen für eine Erkrankung an einer affektiven Störung sind also sehr komplex. Eine Erkrankung kann somit sowohl auf genetische Dispositionen, als auch auf psychosoziale Faktoren zurückgeführt werden (ICD-10, 2008). Genauso wie eine Komplexität in den Ursachen für eine Erkrankung vorliegen kann, sind zudem auch die Symptome einer affektiven Störung als weitgefächert zu betrachten. Symptome einer depressiven Episode oder einer rezidivierenden depressiven Störung können unter anderem Antriebslosigkeit, innere Unruhe, Schlafstörungen, Hilflosigkeit oder ein Libidoverlust sein (ICD-10, 2008).

Eine Erkrankung an Depressionen, sowie eine damit häufig einhergehende Alkoholerkrankung dient den Betroffenen zudem häufig als Selbstmedikation (Sachse, Schlebusch & Leisch, 2002). Die Betroffenen geraten in einen Teufelskreis ihrer Erkrankungen und können diesem häufig nur schwer entkommen. Sekundäre und tertiäre Präventionsangebote für Betroffene gibt es in der Bundesrepublik ausreichend (Lambrou, 2010). So wird vielfach eine Rückführung des Kindes in die Herkunftsfamilie zum Beispiel an eine Drogenentwöhnungstherapie geknüpft. Darüber hinaus sollte allerdings auch eine primäre Prävention in den Fokus genommen werden. Die daraus zu ziehenden sozialpolitischen Konsequenzen sind im Bereich des bestehenden Sozialsystems der Bundesrepublik Deutschland anzusiedeln. Hier stellt sich die Frage nach sozialpolitischen Rahmenbedingungen, welche dazu führen können, dass in diesem Fall Alleinerziehende Mütter nicht in eine schwierige sozialstrukturelle Situation gelangen und somit ein möglicher Teufelskreis bereits zu Beginn gar nicht eintreten kann. Sozialpolitische Forderungen nach einem vorsorgenden Sozialstaat, in dem der Entstehung einer Notlage des Einzelnen und der Gesellschaft vorgebeugt werden soll sind nicht neu, jedoch ist eine Umsetzung dessen in der Realität eher schwierig (Deutscher Gewerkschaftsbund, 2010). Ein wesentlicher Grund, warum die Sozialsytemstruktur der Bundesrepublik Deutschland dem demographischen Wandel innerhalb Deutschlands noch nicht angepasst ist, ist die schwierige Finanzierbarkeit eines vorsorgenden Sozialstaates. Aus sozialpolitischer Sicht wären bessere Widereingliederungschancen auf dem ersten Arbeitsmarkt für Eltern, im Besonderen für (Alleinerziehende-) Mütter, nach der Geburt eines Kindes und der danach beanspruchten Elternzeit, daher von großer Notwendigkeit, um deren finanzielle Absicherung zu gewährleisten. Die Beschäftigung gerade von Frauen in Teilzeitjobs, welche die Vereinbarkeit von Familie und Beruf ermöglichen könnte, ist in den meisten Fällen nicht gegeben, da diese für Frauen dienlichen Arbeitsplätze meist nicht vorhanden sind (Statistisches Bundesamt, 2009). Wenn Frauen dennoch in Teilzeitjobs arbeiten, werden diese schlecht entlohnt. Die Lohnungleichheit zwischen Frauen und Männern in der Bundesrepublik Deutschland beträgt derzeit ca. 23 %, dies trägt ferner weiterhin dazu bei, dass sich die Arbeit für Frauen, im Verhältnis zu den staatlichen Transferleistungen, meist nicht lohnt. (Bundesministerium für Familie, Senioren, Frauen und Jugend, 2010)). Eine Absicherung durch staatliche Transferleistungen allein kann jedoch zudem auch nicht ausreichend sein, um eine dem Wohl des Kindes zu gewährleistende Erziehung sicherzustellen. Die Regelsätze staatlicher Transferleistungen reichen nach der Umstrukturierung des deutschen Sozialsystems im Zuge der Agenda 2010 noch kaum aus, um gerade die Bedürfnisse von Säuglingen und Kleinkindern in Familien zu gewährleisten, im Besonderen dann nicht, wenn die betroffenen Familien in schwachen Sozialstrukturen leben und im ungünstigsten Fall Alleinerziehend sind. Eine Anhebung der Regelsätze staatlicher Transferleistungen einerseits, sowie eine Umstrukturierung des ersten Arbeitsmarktes zu Gunsten Alleinerziehender Eltern, vor allem Alleinerziehender Mütter, wären erste sozialpolitische Konsequenzen, um einer Perspektivlosigkeit dieser Multiproblemfamilien entgegenzuwirken. Bietet der Staat Rahmenbedingungen in denen sich Familien mit Kindern finanziell aufgefangen und unterstützt fühlen, ist die Wahrscheinlichkeit größer, dass diese andere Kompensationsmöglichkeiten finden, als ihre Perspektivlosigkeit und Probleme zum Beispiel in dem Konsum von Alkohol zu kompensieren und dadurch weitere Probleme auszulösen. Ferner muss eine bessere und kostenfreie Betreuung von unter Dreijährigen flächendeckend ermöglicht werden, um die zuvor genannten Wiedereingliederungsmöglichkeiten der betroffenen Herkunftseltern zu gewährleisten. Pädagogische Konse-

quenzen aus den zuvor gewonnenen Ergebnissen der vorliegenden Stichprobe in Bezugnahme auf das Zusammenwirken einer psychischen Erkrankung an Depressionen in Komorbidität mit einer Alkoholsucht der Herkunftseltern, im Besonderen der Alleinerziehenden Mütter, wären aufklärende
und unterstützende Familienangebote im Bereich der Sozialen Arbeit. Diese sollten möglichst präventiv wirken, sprich Herkunftseltern beratend so
unterstützen, dass diese Bewältigungsmechanismen für schwierige Über-
forderungssituationen entwickeln. Staatlich eingeführte Frühe-Hilfe-Systeme
wie zum Beispiel gesetzlich vorgeschriebene ärztliche Untersuchungen von
Säuglingen und Kleinkindern können unterstützend wirken Oft ist eine ärztliche Aufklärung über die richtige hygienische Versorgung von Säuglingen
und Kleinkindern bereits hilfreich für junge Eltern. Außerdem kann die
staatliche Kontrolle durch gesetzlich vorgeschriebene ärztliche Untersuchungen insofern unterstützend wirken, dass gerade die betroffenen Herkunftseltern aus Sorge vor staatlichen Sanktionen besonders bemüht sind
ihr Kind ausreichend zu Erziehen und Versorgen. Ist das Wohl des Kindes
aufgrund der zuvor genannten innerfamiliären Faktoren jedoch gefährdet,
kann es dazu kommen, dass dieses gemäß § 27 ff. SGB VIII in einer Pflegefamilie untergebracht werden muss. Dies bestätigt sich in den erhobenen
Daten der vorliegenden Stichprobe, da es sich in den aufgeführten Nennungen um Daten von Kindern handelt, die aus ihrer Herkunftsfamilie herausgenommen und in einer Pflegefamilie untergebracht wurden und dessen Herkunftseltern in 30 von 53 Nennungen psychisch erkrankt sind. Ein
Zusammenhang zwischen Ursache und Wirkung in Bezug auf sozialstrukturelle und innerfamiliäre Faktoren ist somit festzustellen.

Ein weiterer Aspekt, der bei der Betrachtung der erhobenen Daten deutlich wird, sind die strukturellen Rahmenbedingungen in Bezug auf die Unterbringung von Pflegekindern, die ebenfalls zu besonderen Vorerfahrungen dieser Kinder führen und berücksichtigt werden müssen. In allen 53
(100%) Nennungen der erhobenen Stichprobe wurden die Kinder vor ihrer
Unterbringung in ihr aktuelles Vollzeitpflegeverhältnis mindestens einmal in
einem anderen Pflegeverhältnis untergebracht. In 14 von 53 Fällen kam es
zu einer zweiten Unterbringung durch das Jugendamt und in immerhin
noch 11 von 53 Fällen kam es zu einer dritten Unterbringung vor Beginn
der aktuellen Pflegschaft. Hierbei ist besonders hervorzuheben, dass zwischen der ersten Inobhutnahme des Kindes durch das Jugendamt und der
Vermittlung in die aktuelle Pflegefamilie im Mittel 7,23 Monate lagen. Diese
enorm hohe Zeitspanne zwischen der ersten Inobhutnahme durch das Ju-

gendamt und der Vermittlung in die aktuelle Pflegschaft ist häufig durch
strukturelle Rahmenbedingungen und rechtliche Vorgaben seitens der zuständigen Behörde zu erklären. Dies ist unter anderem durch eine häufig zu
lange und sich über einen langen Zeitraum hinziehende Dauer von Sorgerechtsverfahren, welche ein schnelleres Handeln der Jugendamtsmitarbeiterinnen und -mitarbeiter vor Ort verhindern, bedingt. Diese sind zudem
häufig auf die Entscheidung von zuständigen Vormündern (§ 1773 BGB)
und/oder Personensorgeberechtigten (§ 7 SGB VIII) angewiesen, sodass
deren Handlungsspielraum rechtlich sehr eingeschränkt ist. Die Dauer von
Sorgerechtsverfahren ist in Anbetracht der langen Dauer zwischen der ersten Inobhutnahme und der Vermittlung in die Vollzeitpflegefamilie und den
damit einhergehenden Beziehungsabbrüchen, welche die Kinder über sich
ergehen lassen müssen unbedingt seitens der Judikative zu überdenken.
Schnellere Verfahren würden dazu beitragen, dass die betroffenen Kinder
zügiger in konstante Pflegeverhältnisse gelangen und somit weniger Beziehungsabbrüche kompensieren müssten. Wie bereits in vielen vorangegangenen Teilen dieser Ausarbeitung beschrieben ist für eine gesunde Entwicklung von Kindern eine beständige Beziehung zwischen Kindern und
deren Hauptbezugsperson unverzichtbar (Nowacki, 2007). Kommt es nach
der ersten Inobhutnahme durch das Jugendamt nun zu weiteren Beziehungsabbrüchen, nachdem die betroffenen Kinder zum Beispiel in ihrer
Bereitschaftspflegefamilie bereits einen längeren Zeitraum gelebt haben
(an dieser Stelle sei erneut der lange Zeitraum von 7,23 Monaten im Mittel
zwischen der ersten Inobhutnahme und der Vermittlung in die aktuelle
Pflegschaft der erhobenen Daten zu nennen) und erste Anzeichen für eine
Bindung zu den neuen Bezugspersonen besteht, kann dies nicht dem Wohl
des Kindes dienen, falls diese Beziehungsabbrüche erleben müssen. Im
Besonderen nicht, wenn die betroffenen Kinder mehrere Beziehungsabbrüche hintereinander in kürzester Zeit erleben müssen. Neben der häufig längeren Dauer von Sorgerechtsverfahren ist die Hilfeplanung durch das zuständige Jugendamt als ein wichtiger Aspekt in der strukturellen Diskussion
um die Rahmenbedingungen der Unterbringung von Pflegekindern hervorzuheben. Auch dieser Prozess sollte möglichst beschleunigt werden, um
die Dauer zwischen der Inobhutnahme und der Vermittlung zu verkürzen.
Dort sollten alle am Hilfeplanverfahren beteiligten Parteien dazu angehalten
sein, zum Wohl des Kindes zu handeln. Dies ist in der Umsetzung vor Ort
häufig schwierig, da nicht alle Beteiligten immer im Interesse und zum Wohl
des Kindes handeln, jedoch sollte stets für möglichst kurze und schnelle

Verfahren plädiert werden um das Wohl des Kindes im Rahmen der Möglichkeiten zu gewährleisten (Göbbel, 2000). Als letzten besonders hervorzuhebenden Punkt sind die Ziele von Hilfen zur Erziehung gemäß des achten Sozialgesetzbuches zu nennen. In Betrachtung der erhobenen Daten wird deutlich, dass in 51 (96,2%) von 53 (100%) Nennungen, der Verbleib des Pflegekindes in der aktuellen Pflegefamilie als Ziel der Hilfen zur Erziehung genannt wird. Lediglich in zwei Fällen (3,8%) wurde eine Rückführung des Kindes in die Herkunftsfamilie befürwortet und geplant. Als Ziel der Hilfe nach dem achten Sozialgesetzbuch ist folglich in den genannten Fällen die Integration des Kindes in eine andere Familie zur Gewährung seines Wohls geplant. Die Sicherheit, dass ein Kind nun für einen längeren Zeitraum, im besten Fall bis zur Volljährigkeit, in ein und derselben Pflegefamilie bleibt, kann nur dem Wohl des Kindes dienen. Beständige Bezugspersonen dienen der gesunden Entwicklung des Kindes (Nowacki, 2007). Vielleicht kann der Verbleib des Kindes in der Pflegefamilie jedoch auch als Unterstützung für die Herkunftseltern angesehen werden, indem diese ihre Probleme, welche dazu führten, dass ihr Kind zu einem Pflegekind wurde auf Dauer behoben werden können. Dies ist jedoch in Bezug auf die vorliegenden Daten rein spekulativ und ist nicht erfasst. In Bezugnahme auf die Inanspruchnahme von Hilfen zur Erziehung ist an dieser Stelle festzuhalten, dass jede zehnte alleinerziehende Familie erzieherische Hilfen in Anspruch nimmt. Diese verteilt sich jedoch unterschiedlich stark auf die jeweiligen Hilfen, 56% der in Anspruch genommenen Hilfen von Alleinerziehenden waren jedoch stationäre Unterbringungen in Vollzeitpflegeverhältnissen. Hinzu kommt, dass fast 80% der Alleinerziehenden, deren Kind in einer Vollzeitpflegefamilie lebt, neben den Hilfen zur Erziehung für das leibliche Kind auch staatliche Transferleistungen für sich selbst erhält (Statistisches Bundesamt, 2009). In Bezug auf die Integration des Kindes in die Vollzeitpflegefamilie, als auf Dauer angelegte Hilfe zur Erziehung sind in diesem Zusammenhang Besuchskontakte als ein wichtiger Aspekt für den Integrationsprozess des Kindes in die Pflegefamilie zu nennen. In den erhobenen Daten lagen in insgesamt 28 (52,8%) Fällen entweder regelmäßige oder unregelmäßige Besuchskontakte zwischen den Pflegekindern und den Herkunftseltern vor. In 25 (47,2%) Fällen bestand zum Zeitpunkt der Datenerhebung kein Kontakt zwischen dem Pflegekind und den Herkunftseltern. Die Häufigkeit der Besuchskontakte betrug im Mittel 13,61 Mal pro Jahr (SD 9,38). Die Besuchskontakte, sowie die die Häufigkeit der Besuchskontakte selbst können zum Belastungsfaktor für die

Pflegekinder werden, gerade wenn traumatische Erfahrungen der Kinder in ihrer Herkunftsfamilie dazu beigetragen haben, dass diese aus ihrer Herkunftsfamilie herausgenommen wurden (Nienstedt & Westermann, 1998). Diese stehen zwischen der Herkunftsfamilie und ihrer Pflegefamilie, daher ist der Nutzen und der Schaden der Besuchskontakte in Bezug auf das Kindeswohl auslösen könnte stets zu beachten, da dieses auch Auswirkungen auf die Beziehung und das Vertrauen zwischen dem Pflegekind und seinen neuen Pflegeeltern haben kann (Grossmann, 2009). Eine genaue Betrachtung der gegebenen Umstände, sowie der Fokus auf das Bindungsverhalten der Pflegekinder zu ihren neuen Bezugspersonen, in diesem Fall ihrer Vollzeitpflegefamilie ist daher in Bezug auf eventuelle Besuchskontakte in der Planung und Durchführung von weiteren Hilfen zur Erziehung Seitens der zuständigen Jugendamts Mitarbeiter stets zu beachten. Dies könnte eine präventiv positive Wirkung auf den weiteren Verlauf der bestehenden Pflegschaft haben.

In Bezug auf die Soziale Arbeit haben die Ergebnisse der vorliegenden Stichprobe, sowie die allgemeine Betrachtung der pädagogischen und sozialpolitischen Konsequenzen der erlebten Erfahrungen von Pflegekindern in der Herkunftsfamilie eine hohe Relevanz. In der Arbeit mit Kindern und Jugendlichen, welche Hilfen zur Erziehung gemäß § 33 SGB VIII erhalten ist es besonders wichtig deren Erfahrungen in der Herkunftsfamilie zu erfassen, zu analysieren und für die weitere sozialpädagogische Arbeit mit ihnen zu deren Wohl anzuwenden. Die genaue Analyse der Struktur der Herkunftsfamilien ist hierbei besonders hervorzuheben, um zu verstehen welche innerfamiliären und sozialstrukturellen Faktoren dazu geführt haben können, dass Kinder zu Pflegekindern werden. Die Erfassung des Familienstandes der Herkunftseltern, deren sozioökonomischer Status und die Erfassung eventuell vorhandener psychischer und physischer Erkrankungen sind für die Soziale Arbeit mit den Betroffenen von enormer Wichtigkeit, um Rückschlüsse auf deren Handeln und Verhalten gerade auch im Umgang mit ihren leiblichen Kindern zu erlangen. Neben den gewonnenen Rückschlüssen auf das eventuelle Handeln und Verhalten der Herkunftseltern, dienen die Erkenntnisse der reinen praktischen Sozialen Arbeit mit den Betroffenen. So erleichtert das Wissen um den Bezug von staatlichen Transferleistungen der Herkunftseltern zum Beispiel die Finanzierung der Hilfen zur Erziehung für das betroffene Pflegekind.

Besonders wichtig ist zudem die Erfassung der Gründe für die Inobhutnahme der Pflegekinder für die Soziale Arbeit mit diesen. Haben die Pflegekinder traumatische Erfahrungen in ihrer Herkunftsfamilie gemacht und wurden Opfer von sexuellem Missbrauch, körperlicher Gewalt oder Vernachlässigungen, so ist dies besonders relevant im Umgang mit den Betroffenen. Entsprechende Vorbereitungskurse und Beratungen der zukünftigen Pflegeeltern können somit spezifisch auf die Erfahrungen des Kindes zugeschnitten werden, um eine möglichst dem Wohl des Kindes entsprechende Versorgung und Erziehung sicherzustellen. Demzufolge dient die Erfassung der Erfahrungen der Pflegekinder in der Herkunftsfamilie auch der direkten Arbeit mit den Pflegekindern selbst. Hilfen zur Erziehung können direkt auf diese zugeschnitten werden. So benötigt ein Pflegekind, welches Opfer sexuellen Missbrauchs geworden ist andere Hilfen, als ein Kind, welches Vernachlässigt worden ist.

Auch den zuständigen Fachkräften dient die Erfassung der Erfahrungen der Pflegekinder in ihrer Herkunftsfamilie. So sind in der Hilfeplanung eventuelle Besuchskontakte zum Beispiel stets im Zusammenhang mit den gemachten Erfahrungen der Pflegekinder vor die Inobhutnahme durch das Jugendamt zu betrachten. So können Besuchskontakte zwischen den Pflegekindern und deren Herkunftseltern die traumatischen Erfahrungen erneut hervorrufen und enorm hohen Stress bei den betroffenen Kindern auslösen. Eine erneute Traumatisierung kann die Folge von durchgeführten Besuchskontakten sein. Somit hat auch dieser genannte Aspekt eine hohe Relevanz in Bezug auf die Soziale Arbeit. Die Ergebnisse der in dieser Stichprobe erhobenen Daten dient jedoch auch der gezielten Hilfeleistung für die betroffenen Herkunftseltern, zur Verbesserung ihrer individuellen Problemlage. Primär steht jedoch in Bezug auf Ergebnisse der vorliegenden Arbeit das Wohl der Pflegekinder im Vordergrund, jedoch ist die Soziale Arbeit mit der Herkunftsfamilie der Pflegekinder ein oft vernachlässigtes Handlungsfeld, welches dennoch eine hohe sozialarbeiterische Relevanz hat.

Abschließend ist festzuhalten, dass die Auseinandersetzung mit dem Thema „Erfahrungen von Pflegekindern in der Herkunftsfamilie – Pädagogische und sozialpolitische Konsequenzen" ein besonders hoher und wichtiger Bezug für das Handlungsfeld der Sozialen Arbeit herausgestellt werden konnte.

Teil C

Rita Cornelia Pugliese

Systematische Erhebung in ausgewählten Pflegekinderdiensten des Ruhrgebietes bzgl. der Vermittlung von Dauerpflegeverhältnissen

Abstract

Wenn Familien nicht in der Lage sind ihre Versorgungs- und Erziehungs-
aufgaben ihrem Kind gegenüber zu erfüllen und dadurch eine am Wohl des
Kindes entsprechende Versorgung und Erziehung nicht sichergestellt ist,
kann eine zeitlich befristete oder eine dauerhafte Fremdplatzierung des
Kindes oder des Jugendlichen in eine Pflegefamilie durch das Jugendamt
veranlasst werden. Die Vollzeitpflege ist neben der Heimerziehung und anderweitigen betreuten Wohnformen eine stationäre Hilfe zur Erziehung aus
dem Leistungskatalog der Hilfen des SGB VIII. Eine gemäß der Vollzeitpflege auf Dauer angelegte Unterbringung in eine Pflegefamilie ist allerdings nur dann indiziert, wenn sich die Erziehungsbedingungen der Eltern
innerhalb eines im Hinblick auf die Entwicklung des Kindes vertretbaren
Zeitraums nicht grundsätzlich verbessert haben und diese auch zukünftig
nicht eigenständig die Erziehung ihres Kindes übernehmen können. Durch
die Unterbringung in eine andere Familie wird Kindern und Jugendlichen
die Möglichkeit gegeben im familiären Rahmen aufzuwachsen, in dem sie
Förderung und Unterstützung erhalten um sich altersgerecht entwickeln zu
können. Hierbei sind im Auftrag des Jugendamtes die Fachkräfte der Pflegekinderdienste für den gesamten Prozess der Pflegekindervermittlung zuständig. Dieser beinhaltet neben der Öffentlichkeitsarbeit des Pflegekinderdienstes, die Anwerbung und Eignungsüberprüfung von Pflegepersonen
und deren Vorbereitung und Qualifizierung auf ihre künftige Aufgabe. Ist
eine geeignete Pflegeperson oder eine Pflegefamilie gefunden, die den individuellen Bedürfnissen des Kindes am besten entspricht, ist es weiterhin
die Aufgabe des Fachpersonals die gesamte Pflegefamilie nach der Aufnahme eines Pflegekindes zu beraten und durch entsprechende Angebote
zu betreuen.
    Zur Überprüfung der im theoretischen Teil dargestellten Ausarbeitungen
wurde in 15 ausgewählten Pflegekinderdiensten des Ruhrgebietes eine
Erhebung hinsichtlich der Vermittlung von Dauerpflegeverhältnissen durchgeführt. Als Messinstrument wurde ein speziell dafür entwickeltes, teilstandardisiertes Interview eingesetzt. Erfasst wurden der eigentliche Ablauf der
Vermittlung, die Ausgestaltung verschiedener Angebote der Betreuung für
Pflegefamilien, statistische Daten zu Vermittlungszahlen und weitere As-

pekte, die in der Pflegekindervermittlung eine wichtige Rolle einnehmen, z.B. Angebote der Reflexion und Veränderungsvorschläge seitens des Fachpersonals.

Die Ergebnisse der Erhebung zeigen, dass die Vermittlung von Pflegeverhältnissen und die weitere Betreuung der Pflegefamilie durch die Fachkräfte in den Pflegekinderdiensten unterschiedlich verlaufen und sich das Personal vorwiegend am individuellen Konzept ihrer Einrichtung orientiert. Neben Ressourcen werden hingegen auch Defizite in der Vermittlungspraxis aufgezeigt, die sich folglich auf die Qualität der Vermittlung und somit auch auf das spätere Pflegeverhältnis auswirken können. Dennoch eröffnen Defizite auch Perspektiven für eine zukünftige Qualitätsverbesserung in der Vermittlung von Dauerpflegeverhältnissen, die durch eine zunehmende fachliche Qualifizierung der Fachkräfte, Veränderungen in den Rahmenbedingungen und Umstrukturierungen in den Einrichtungen und durch die Einführung von verbindlichen und einheitlichen Standards in den Pflegekinderdiensten gelingen könne.

Einleitung

Wenn es Eltern nicht gelingt, eine dem Wohl des Kindes oder des Jugendlichen entsprechende Versorgung und Erziehung sicherzustellen, kann eine
Fremdunterbringung als eine zeitlich befristete Erziehungshilfe oder auf
Dauer angelegte Lebensform gem. § 33 Sozialgesetzbuch VIII (SGB VIII)
indiziert sein.

Am 31.12.2008 befanden sich nach Angaben der amtlichen Statistik der
Kinder- und Jugendhilfe des Statistischen Bundesamtes in Wiesbaden insgesamt 54 429 Kinder und Jugendliche in der Bundesrepublik Deutschland
und 15 427 Kinder und Jugendliche in Nordrhein-Westfalen in Pflegefamili-
en (Destatis, 2010). Es kann davon ausgegangen werden, dass auch zukünftig eine entsprechende Anzahl von Kindern untergebracht werden
muss und entsprechend Pflegepersonen benötigt werden, die sich der Aufgabe annehmen, ein Pflegekind in ihrer Familie zu betreuen, zu versorgen
und zu erziehen. Hierbei sind die Fachkräfte des Pflegekinderdienstes im
Auftrag des Jugendamtes maßgeblich für die Öffentlichkeitsarbeit und Anwerbung sowie für die Vorbereitung und Qualifizierung von Pflegeeltern bis
zur Vermittlung eines Kindes in eine geeignete Pflegefamilie zuständig.
Ferner begleiten und beraten sie die Pflegefamilie während der gesamten
Dauer des Pflegeverhältnisses.

In der vorliegenden Erhebung wird daher der Frage nachgegangen, wie
die Anwerbung, Auswahl, Vorbereitung und Qualifizierung künftiger Pflegeeltern erfolgt und wie sich die weitere fachliche Betreuung nach der Vermittlung eines Pflegekindes in Dauerpflege durch die Fachkräfte ausgewählter
Pflegekinderdienste des Ruhrgebietes im Einzelnen gestaltet.

Im Laufe dieses Beitrags werden aus Gründen der besseren Lesbarkeit
die Begriffe „Pflegeeltern" und „Pflegefamilie" verwendet, die gleichzusetzen sind und beinhalten neben Einzelpersonen (Einelternfamilie), Ehepaare
und Paare (eingetragenen Partnerschaften, formlose Lebensgemeinschaf-
ten und gleichgeschlechtliche Paare) beinhalten. Die Begriffe „Pflegekind"
und „Kind" werden synonym gebraucht und beziehen sich sowohl auf Kinder als auch auf Jugendliche beiderlei Geschlechts bis zur Vollendung des
18. Lebensjahres.

1   Theorie

In diesem Kapitel werden die folgenden zentralen Aspekte des Pflegekinderwesens dargestellt: Für die Fremdunterbringung eines Kindes in eine
Pflegefamilie müssen bereits im Vorfeld verschiedene rechtliche Voraussetzungen gegeben sein, die kurz zusammengefasst werden. Bei der Vollzeitpflege handelt es sich entweder um eine für das Kind zeitlich befristete
Erziehungshilfe oder eine auf Dauer angelegte Lebensform. Über die verschiedenen Formen wird eine Übersicht gegeben. Einfluss auf die gegenwärtige Arbeit von Pflegekinderdiensten haben immer noch zwei verschiedene Konzepte (Ersatz- und Ergänzungspflege), die auch unter bindungstheoretischen Gesichtspunkten diskutiert werden. Außerdem wird das Thema der Vermittlung von Pflegekindern in Dauerpflegeverhältnissen durch
öffentliche und private Träger der Jugendhilfe aufgegriffen und die Organisationsform des Jugendamtes, sowie auf Aufgaben der Öffentlichkeitsarbeit
und Werbung im Pflegekinderwesen eingegangen. Im Weiteren wird die
Überprüfung der Eignung, die Vorbereitung und die Qualifizierung von Pflegeeltern auf ein auf Dauer ausgerichtetes Pflegeverhältnis durch die Fachkräfte des Pflegekinderdienstes vorgestellt. Im Weiteren werden sowohl die
Vorbereitung der Kontaktanbahnung zwischen dem zu vermittelnden Kind
und seinen potentiellen Pflegeeltern als auch der Verlauf bis zur eigentlichen Vermittlung des Pflegekindes aufgezeigt. Darüber hinaus wird die weitere Ausgestaltung der Betreuung der Pflegefamilie nach erfolgter Vermittlung eines Pflegekindes dargestellt.

1.1   Rechtliche Grundlagen der Pflegekindervermittlung

Das im früheren Bundesgebiet am 01.01.1991 und in den neuen Ländern
am 03.10.1990 in Kraft getretene Gesetz zur Neuordnung des Kinder- und
Jugendhilferechts (Kinder- und Jugendhilfegesetz - KJHG) als Achtes Buch
Sozialgesetzbuch (SGB VIII) ist die Rechtsgrundlage der Kinder- und Jugendhilfe (Wiesner, 2007). Des Weiteren sind rechtliche Rahmenbedingungen der Kinder- und Jugendhilfe im Grundgesetz (GG) und im Bürgerlichen
Gesetzbuch (BGB) verankert.

1.1.1 Rechtliche Rahmenbedingungen für Hilfen zur Erziehung

Da sich die Hilfe zur Erziehung stets am Wohl des Kindes orientiert, ist an dieser Stelle zu erwähnen, dass es sich bei der Begrifflichkeit „Wohl des Kindes" um einen unbestimmten Rechtbegriff handelt (Münder, 2005, S. 173). § 1666 BGB führt zwar Voraussetzungen für eine Kindeswohlgefährdung auf, jedoch werden in ihnen weitere unbestimmte Rechtsbegriffe verwendet, die einer näheren Beschreibung bedürfen (ebd.). Jestaedt (2007, S. 110) merkt dagegen kritisch an, dass das Kindeswohl nicht kongruent mit dem tatsächlichen Kindeswillen sei. Daher bezeichnet er das Kindeswohl als „wertausfüllungsbedürftigen Rechtsbegriff" (ebd.).

Gem. § 27 Abs. 1 SGB VIII haben Personensorgeberechtigte einen gesetzlichen Anspruch auf eine Hilfe zur Erziehung, „(...), wenn eine dem Wohl des Kindes oder des Jugendlichen entsprechende Erziehung (...) nicht gewährleistet ist und die Hilfe für seine Entwicklung geeignet und notwendig ist." (Blandow, 2004, S. 80 f.).

Alle gegenwärtig zur Verfügung stehenden Kinder- und Jugendhilfeangebote der Hilfen zur Erziehung gem. § 27 SGB VIII sind im Leistungskatalog des Kinder- und Jugendhilfegesetzes (KJHG) in den Paragrafen 28 bis 35 des SGB VIII (Sozialgesetzbuch – Achtes Buch – Kinder- und Jugendhilfe) festgeschrieben. Die Entscheidung letztendlich über den erzieherischen Bedarf und die im Einzelfall angezeigte Art der Hilfe zur Erziehung erfolgt mittels Hilfeplan gem. § 36 Abs. 2 S. 2 SGB VIII (s. dazu ausführlich Münder, 2004).

1.1.2 Rechtliche Rahmenbedingungen der Vollzeitpflege

Das verfassungsrechtlich geschützte Elternrecht, das in Art. 6 Abs. 2 S. 1 des Grundgesetzes festgeschrieben ist, gibt Eltern das Recht und die Pflicht ihre Kinder zu pflegen und zu erziehen. Daher kann jeder staatliche Eingriff in ihr Recht auf Pflege und Erziehung ihrer Kinder von ihnen durch eine Verfassungsbeschwerde abgewehrt werden (Schellhorn, 2006). Nur wenn das Wohl des Kindes konkret und gravierend gefährdet ist, z.B. bei Vernachlässigung, Misshandlung, sexuellen Missbrauch, gravierenden Familienkrisen, Überforderung in der Familie, darf und muss der Staat aufgrund des staatlichen Wächteramtes (Art. 6 Abs. 2 S. 2 GG) in das Elternrecht eingreifen und auch gegen den Willen der Erziehungsberechtigten Maßnahmen zur Abwendung der Kindeswohlgefährdung ergreifen (Münder, 2004). Demnach dürfen Kinder gem. Art. 6 Abs. 3 GG auch gegen den Willen ihrer Sorgeberechtigten von ihrer Familie getrennt werden, wenn die Erziehungsberechtigten versagen oder die Kinder aus anderen Gründen zu verwahrlosen drohen (Jestaedt, 2007). Die Vollzeitpflege ist eine stationäre kinder- und jugendhilferechtliche Leistung des SGB VIII aus dem Katalog der Hilfen zur Erziehung gem. §§ 28 ff. SGB VIII.

Gem. § 33 SGB VIII soll die Vollzeitpflege

„(...) entsprechend dem Alter und Entwicklungsstand des Kindes oder des Jugendlichen und seinen persönlichen Bindungen sowie den Möglichkeiten der Verbesserung der Erziehungsbedingungen in der Herkunftsfamilie Kindern und Jugendlichen in einer anderen Familie eine zeitlich befristete Erziehungshilfe oder eine auf Dauer angelegte Lebensform bieten (...)." (Blandow, 2004, S. 86).

Salgo (1987, S. 398) führt an, dass mit

„(...) einer solchermaßen zeit- und zielgerichteten Intervention (...) entweder die alsbaldige Rückkehr des Kindes forciert, und falls diese innerhalb des dafür am Alter des Kindes orientierten zeitlichen Rahmens nicht gelingt, die Dauerhaftigkeit seines Aufwuchsplatzes sichergestellt werden (soll)."

Daher ist gem. § 27 Abs. 2 SGB VIII i.V.m. § 37 SGB VIII ein maßgebliches Ziel der Kinder- und Jugendhilfe, unter Berücksichtigung der Entwicklung des Kindes im Rahmen eines für das Kind vertretbaren Zeitraumes, die Erziehungsbedingungen in der Herkunftsfamilie zukünftig soweit zu verbessern, dass eine Rückführung des Kindes in seine Ursprungsfamilie auf Dauer möglich ist. Des Weiteren ist darauf hinzuwirken, dass die Beziehung des Kindes oder Jugendlichen zu seinen Eltern gefördert wird (Lakies, 1995). Wird jedoch keine nachhaltige Verbesserung der Erziehungsbedingungen in der leiblichen Familie erreicht, soll eine dem Wohl des Kindes oder Jugendlichen entsprechende und auf Dauer angelegte Lebensform aufgegriffen werden (Salgo, 2007).

Durch die Definition „in einer anderen Familie" ist gekennzeichnet, dass es sich zum einen um eine Unterbringung eines Kindes oder Jugendlichen über Tag und Nacht handelt (Schellhorn, 2006), zum anderen, dass diese Begriffsbestimmung anderweitige Lebensformen von Familie mit einschließt als den herkömmlichen traditionellen Familienformen (Lakies, 1995, S. 33).

Demnach können Ehepaare, Unverheiratete, Paare mit eingetragener Partnerschaft oder formloser Lebensgemeinschaft, Einzelpersonen und Verwandte für ein Pflegeverhältnis in Betracht kommen, sofern ihre Lebensgemeinschaft beständig ist (ebd.).

Da der Schutz von Kindern und Jugendlichen auch in der Familienpflege
gewährleistet sein muss, bedürfen Pflegepersonen, die ein Kind oder einen
Jugendlichen über Tag und Nacht in ihrem Haushalt aufnehmen wollen,
einer behördlichen Erlaubnis zur Vollzeitpflege (Schellhorn, 2006). Für den
Fall, dass das Kindeswohl in der Pflegestelle nicht sichergestellt wird, ist
die Erlaubnis gem. § 44 Abs. 2 SGB VIII zu versagen (ebd.). Erfolgt die
Vermittlung eines Pflegekindes jedoch im Rahmen der Hilfe zur Erziehung
durch das Jugendamt, so ist die Pflegeerlaubnis gem. § 44 Abs. 1 Nr. 1
SGB VIII und bei der Verwandtenpflege gem. § 44 Abs. 1 Nr. 3 SGB VIII
nicht erforderlich (ebd.). Allerdings ist es gem. § 37 Abs. 3 S. 1 SGB VIII die
Aufgabe der Fachkräfte des Jugendamtes nach den Erfordernissen im Einzelfall zu überprüfen, ob eine am Wohl des Kindes förderliche Erziehung in
der Pflegefamilie gewährleistet wird (Wiesner, 2004). Gegebenenfalls kann
die Erlaubnis auch nach der Vermittlung eines Pflegekindes widerrufen
werden.

Mit Ausnahme der in § 33 S. 2 SGB VIII genannten Form der Familienpflege für besonders entwicklungsbeeinträchtigte Kinder und Jugendliche,
gibt es für die Aufnahme eines Kindes keine weiteren gesetzlichen Voraussetzungen hinsichtlich einer pädagogischen Qualifikation für Pflegepersonen (Günder, 1999). Da jedoch die psychischen Folgen eines Kindes bei
einer vorzeitigen Beendigung des Pflegeverhältnisses (Abbruch) nicht zu
unterschätzen sind, ist eine sorgfältige Überprüfung der persönlichen Eignung von Pflegepersonen besonders bedeutend.

1.2   Formen der Vollzeitpflege

Da die Gründe, die zu einer Fremdunterbringung eines Kindes oder Jugendlichen in eine Pflegefamilie führen, vielfältig sind, und die Vollzeitpflege
als eine zeitlich befristete Hilfe zur Erziehung oder als eine auf Dauer angelegte Lebensform ausgerichtet ist, ergeben sich verschiedene Formen der
Vollzeitpflege.

1.2.1 Dauerpflege

Diese Form der Vollzeitpflege als eine auf Dauer angelegte Lebensform ist
dann indiziert, wenn durch Förderung, Beratung und familienunterstützende
Maßnahmen, z.b. ambulante oder teilstationäre Hilfen zur Erziehung (§§
28-32 SGB VIII), keine effektive Verbesserung der Erziehungsbedingungen
in der Ursprungsfamilie erreicht wurde und auch künftig nicht zu erwarten
ist (Blandow, 2004).

Die Dauerpflege wird im Zusammenwirken mehrerer Fachkräfte, den
Personensorgeberechtigten und dem Kind oder Jugendlichen im Hilfeplan
(§ 36 SGB VIII) festgeschrieben und ist meist mit einer langjährigen Unterbringung in einer Pflegefamilie verbunden (Salgo, 2007). Sofern keine Rückführoption in die Herkunftsfamilie angestrebt wird oder das Pflegeverhältnis
durch einen Abbruch, z.b. aufgrund von Konflikten, Beziehungsstörungen
in der Pflegefamilie oder anderen Gründen, vorzeitig beendet wird, lebt das
Pflegekind dort sogar bis zur Verselbstständigung oder dem Eintritt seiner
Volljährigkeit (Landesjugendamt Münster, 1999). Gegebenenfalls kann bei
einem Dauerpflegeverhältnis auch die Aussicht der Adoption durch die
Pflegeeltern in Betracht gezogen werden, da der Gesetzgeber gem. § 36
Abs. 1 S. 2 SGB VIII den Fachkräften des Jugendamtes vor und während
der Hilfe vorschreibt, die Möglichkeit der Annahme als Kind zu überprüfen
(Wiesner, 2004).

1.2.2 Verwandtenpflege

Da Verwandte nicht zur Herkunftsfamilie zählen, können auch sie gem.
§ 33 SGB VIII ein minderjähriges Kind in ihrem Haushalt aufnehmen, sofern
dies im Einzelfall sinnvoll ist (Münder, 2004). Allerdings ist für Verwandte
und Verschwägerte bis zum 3. Verwandtschaftsgrad keine Erlaubnis zur
Vollzeitpflege erforderlich. Jedoch müssen auch hier die Fachkräfte die
persönliche Eignung der Pflegepersonen überprüfen. Generell gelten für
Verwandte die gleichen Normen und Rechtsvorschriften des SGB VIII wie
für alle anderen Pflegepersonen. Grundlage für diese Form der Vollzeitpflege ist häufig die Würdigung einer bestehenden Beziehung und Bindung
zwischen den Verwandten und dem Kind. Zu den Herkunftseltern haben die
verwandten Pflegeeltern zwar häufig ein enges Verhältnis, das aber auch
durch eine konfliktreiche Beziehung gekennzeichnet sein kann (Salgo,
2001). Allerdings werden Verwandtenpflegeverhältnisse oftmals vom Jugendamt gar nicht erfasst, da ca. 70 % der Verwandtenpflege auf privater

Basis entstehen, ohne dass das Jugendamt zuvor informiert wurde (Blandow, 2004). In diesen Fällen erhalten sie weder eine finanzielle Leistung noch eine Betreuung durch das zuständige Fachpersonal des Jugendamtes.

1.2.3 Sonderformen der Vollzeitpflege

Gem. § 33 S. 2 SGB VIII sollen Kinder und Jugendliche mit Verhaltens- oder/und Entwicklungsdefiziten in einer geeigneten Sonderform der Vollzeitpflege untergebracht werden. Oftmals gehören hierzu auch seelisch behinderte Kinder und Jugendliche, die die Voraussetzungen gem. § 35a SGB VIII erfüllen (Münder, 2004). Bisher gibt es für diese Form der Vollzeitpflege noch keine einheitliche Terminologie. So werden sie teilweise „professionelle Pflegefamilien", „heilpädagogische- oder sozialpädagogische Pflegestellen" oder auch „Sonderpflegestellen" genannt (Günder, 1999, S. 106). Voraussetzung für diese Sonderpflegestellen ist, dass mindestens eine der Pflegepersonen über eine fachliche Qualifikation verfügen muss. Dementsprechend werden von den Jugendämtern auch höhere Leistungen zum Unterhalt des Pflegekindes gezahlt.

1.2.4 Kurzzeitpflege und Bereitschaftspflege

Die Kurzzeitpflege ist eine zeitlich befristete Form der Vollzeitpflege. Sie ist für Kinder und Jugendliche in unvorhergesehenen akuten Notsituationen angedacht, die für einen zuvor festgelegten Zeitraum in einer anderen Familie betreut werden müssen, da ihre sorgeberechtigten Eltern an der Erziehung und Betreuung, z.B. aufgrund von Krankheit, Kuraufenthalt o.Ä. verhindert sind (Landesjugendamt Münster, 1999). Die Fachkräfte des Pflegekinderdienstes haben die Aufgabe eine geeignete Pflegefamilie in der Umgebung des Kindes zu finden, so dass der Kontakt zu seinen Eltern und weiteren Bezugspersonen gewährleistet ist. In der Regel beträgt die Verweildauer wenige Wochen bis 6 Monate (Blandow, 2004).

Die Bereitschaftspflege ist eine kurzfristige zeitlich begrenzte Intervention als vorläufige Maßnahme zum Schutz von Kindern und Jugendlichen im Rahmen einer Inobhutnahme gem. § 42 SGB VIII oder als Krisenintervention. Aufgrund dessen kann sie nicht als Hilfe zur Erziehung gem. § 33 i.V.m. § 27 SGB VIII im eigentliche Sinne angesehen werden (Landesjugendamt Münster, 1999). Der Aufenthaltszeitraum sollte möglichst gering ausfallen und die Dauer von 3 bis 6 Monaten nicht überschreiten (Müller-Schlotmann,

1998). Während der Zeitdauer der Unterbringung wird die weitere Perspektive des Kindes oder des Jugendlichen vorbereitet (Landesjugendamt Münster, 1999).

1.3 Konzepte im Pflegekinderwesen

Im Folgenden werden die zwei zentralen Konzepte des Pflegekinderwesens kurz vorgestellt, die seit den 70er Jahren des letzten Jahrhunderts mehrfach in der Öffentlichkeit und in der Wissenschaft großes Interesse erwecken. Bei diesen Konzepten handelt es sich um das Konzept der „Ergänzungselternschaft" und das Konzept der „Ersatzelternschaft". Da beide Konzepte von jeweils unterschiedlichen Ausgangsbedingungen ausgehen und somit grundverschiedene Ziele verfolgen, werden sie daher stets kontrovers diskutiert. Abschließend werden zentrale Grundlagen der Bindungstheorie erläutert und das „bindungstheoretische Konzept" dargestellt.

1.3.1 Das Konzept der Ergänzungselternschaft

Die Vertreter des Konzeptes der Ergänzungselternschaft sind maßgeblich das Deutsche Jugendinstitut (DJI). Diese stützen sich auf die vorliegenden Ergebnisse des Modellprojekts „Beratung im Pflegekinderbereich", das 1980 bis 1985 vom damaligen Bundesministerium für Jugend, Familie und Gesundheit angeregt und vom Deutschen Jugendinstitut durchgeführt wurde (Deutsches Jugendinstitut, 1987). Das Ziel des Projekts war neben der Verbesserung der familienergänzenden und institutionellen Erziehung die Betreuung von Kindern (ebd.). Vertreterinnen und Vertreter dieses Ansatzes stellen auf dem Hintergrund familientherapeutisch-systemischer Sichtweisen und Konzeptionen die gesamte Pflegefamilie einschließlich des Pflegekindes und besonders dessen Herkunftseltern in den Mittelpunkt eines jeden Pflegeverhältnisses, indem sie besonders die primäre Mutter-Kind-Bindung oder die Bindung an eine andere primäre Bezugsperson hervorheben (Gudat, 1987a). Hierbei geht das Deutsche Jugendinstitut zwar davon aus, dass das Kind vor der Inpflegegabe bereits Bindungen zu ihr entwickeln konnte, doch wird „(...) keineswegs angenommen, daß die bestehenden Bindungen mit einer durchwegs glücklichen Eltern-Kind-Beziehung gleichzusetzen sind." (Gudat, 1987a, S. 35). Für eine gesunde und förderliche Identitätsentwicklung empfehlen die Vertreter des Konzeptes der Ergänzungselternschaft, sowohl bei zeitlich befristeten als auch bei auf

Dauer angelegten Pflegeverhältnissen, den Erhalt der Beziehung zwischen
dem Pflegekind und seinen leiblichen Eltern, mit der Perspektive einer späteren Rückführung des Pflegekindes in seine Herkunftsfamilie (Kötter,
1997). Sie gehen daher davon aus, dass ein Kind die Fähigkeit besitzt
mehrere Bindungen gleichzeitig einzugehen, sofern diese zu seinen Eltern
und Pflegeeltern klar voneinander abgegrenzt sind (Gudat, 1987a). Regelmäßige Besuchskontakte zwischen dem Pflegekind und seiner Herkunftsfamilie sind deshalb, im Gegensatz zum Konzept der Ersatzelternschaft,
nicht nur erwünscht, sondern werden sogar explizit befürwortet. Das Kind
kann durch bestehende Besuchskontakte zur Herkunftsfamilie seine primären Bindungen an sie beibehalten und gleichzeitig eine unbelastete Beziehung zu seiner Pflegefamilie aufbauen (ebd.).

1.3.2 Das Konzept der Ersatzelternschaft

Als Hauptvertreter des Konzeptes der Ersatzelternschaft gelten Monika
Nienstedt und Arnim Westermann, die sich seit mehr als 30 Jahren mit
Pflege- und Adoptivkindern beschäftigen, die in einer Pflegefamilie als eine
auf Dauer angelegten Lebensform fremduntergebracht sind oder in einer
Adoptivfamilie leben. Nienstedt und Westermann, die sich vorwiegend am
Wohl des Pflegekindes orientieren, beziehen sich dabei auf psychoanalyti-
sche Ansätze und im Grunde auch auf Annahmen der Bindungstheorie, die
ihre Aufmerksamkeit verstärkt auf die frühkindliche Entwicklung und die
Auswirkungen der frühen Beziehungen zu Bezugspersonen lenkt (Kötter,
2000). Die Auffassung der Befürworter des Konzeptes der Ergänzungselternschaft hinsichtlich geregelter Besuchskontakte zu seiner Ursprungsfamilie werden von Nienstedt und Westermann nur dann vertreten, wenn das
Kind in seinen ersten Lebensjahren sichere und tragfähige Beziehungen
und Bindungen zu seiner Herkunftsfamilie entwickeln konnte und das Kind
keine Traumatisierungen durch sie erfahren musste (Nienstedt & Westermann, 2007). Vielmehr handelt es sich dann in diesen Fällen um eine zeitlich befristete Unterbringung, wie dies z.B. bei der Kurzzeitpflege oder der
Bereitschaftspflegefamilie in akuten Krisen der Fall ist (ebd.).
Da die Vertreter des Ersatzfamilienkonzeptes jedoch von der Annahme
ausgehen, dass ein Großteil der Pflegekinder, die in Dauerpflegefamilien
fremduntergebracht werden, zuvor traumatische Erfahrungen in ihrer Herkunftsfamilie erlebt haben, werden regelmäßige Besuchskontakte und die
damit verbundenen Kooperationen zwischen Herkunfts- und Pflegeeltern

gänzlich abgelehnt (Nienstedt & Westermann, 1998 und 2007; Kötter, 1997). Des Weiteren sind Nienstedt und Westermann (2007) der Ansicht, dass die Bindung der traumatisierten Kinder an ihre Eltern ausschließlich durch eine Angstbindung geprägt sei und vom Kind aus Furcht, Abhängigkeit, Wunsch nach Zuwendung etc. aufrecht erhalten werde und folglich das psychische Wohlbefinden des Kindes gefährden. Aufgrund dieser pathologischen Eltern-Kind-Bindung, ungeachtet der biografischen Wurzeln des Kindes, fordern Nienstedt und Westermann (1989, S. 312) daher eine absolute Trennung des Kindes von seinen Eltern als

„das Recht des Kindes auf einen Neuanfang in neuen Eltern-Kind-Beziehungen" so dass es „(...) die traumatischen Erfahrungen in seiner Herkunftsfamilie wie in einem (...) therapeutischen Prozeß in der Pflegefamilie korrigieren kann".

Nach Aussagen von Kötter und Cierpka (1997) zeigt sich, dass ein Teil der Pflegekinder nach den Besuchskontakten zur Herkunftsfamilie mit Aggressivität, Ängstlichkeit oder Verstörtheit reagiere. Jedoch können noch keine Aussagen getroffen werden, ob

„(...) diese eher als Folge einer Rivalität zwischen den Elternpaaren, (...) einer Wiederbelebung traumatischer Erfahrungen und Angstbindungen oder als normale Reaktion auf die schwierige Situation der Doppelelternschaft aufgefaßt werden muß." (ebd.).

Dennoch gewährleiste der Ausschluss von Besuchskontakten des Pflegekindes zu seiner Herkunftsfamilie „(...) die psychische Genesung des Kindes nicht, er ist jedoch eine Voraussetzung dafür, dass sich das Kind auf neue Beziehungen einlassen kann." (Kötter, 1997, S. 67).

Erwähnenswert scheint an dieser Stelle auch, dass Ergebnisse der Studie zur Qualitätsentwicklung „15 Jahre Vermittlung von Pflegekindern durch den Pflegekinderdienst der Stadt Herten" von Nowacki und Ertmer (2004) belegen, dass Pflegeverhältnisse ohne Besuchskontakte zu den leiblichen Eltern eine niedrigere Abbruchquote der Pflegeverhältnisse zeigen als Pflegeverhältnisse, die mit regelmäßigen Kontakten zur Herkunftsfamilie einhergehen.

1.3.3 Das bindungstheoretische Konzept

Das bindungstheoretische Konzept wurde von John Bowlby und Mary D. S. Ainsworth begründet (Bretherton, 2002a; Unzner, 2004). Nach Bowlby ist die Bindungstheorie eine Kombination der Verhaltens- und Persönlichkeitsforschung, der Entwicklungspsychologie und der Psychoanalyse, die sich mit den Einflüssen und Auswirkungen von frühkindlichen emotionalen Erfahrungen von Beziehungen auf die Persönlichkeitsentwicklung von Individuen beschäftigt (Brisch, 2006). Eine der Annahmen ist das Bindungssystem, das ein genetisch feststehendes System darstelle, das zwischen dem Säugling und seiner primären Bezugsperson nach der Geburt entstehe und lebenswichtige Funktionen habe. In für ihn angstbesetzten Situationen signalisiere das Kind durch Blick- oder Körperkontakt oder Nachfolgen seine Bedürfnisse nach Nähe, Zuwendung und Sicherheit und hoffe diese bei der Mutter oder einer anderen primären Bezugsperson befriedigen zu können (Brisch, 2006).

Eine weitere Hypothese ist die Feinfühligkeit und Bindungsqualität der Bezugsperson (Ainsworth, 2003). Sie nimmt Signale und Bedürfnisse des Kindes wahr, interpretiert sie angemessen und befriedigt diese nach Möglichkeit prompt. Verhält sich eine Bezugsperson feinfühlig dem Säugling gegenüber, kann er eine eine sichere Bindung entwickeln. Nichtbeachtung, mangelhafte oder uneinheitliche Befriedigung der Bedürfnisse des Kindes führen oftmals zu einer unsicheren Bindung.

Des Weiteren war Bowlby der Ansicht, dass der Säugling innerhalb des ersten Lebensjahres durch bestimmte Interaktionserlebnisse internale Arbeitsmodelle (Modelle seines Verhaltens) ausbilde. Demgemäß lerne das Kind durch wiederkehrende Verhaltensweisen der Mutter oder einer anderen primären Bezugsperson, dass sie in bestimmten Situationen entsprechend verfügbar sei und seine jeweiligen Bedürfnisse befriedige. Für jede Bezugsperson fertige das Kind, sei es bewusst oder unbewusst, unterschiedliche innere Arbeitsmodelle an (Brisch, 2006).

In einem Beitrag von 1958 („The nature of the child`s tie to his mother") stellte Bowlby die Behauptung auf, dass es ein biologisches Band zwischen Mutter und Kind geben müsse, das für die emotionale Beziehung und Bindung für Mutter und Kind verantwortlich zu sein scheint (Bretherton, 2002a). In diesem Sinne glaubte er, dass ein Säugling bereits fähig sei, soziale Bindungen einzugehen, indem das Kind bestimmte Verhaltensreaktionen zeige, mit denen es beabsichtige das Bedürfnis nach der Nähe zur

Mutter zu befriedigen (ebd.). Bowlby (2008, S. 21) definierte demnach das Bindungsverhalten als

„(...) jegliches Verhalten, das darauf ausgerichtet ist, die Nähe eines vermeintlich kompetenteren Menschen zu suchen oder zu bewahren, ein Verhalten, das bei Angst, Müdigkeit, Erkrankung und entsprechendem Zuwendungs- oder Versorgungsbedürfnis am deutlichsten wird."

Wenn jedoch die primäre Bindungsperson eines Kindes nicht in der Lage sei, so Gudat (1987a), den Bedürfnissen des Kindes nach Sicherheit, Schutz etc. gerecht zu werden und diese zu befriedigen, da sie nicht präsent sei oder weil ihre Kompetenz eingeschränkt sei, bestehe auf lange Sicht die Gefahr, dass sich das Kind psychisch nicht gesund entwickeln könne und es dadurch zu erheblichen Beeinträchtigungen der Gesundheit kommen könne.

Die Qualität und Dauerhaftigkeit der Bindung seien demnach bedeutsam für die Entwicklung und Gesundheit eines Kindes und für seine spätere Bindungsrepräsentation. Daher könne ein Verlust der Bezugsperson/-en oder durch sie erfahrene Traumata Auswirkungen auf die Bindungsverhaltenweisen des Kindes haben und z.B. Bindungsstörungen zur Folge haben (Brisch, 2006; Weltgesundheitsorganisation, 2009). Dennoch können Bindungserfahrungen durch bestimmtes Verhalten (z.B. Feinfühligkeit) bei einem Bindungsaufbau „neuer" Bezugspersonen, z.B. bei Fremdunterbringung durch Pflegeeltern, berichtigt werden (Conrad & Stumpf, 2006, Brisch, 2006; Nowacki, 2007).

Vertreterinnen und Vertreter des Ergänzungselternschaftskonzeptes und des Konzeptes der Ersatzelternschaft orientieren sich unter anderem an der Bindungstheorie schließen aber gegensätzliche Schlussfolgerungen daraus (Gudat, 1987a; Gudat, 1987b; Conrad & Stumpf, 2006). Dies bedeutet für die Fachkräfte der Pflegekinderdienste, dass es wichtig ist bereits vor der Vermittlung eines Kindes in eine Pflegefamilie Kenntnisse von der Qualität der Bindungen zwischen dem Pflegekind und seinen Herkunftseltern sowie von seinem Bindungsverhaltensmuster zu haben, um eine Entscheidung treffen zu können, welches Konzept, am Wohl des Kindes orientiert, das geeignete ist. Ferner können bindungstheoretische Erkenntnisse das Fundament für die Vorbereitung von Pflegeeltern sein, zumal sie durch das Fachpersonal gezielt vorbereitet werden könnten.

1.4   Vermittlung von Pflegekindern in Dauerpflegeverhältnissen

Der Aufgabenbereich, der sich mit der Fremdunterbringung, der Betreuung und der Erziehung von Kindern in Pflegefamilien beschäftigt, wird von den Fachkräften des zuständigen örtlichen Jugendamtes wahrgenommen und an die Mitarbeiterinnen und Mitarbeiter des Pflegekinderdienstes entsprechend delegiert (Gintzel, 1996). Das Aufgabenspektrum der Fachkräfte der Pflegekinderdienste und die an sie gestellten Anforderungen sind vielfältig, zumal sie den gesamten Prozess der Vermittlung, von der Anwerbung der Pflegeeltern, ihrer Vorbereitung und Qualifizierung bis einschließlich der weiteren Betreuung der gesamten Pflegefamilie und des Pflegekindes nach erfolgter Vermittlung, organisieren (Gintzel, 1996).

Da Pflegeeltern, schon alleine aufgrund der Tatsache, dass viele Pflegekinder traumatische Erfahrungen in ihren Herkunftsfamilien erlebt haben und den sich daraus möglichen resultierenden Folgen für das Kind (Nienstedt & Westermann, 2007), vielfältigen Anforderungen bei der Aufgabe ein Pflegekind auf Dauer in ihrer Familie aufzunehmen ausgesetzt sind, bedarf es sowohl einer qualifizierten Vorbereitung, einer gut geplanten Anbahnung als auch einer besonderen Betreuung nach erfolgter Vermittlung eines Dauerpflegeverhältnisses durch das Fachpersonal der Pflegekinderdienste. Geschieht dies nur unzureichend, kann sich dies künftig durchaus nachteilig auf die Beziehung zwischen der Pflegefamilie und dem Pflegekind auswirken und sogar einen Abbruch des Pflegeverhältnisses begünstigen (Jordan, 1996)

1.4.1 Organisation im Jugendamt

In der Praxis der Pflegekindervermittlung haben sich gegenwärtig verschiedene Formen der Organisation in den Jugendämtern entwickelt. In einigen Jugendämtern wird die Vermittlung von Pflegekindern durch Fachkräfte des Allgemeinen Sozialen Dienstes (ASD) organisiert, in anderen wiederum wird sie auf Träger der freien Jugendhilfe übertragen.

Da jedoch das Leistungsspektrum der Jugendhilfe und die damit einhergehenden Aufgaben für die in der Kinder- und Jugendhilfe tätigen Fachkräfte in den letzten Jahren immer komplexer wurden und ferner die Interessen des Kindes, seiner Herkunftsfamilie und seiner zukünftigen Pflegeeltern oftmals voneinander abweichen, haben inzwischen viele Jugendämter ausschließlich für die Aufgabenwahrnehmung der Pflegekindervermittlung spezialisierte Fachdienste eingerichtet (Blandow, 2004).

Wie aus dem Abschlussbericht eines Forschungsprojektes der Universität Bremen von Walter im Jahre 2001 hervorgeht, haben circa drei Viertel der 135 untersuchten Jugendämter in Deutschland diesen Spezialdienst eingerichtet (Walter, 2004). Erwähnenswert bei den spezialisierten Fachdiensten ist, dass sich hier unterschiedliche Aufgabenbereiche und Verantwortlichkeiten zwischen dem Allgemeinen Sozialdienst und dem Spezialdienst ergeben. Blandow (2004) weist darauf hin, dass demnach das Fachpersonal des Allgemeinen Sozialdienstes für die Betreuung der leiblichen Familie zuständig sei, wohingegen die Mitarbeiterinnen und Mitarbeiter des Fachdienstes für die Pflegefamilie verantwortlich seien.

Neben den engen Kooperationen zu den Fachkräften des Allgemeinen Sozialdienstes und zu den auswärtigen Jugendämtern und Pflegekinderdiensten bestehen außerdem Kooperationen zu institutionellen Netzwerken und zu regionalen und überregionalen Arbeitskreisen. Zudem kann eine Zusammenarbeit der Fachkräfte der Pflegekinderdienste mit verschiedenen eingetragenen Vereinen der Pflege- und Adoptivfamilien sowie mit örtlichen Pflegeelterngruppen oder Pflegeeltern-Selbsthilfegruppen bestehen (Blandow, 2004). Sowohl die Art der vorliegenden Organisationsform des Jugendamtes als auch das Konzept der Einrichtung mit ihren Arbeitsstandards, den arbeitsteiligen internen und externen Kooperationen und anderweitigen Organisationsstrukturen, wie beispielsweise die Ausstattung mit Fachkräften, die jeweilige Fallbelastung sowie methodische und organisatorische Hilfen für das Personal (z.B. Supervisionen, Fallbesprechungen) und gegebenenfalls das Ausmaß der Öffentlichkeitsarbeit etc., können sich auf die Qualität und Professionalität der gesamten Pflegekindervermittlung auswirken (ebd., S. 106 ff.).

1.4.2 Öffentlichkeitsarbeit und Werbung im Pflegekinderwesen

Die amtlichen Statistiken der Kinder- und Jugendhilfe des Statistischen Bundesamtes in Wiesbaden zeigen, dass die Anzahl der Kinder, die als Vollzeitpflege in Pflegefamilien fremduntergebracht werden, in den letzten Jahren kontinuierlich steigt (Destatis, 2009 und 2010). Es zeigt sich aber auch, dass die Anzahl der Bewerberinnen und Bewerber auf ein Pflegeverhältnis nicht dem Bedarf der zu vermittelnden Kinder entspricht. Zum einen, so Oberloskamp und Hoffmann (2006), möge dies an der juristisch nicht abgesicherten Lage eines Pflegeverhältnisses liegen, da generell auch für Pflegekinder, die in einer auf Dauer angelegte Lebensperspektive in einer

Pflegefamilie leben, prinzipiell immer auch eine Rückführoption in die Herkunftsfamilie angedacht werden könne. Zum anderen könne es an der nicht angemessenen Bezahlung der Pflegefamilie liegen, und das, obwohl der Gesetzgeber durch Unterbringungen von Kindern in Pflegefamilien nicht unerhebliche Kosten für Heimunterbringungen einspare. Aufgrund der Tatsache, dass die Bewerberinnen- und Bewerberzahlen in den letzten Jahren rückläufig sind, benötigt daher das Pflegekinderwesen genügend Pflegefamilien, die sich bereit erklären ein Kind in ihre Familie aufzunehmen. Wenn das Personal der Pflegekinderdienste jedoch nicht über ausreichend freie Pflegestellen verfügt, muss es demzufolge bemüht sein, geeignete Pflegepersonen oder Pflegefamilien zu suchen und zu finden, die die Anforderungen der Vermittlung erfüllen und den individuellen Bedürfnissen der zu vermittelnden Pflegekinder am besten entsprechen. Dies kann durch eine gezielte regionale und überregionale Öffentlichkeitsarbeit und Werbung geschehen. Die Intensität der Öffentlichkeitsarbeit und Pflegestellenwerbung im Pflegekinderwesen orientiert sich jedoch grundsätzlich an dem jeweiligen Bedarf an Pflegepersonen im Pflegekinderdienst. Da Öffentlichkeitsarbeit und Werbung Ziele verfolgen, die nahezu kongruent sind und für sie ähnliche, zu weiten Teilen sogar dieselben, Methoden eingesetzt werden, lassen sie sich kaum voneinander trennen. Sinn und Zweck der Öffentlichkeitsarbeit und auch der Werbung ist es einen möglichst großen Personenkreis in der Bevölkerung auf die Situation und Problematik von Pflegekindern und deren Herkunfts- und Pflegefamilien aufmerksam zu machen. Ferner soll Öffentlichkeitsarbeit über die Gründe von Fremdunterbringungen informieren und dazu beitragen Vorurteile abzubauen und demnach Stigmatisierungen weitestgehend zu verhindern. Zusätzlich wird sowohl durch die Öffentlichkeitsarbeit als auch durch Werbung der Versuch unternommen neue Bewerberinnen und Bewerber für die Vermittlung von Pflegeverhältnissen zu gewinnen, indem die Fachkräfte der Pflegekinderdienste über rechtliche und organisatorische Rahmenbedingungen aufklären und ihre Arbeit im Pflegekinderdienst transparent machen (Masur, 1995). Standardisierte Formen der Werbung sind Flyer und Broschüren, die in Bildungseinrichtungen, z.B. in Kindergärten, Kindertagesstätten und Schulen etc. und in öffentlichen Institutionen verteilt werden (Conrad & Stumpf, 2006). Des Weiteren zählt hierzu die Anfertigung und Aushängung von Plakaten an Einrichtungen, die Veröffentlichung von Zeitungsartikeln in der regionalen und überregionalen Presse, Artikel in Fachzeitschriften und die Berichterstattung im Rundfunk. Neben diesen Print- und Massenmedien

werden ebenso Informationsabende und Referate zur Akquise von Pflegeeltern und der Bekanntmachung der Situation von Pflegekindern in der Öffentlichkeit genutzt (Masur, 1995). Für Masur zählen auch Pflegeelterngruppen zur Methode der Öffentlichkeitsarbeit, da er betont, dass zufriede-
ne Pflegeeltern, denen bereits ein Pflegekind vermittelt wurde, die beste
Werbung für potentielle Pflegeeltern sei (ebd.). Dagegen sei über die Wirksamkeit von Broschüren, Flyern und Plakaten bisher wenig bekannt. Es
lasse sich jedoch feststellen, dass die Nachfrage von Interessenten bei der
Suche nach Pflegeeltern für ein Pflegekind mit einem besonderen Bedarf,
zumindest nach der Berichterstattung im Hörfunk und in der Presse, groß
sei (ebd.). Schattner (1987) nimmt an, dass die Effektivität von Werbung
eher ungenügend sei. Eine nicht ausreichende Anzahl an Pflegepersonen
bedeute jedoch, dass die Fachkräfte im Pflegekinderdienst „(...) bei der
Vermittlung nur sehr eingeschränkt darauf achten können, daß ein Pflegekind möglichst in eine individuell geeignete Pflegefamilie kommt." (ebd.,
S. 184). Dieses wiederum hätte Folgen für die Qualität des Pflegeverhältnisses. Des Weiteren behauptet er, dass Werbung überwiegend Pflegeeltern mit einem bestimmten Profil anspreche, z.B. junge Familien, die bereits
eigene Kinder haben und weniger ältere kinderlose Personen. Daher empfiehlt Schattner die Zielgruppen und die Inhalte der Öffentlichkeitsarbeit neu
zu überdenken um die Zahl möglicher Pflegeeltern erheblich zu erweitern
(1987).

Abschließend ist kritisch anzumerken, dass Öffentlichkeitsarbeit und
Werbung mit finanziellen Investitionen verbunden sind und ferner von der
personellen Ausstattung des jeweiligen Pflegekinderdienstes abhängig ist.
Somit stellt sich die Frage, inwieweit daher eine Umsetzung von Öffentlichkeitsarbeit und Werbung in der Praxis möglich scheint und ob es einen Zusammenhang gibt zwischen dem Haushaltsbudget für Öffentlichkeitsarbeit
und Werbung und der Anzahl der Bewerberinnen und Bewerber in den jeweiligen Pflegekinderdiensten (Blandow, 2004).

1.5 Eignungsüberprüfung, Vorbereitung und Qualifizierung von Pflegeeltern auf ein Dauerpflegeverhältnis

Eine wesentliche Aufgabe der Fachkräfte in den Pflegekinderdiensten ist
neben der Anwerbung und Gewinnung von Pflegepersonen die Eignungsüberprüfung von Bewerberinnen und Bewerbern, deren Vorbereitung und
Qualifizierung um Pflegekinder unter Berücksichtigung ihrer individuellen

Vorgeschichte, ihres Alters, ihrer Problematik und ihrer persönlichen Bedürfnisse in geeignete und für sie passende Pflegefamilien vermitteln zu
können. Ausschlaggebendes Kriterium bei der Auswahl potentieller Pflegepersonen ist grundsätzlich das Wohl des Kindes (Bundesverband der Pfle-
ge- und Adoptiveltern e.V., 1997).Sofern die Voraussetzungen zur Vollzeitpflege gem. § 33 SGB VIII für ein Kind oder Jugendlichen vorliegen und die
Entscheidung über die angezeigte Hilfeart als eine auf Dauer angelegte
Fremdunterbringung in eine Pflegefamilie im Hilfeplan festgeschrieben
wurde, bekommen die Mitarbeiterinnen und Mitarbeiter des Pflegekinderdienstes von der fallzuständigen Fachkraft des Allgemeinen Sozialdienstes
den Auftrag eine für das Kind geeignete und an den Bedürfnissen des Kindes orientierende förderliche Pflegefamilie zu suchen (Conrad & Stumpf,
2006). Entweder verfügen die Fachkräfte des Pflegekinderdienstes noch
über freie Pflegefamilien aus dem Pool des Pflegekinderdienstes, deren
Befähigung als Pflegeperson bereits festgestellt wurde, oder es werden
neue sich bewerbende Pflegepersonen auf ihre Eignung überprüft und
schließlich auf ihre zukünftige Betreuungsarbeit vorbereitet und qualifiziert.
Die Vorbereitung von Bewerberinnen und Bewerbern beginnt bereits mit
der Kontaktaufnahme des Pflegekinderdienstes. In einem Erstgespräch werden zunächst die Rahmenbedingungen des gesamten Bewerbungsverfahrens besprochen. Überdies erfahren die Bewerberinnen und Bewerber welche formalen Voraussetzungen und Unterlagen vorab für ein einleitendes
Bewerbungsverfahren notwendig sind und welche Anforderungen an sie
gestellt werden (Bundesverband der Pflege- und Adoptiveltern e.V., 1997).

   Es ist zu erwähnen, dass Pflegekinderdienste nicht über einheitliche
Standards für das Bewerbungsverfahren bezüglich der Eignungskriterien,
der Vorbereitung und der Qualifizierung von Pflegepersonen in den Pflegekinderdiensten verfügen. Wenngleich sich die Fachkräfte weitestgehend an
den Empfehlungen der Bundesarbeitsgemeinschaft der Landesjugendämter orientieren, die sich zur Aufgabe gemacht hat, Richtlinien für die Anforderungen der Pflegeeltern zu entwerfen, hat dennoch nahezu jede Einrichtung ihr individuelles Konzept und ihren eigenen Standard im Bewerbungsverfahren (Riedle et al., 2008).

   Neben den gesetzlich vorgeschriebenen Formalitäten lassen sich trotzdem auch allgemein gültige Voraussetzungen und Anforderungen der Fachkräfte der Pflegekinderdienste an die Bewerberinnen und Bewerber zusammenfassen, die im Interesse des Fachpersonals in den meisten Einrichtun-

gen Beachtung und Berücksichtigung finden dürften und in den nachfolgenden Abschnitten näher aufgeführt werden.

1.5.1 Formale Voraussetzungen der Bewerberinnen und Bewerber

Inzwischen gehört es zur gängigen Praxis den Bewerberinnen und Bewerbern bereits im Erstgespräch erforderliche Unterlagen zur Bearbeitung für
die Einleitung des Bewerbungsverfahrens auszuhändigen. Dazu zählen ein
Bewerbungsbogen und ein Lebensbericht, die als Grundlage zur Vorbereitung der nachfolgenden Gespräche mit dem Fachpersonal dienen (Riedle
et al., 2008). Beide Unterlagen sind nicht standardisiert und können daher
in den verschiedenen Einrichtungen voneinander abweichen, ebenso, wie
bereits erwähnt, kann der Ablauf des Verfahrens in den einzelnen Pflegekinderdiensten variieren. Der Bewerbungsbogen enthält u.a. Fragen zur
Person, zur Familiensituation und zum persönlichen Umfeld. Des Weiteren
werden die Motivationsgründe ein Kind aufnehmen zu wollen, Erwartungen
und Wünsche der zukünftigen Pflegefamilie an ein Pflegekind und deren
Einstellungen zum Leben etc. erfragt. Der Lebensbericht ist eine Art biogra-
fischer Lebensverlauf, der oftmals analog eines Leitfadens geschrieben
werden soll und daher Kriterien zur Orientierung vorgibt, z.B. Kindheit, Pubertät, Strafe und Lob im Elternhaus, Umgang mit Krisen und der eventuel-
len Kinderlosigkeit, Trauerarbeit, Geschwisterkonstellationen, zwischen-
menschliche Beziehungen etc. (ebd.). Nähere Informationen oder aktuelle
Bewerbungsunterlagen diesbezüglich finden sich auf den Webseiten einzelner Einrichtungen, wie z.B. im Downloadbereich des Pflegekinderdienstes Herten (Pflegekinderdienst der Stadt Herten, 2009).

Da die Straffreiheit in einigen Pflegekinderdiensten eine Voraussetzung
für die Aufnahme eines Pflegekindes darstellt, verlangt das Fachpersonal
ein polizeiliches Führungszeugnis eines jeden, der sich auf ein Pflegeverhältnis bewirbt bzw. von allen Volljährigen, die in der Haushaltsgemein-
schaft der sich Bewerbenden leben. Allerdings unterscheiden manche
Vermittlungsstellen in der Art der Vorstrafen. Demnach bedeuten nicht einschlägige Vorstrafen nicht zwangsläufig einen Ausschluss für eine Vermittlung. Vorstrafen, die jedoch im Zusammenhang mit einer Gefährdung des
Kindeswohls stehen, z.B. Misshandlungen, sexueller Missbrauch, Körper-
verletzungen und Gewaltverbrechen, schließen eine Inpflegenahme grundsätzlich aus (Landesjugendamt Münster, 1999). Dieses polizeiliche Führungszeugnis ist gem. § 30 Abs. 5 des Bundeszentralregistergesetzes

(BZRG) bei der zuständigen Meldebehörde am Wohnort zu beantragen. Es wird durch das Bundeszentralregister in Berlin ausgestellt und wird schließlich der Einrichtung zugesandt (Riedle et al., 2008).

Des Weiteren sollte sich der Gesundheitszustand der Bewerberinnen und Bewerber nicht nachteilig auf die Erziehungsfähigkeit von Kindern auswirken. Daher sollten zukünftige Pflegepersonen körperlich und psychisch gesund sein. Allerdings schließen lebensverkürzende Erkrankungen, Suchterkrankungen und übertragbare Krankheiten in der Familie der Bewerberinnen und Bewerber generell eine Vermittlung eines Kindes aus (Landesjugendamt Münster, 1999), wohingegen laut Bundesverband der Pflege- und Adoptiveltern e.V. (1997) eine körperliche Behinderung nicht unbedingt ein Ausschlusskriterium für eine Vermittlung eines Pflegekindes sei und demnach im Einzelfall entschieden werden müsse. In der Regel geschieht die Überprüfung des Gesundheitszustandes durch die Vorlage eines amtsärztlichen Gesundheitszeugnisses, das der Einrichtung vorgelegt wird.

Um auszuschließen, dass das Pflegegeld des Kindes nicht zur Unterhaltssicherung der Pflegefamilie verwandt werden würde, werden zumeist in den Pflegekinderdiensten Einkommensnachweise als Nachweis der wirtschaftlichen Verhältnisse verlangt. Die finanzielle Situation der zukünftigen Pflegeeltern sollte auf jeden Fall gesichert sein. Zur Überprüfung einer möglichen Verschuldung kann zusätzlich eine Schufa-Auskunft abverlangt werden (Bundesverband der Pflege- und Adoptiveltern e.V., 1997).

1.5.2 Allgemeine Voraussetzungen der Bewerberinnen und Bewerber

Grundsätzlich sollten alle Mitglieder einer potentiellen Pflegefamilie, auch der in ihr lebenden Kinder unter Berücksichtigung ihres Alters und ihres Entwicklungsstandes, den Wunsch, ein Pflegekind aufnehmen zu wollen, mittragen und dementsprechend auf die Aufnahme eines Pflegekindes vorbereitet werden (Landesjugendamt Münster, 1999; Textor, 1995a). Laut Landesjugendamt Münster (1999, S. 8) sei „eine positive Grundeinstellung zur Aufnahme eines Kindes im sozialen Umfeldes (...) wichtig" für eine künftige Vermittlung. Besonders aufschlussreich und wichtig sind zudem die Beweggründe zur Aufnahme eines Pflegekindes, die jedoch bei den Bewerberinnen und Bewerbern sehr individuell sind. Interessant für den Motivationsgrund ist nach Einschätzung der Autorin sicher auch die Bedeutung der eigenen Biografie der potentiellen Pflegepersonen (s. auch Kaiser, 1995). Da manche Motivationsgründe durchaus das Pflegeverhältnis nega-

tiv beeinflussen können und ein späteres Pflegeverhältnis vermutlich erschweren, wenn nicht sogar ein Scheitern zur Folge haben können (s.
auch Conrad & Stumpf, 2006), ist es eine unumgängliche Aufgabe des Fachpersonals die Pflegepersonen in Einzelgesprächen und in weiteren Angeboten
der Betreuung durch entsprechende Fragestellungen zur Überprüfung ihrer
Motive, Bedürfnisse und Erwartungen anzuregen (Bundesverband der
Pflege- und Adoptiveltern e.V., 1997). Grundsätzlich sollten jedoch die Motivationen weitestgehend mit den Erwartungen des Fachpersonals kompa-
tibel sein (Conrad & Stumpf, 2006). Auf die verschiedenen Motivationen,
die von Pflegeeltern genannt werden und die nach Blandow (2004) eine
Kombination von bewussten und unbewussten Beweggründen zu sein
scheinen, wird in der vorliegenden Arbeit nicht eingegangen.

In der Gesetzgebung der Bundesrepublik Deutschland gibt es bis auf die
vorausgesetzte Volljährigkeit keine festgeschriebene Altergrenze bezüglich
des Mindestalters von Pflegepersonen im Gegensatz zu den gesetzlichen
Voraussetzungen zur Annahme als Kind gem. § 1743 BGB (Oberloskamp
& Hoffmann, 2006). Wie bereits dargelegt, kommen für ein Pflegeverhältnis
nicht nur Ehepaare in Betracht, sondern gleichermaßen auch eingetragene
Lebenspartnerschaften, Einzelpersonen, unverheiratete Paare u.a., sofern
ihre Beziehung beständig und tragfähig ist und diese nach der Bewer-
bungsüberprüfung dem Fachpersonal des Pflegekinderdienstes zur Pflege
und Erziehung eines Kindes geeignet erscheinen (Landesjugendamt Münster, 1999). Gewichtiger als der Personenstand scheint jedoch der Altersunterschied zwischen den zukünftigen Pflegeeltern und dem Pflegekind zu
sein. In der einschlägigen Fachliteratur heißt es immer wieder, dass der
Altersunterschied zwischen der Pflegeperson und dem Pflegekind dem eines „natürlichen" Altersunterschiedes zwischen Eltern und Kindern entsprechen sollte (Oberloskamp & Hoffmann, 2006). Demzufolge empfiehlt
beispielsweise das Landesjugendamt Münster (1999, S. 8) in seiner Arbeitshilfe zur Vollzeitpflege, dass es dem Wohl des Kindes entspreche,
wenn der Altersabstand der Pflegepersonen zum Pflegekind nicht mehr als
35 bis 40 Jahre betrage. Außerdem sei das Alter „(...) ein Indikator, der auf
andere Merkmale (z.B. Lebenserfahrung, Belastbarkeit, Flexibilität) verweist". Blandow (2004) und Textor (1995a), die sich auf verschiedene Studien beziehen, führen das Durchschnittsalter der Pflegemütter und Pflegeväter genauer auf und sagen aus, dass Pflegeeltern meist älter als leibliche
Eltern sind. Auch zu den leiblichen Kindern oder zu anderen Pflegekindern,
die bereits in der Familie leben, sollte nach Nienstedt und Westermann

(2007), der Altersabstand des Pflegekindes zum (Pflege-) Geschwisterkind nicht allzu groß sein. Um eine „normale" Geschwisterrivalität nicht zusätzlich zu forcieren, sollte das Pflegekind in der Regel das jüngste Kind in der Familie sein und demnach mindestens 3 Jahre jünger sein. Da es jedoch, wie bereits erwähnt, weder gesetzliche Bestimmungen hinsichtlich der Altersbegrenzung der Pflegepersonen noch des Altersabstandes zu den Geschwisterkindern gibt, liegt die Entscheidung daher im freien Ermessen des Konzeptes der jeweiligen Einrichtung. Außerdem empfehlen der Bundesverband der Pflege- und Adoptiveltern e.v. (1997) und das Landesjugendamt Münster (1999) eine sichere Gewährleistung der Versorgung und Betreuung des Pflegekindes durch die Pflegeeltern, indem ihre berufliche Tätigkeit an den kindlichen Bedürfnissen anzupassen sei. Um sich den Bedürfnissen des Kindes widmen zu können, werde deshalb bei Paaren von einem Pflegeelternteil erwartet, zumindest bei Pflegekindern jüngeren Alters und besonders in der Eingewöhnungszeit, für einen bestimmten Zeitraum die Berufstätigkeit zu reduzieren. Zudem ist auch die Größe des Wohnraums der Bewerberinnen und Bewerber bedeutsam, wenngleich es dazu keine festgeschriebenen Angaben gibt. Dieser sollte jedoch so geschaffen sein, dass genügend Platz für ein Kind zu seiner freien Entfaltung und zum Rückzug vorhanden ist (Bundesverband der Pflege- und Adoptiveltern e.V., 1997). In den meisten Fällen wird auch ein Hausbesuch zur Überprüfung der Wohnverhältnisse durchgeführt.

Abschließend werden nur einige der zahlreichen, zum Teil auch psychologischen, Eignungskriterien aufgeführt, die für die Auswahl von Pflegepersonen ebenso von Bedeutung sind. Oberloskamp und Hoffmann (2006) nennen hier z.B. die Voraussetzung einer intellektuellen Förderung des Pflegekindes und auf Wunsch der leiblichen Eltern, die Wahrung der Religionszugehörigkeit. Das Landesjugendamt Münster (1999) ergänzt wichtige Kriterien, wie beispielsweise die Fähigkeit zur Akzeptanz der Bindungen des Pflegekindes an die Ursprungsfamilie, die Bereitschaft sich mit der Biografie des Kindes auseinanderzusetzen, Empathie, Duldsamkeit, emotionale Stabilität sowie die Beziehungs- und Bindungsfähigkeit und Lebenszufriedenheit der Bewerberinnen und Bewerber. Zudem weisen Conrad und Stumpf (2006) darauf hin, dass sich Bewerberinnen und Bewerber auf ein Pflegeverhältnis darüber bewusst sein müssen, was es heiße für ein Kind in Dauerpflege Verantwortung zu tragen mit all den Konsequenzen, die sich aufgrund seiner Biografie ergeben könnten. Darüber hinaus sollten sie prinzipiell die Bereitschaft zeigen, Qualifizierungsangebote, die in den Pflege-kinderdiensten angeboten werden, zu nutzen.

1.5.3 Angebote der Vorbereitung und Qualifizierung

Obwohl die Pflegekindschaft und das Pflegekindschaftsverhältnis zu den familienrechtlichen Angelegenheiten zählen, sind sie in der Bundesrepublik Deutschland nicht eigenständig im BGB geregelt (Oberloskamp & Hoff-mann, 2006). Lediglich einige für den Gesetzgeber relevante Regelungen wurden im BGB aufgenommen, wie z.b. die Wahrnehmung von sorgerecht-lichen Angelegenheiten durch die Pflegeeltern, die Herausgabe des Pflege-kindes von den Pflegeeltern, Verbleibensanordnungen u.a. (Blandow, 2004). Doch weder im BGB noch im SGB VIII wird eine Qualifizierung von Pflege-eltern vorgeschrieben, im Gegensatz zu den Vorschriften der Tagespflege-personen, die im SGB VIII verankert sind. Personen, die ein Kind in Tages-pflege nehmen, müssen um ihre Eignung zu belegen über vertiefte Kennt-nisse der Kindertagespflege verfügen, die sie gem. § 23 Abs. 3 S. 2 SGB VIII in qualifizierten Lehrgängen erworben oder in anderer Weise nachge-wiesen haben müssen (Keimeleder, 2001).

Dennoch steht es im Interesse der Fachkräfte ihre Bewerberinnen und Bewerber möglichst gut und qualifiziert auf ihre zukünftige Aufgabe, die Betreuung und Erziehung eines fremden Kindes in ihrer Familie, vorzube-reiten. Dies geschieht neben den kontinuierlichen und begleitenden Einzel-gesprächen durch entsprechende Vorbereitungsseminare, die vom Fach-personal des Pflegekinderdienstes organisiert werden. Da die Teilnahme eine Voraussetzung für eine spätere Vermittlung ist, ist sie daher als ver-pflichtend anzusehen (Conrad & Stumpf, 2006). Blandow (2008) mutmaßt allerdings, dass die Teilnahme von Großeltern und Verwandten eher die Ausnahme bilden dürften. In den Vorbereitungsseminaren werden allge-meine rechtliche Grundlagen, finanzielle Regelungen und Versicherungs-fragen geklärt. Ferner wird auch Fachwissen vermittelt, z.B. Grundlagen der Bindungstheorie, Biografiearbeit, Phasen der Integration eines Kindes in die Pflegefamilie und ähnliche Themen (Conrad & Stumpf, 2006). Über-dies werden die sich bewerbenden Pflegepersonen dazu angehalten, sich der eigenen Erwartungen an ein Pflegeverhältnis bewusst zu werden. Au-ßerdem sollte sich nach Masur (1995) in dieser Gruppenveranstaltung mit der Motivation zur Aufnahme eines Kindes auseinandergesetzt werden.

Masur (1995, S. 110) merkt an, dass diese Seminare Einzelgespräche ergänzen und alle Anwesenden bereichern, denn:

„Solche Vorbereitungsseminare dienen dazu, den Kontakt zu in-
tensivieren und Vertrauen zwischen Bewerbern und Vermitt-
lungsstelle aufzubauen, den Gruppenrahmen (...) als Diskussi-
onsforum und Lerneinheit zu nutzen, bestimmte Inhalte (...)
angstfrei in der Gruppe benennen und diskutieren zu können, Erfahrungen zu sammeln und Einsichten daraus zu gewinnen (...)".

Indem Bewerberinnen und Bewerber im Vorbereitungsseminar über ihre
eigenen Motive mit anderen in der Gruppe reflektieren und sich ihrer Kompetenzen und Grenzen bewusst werden, entwickelt sich bei ihnen die Ent-
scheidungsfähigkeit für oder gegen die Aufnahme eines Pflegekindes.

Zusätzlich erhalten die Fachkräfte weitere wichtige Informationen über
die Bewerberinnen und Bewerber, z.B. können Aussagen über ihr Verhalten in der Gruppe getroffen werden. Auch Paltinat und Warzecha (1999)
befürworten, dass alle im Haushalt der Bewerberinnen und Bewerber lebenden volljährigen Personen nach Möglichkeit am Vorbereitungskurs teilnehmen sollten, zumal alle Mitglieder der Familie am künftigen Pflegepro-
zess beteiligt seien. Ihres Erachtens sollten Schulungen spezielle Themati-
ken aufgreifen, z.B. Missbrauch und Sucht. Außerdem sollten Fachkräfte
auf mögliche Belastungen im Pflegeverhältnis hinweisen und auf pädagogische und psychologische Aspekte eingehen. Ferner werde durch die Vermittlung von Wissen eine professionelle Handlungskompetenz erworben.

Des Weiteren gibt das Landesjugendamt Münster (1999) in seiner „Arbeitshilfe zur Vollzeitpflege § 33 SGB VIII" Empfehlungen hinsichtlich der
Ziele der Vorbereitungskurse, die in ihr jedoch als „Bewerber-Gruppenarbeit"
bezeichnet werden. Überdies führt Schattner (1987) an, dass die für die
Vorbereitung verantwortlichen Fachkräfte vorwiegend einer Meinung seien,
dass die gängigen Informationsveranstaltungen für eine qualifizierte Vorbereitung nicht ausreichen würden und daher Vorbereitungskurse bedeutungsvoll seien. Demzufolge weist er (ebd.) auf eine Empfehlung hinsichtlich der Inhalte und des zeitlichen Ausmaßes einer Vorbereitungsgruppe
hin, die sich in der Praxis bisher positiv erwiesen haben. Als Rahmenbe-
dingung schlägt er 5 Arbeitseinheiten à 2,5 Stunden im wöchentlichen Abstand mit ungefähr 10 bis 12 Personen vor. Die Vorbereitungsgruppen werden von jeweils 2 Fachkräften veranstaltet und umfassen theoretische Anteile zum Wissenserwerb, die mit praktischen Übungen kombiniert werden.

Dadurch dass die Bewerberinnen und Bewerber aktiv in der Vorbereitungsgruppe eingebunden werden, „(...) erlauben es Vorbereitungsgruppen den
Bewerbern offensichtlich sich realistischer mit ihrem Entschluß, Pflegeeltern zu werden, auseinanderzusetzen." (Schattner, 1987, S. 194 f.) .
Ein weiteres Angebot zur Vorbereitung der potentiellen Pflegepersonen
stelle nach Masur (1995) der Besuch eines präventiven Elterntrainings dar.
Dieser sollte bereits im Vorfeld einer Vermittlung besucht werden, da davon
ausgegangen werden kann, dass die zu vermittelnden Pflegekinder aufgrund ihrer Biografie Schwierigkeiten diverser Art (z.b. Verhaltensauffälligkeiten) mit in die Pflegefamilie bringen oder sich Probleme während der
Integration ergeben können. In einigen Einrichtungen werden den potentiellen Pflegeeltern zusätzlich zum Vorbereitungskurs Wochenendveranstal-
tungen angeboten, die den Zweck haben andere Bewerberinnen und Bewerber und die zuständigen Fachkräfte in einem anderen Setting näher ken-
nenzulernen. Diskussionen, offene Fragen, Rollenspiele und kurze Fachbei-
träge sowie eine erneute Auseinandersetzung mit der eigenen Motivation
bilden meist die Schwerpunkte solcher Veranstaltungen (ebd.). Ergänzend
wird das Fachpersonal auf anderweitige Angebote zur Vorbereitung hinweisen, z.b. auf Pflegeelternvereine, Selbsthilfegruppen und Pflegeelterninitiativen, die neben dem Diskussionsaustausch teilweise auch Vorträge anbieten und daher Wissen vermitteln und von den Fachkräften oftmals aktiv
unterstützt werden (Widemann, 1996).

1.5.4 Ablauf und abschließende Auswertung der Eignungsüberprüfung

Letzten Endes orientieren sich die Fachkräfte bei der Auswertung der Eignungsüberprüfung von Pflegepersonen zunächst an den formalen und an
den allgemeinen Voraussetzungen, die für eine Vermittlung eines Pflegekindes von großer Bedeutung sind. Sobald alle Formalitäten von den Bewerberinnen und Bewerbern eingereicht wurden, werden diese als auch die
allgemeinen Voraussetzungen durch die Fachkräfte eingehend überprüft
(Paltinat & Warzecha, 1999). Liegen in ihnen keine gravierenden Ausschlussgründe vor (Masur, 1995; Conrad & Stumpf, 2006), werden die potentiellen Pflegepersonen gebeten an einem Vorbereitungsseminar teilzu-
nehmen mit dem Ziel, sie auf ihre zukommenden Herausforderungen vor-
zubereiten. Unmittelbar nach der Beendigung der Seminareinheiten findet
ein Abschlussgespräch bezüglich der Auswertung des Bewerbungsverfahrens zwischen dem Fachpersonal und den potentiellen Pflegepersonen statt,

in dem ihnen das Ergebnis der Überprüfung mitgeteilt wird. Sowohl die Eignung als auch die Nichteignung sollte den Bewerberinnen und Bewerbern
ausführlich und verständlich begründet werden. Fällt die Entscheidung der
Fachkräfte hinsichtlich der Eignung der Pflegepersonen positiv aus und sind
die Bewerberinnen und Bewerber weiterhin an der Vermittlung eines Pflegekindes interessiert, wird ein Profil hinsichtlich ihrer Wünsche und Erwartungen an ein Pflegekind entworfen um nach einem zu vermittelnden Pflegekind zu suchen, das in speziell dieser Pflegefamilie gefördert werden
kann.

Zusammenfassend kann die Aussage getroffen werden, dass die Auswertung der Eignungsüberprüfung von Bewerberinnen und Bewerbern immer von mehreren Kriterien und Faktoren abhängt. Zur ergänzenden Beurteilung und zur Grundqualifizierung wird neben dem Erstgespräch und weiteren Einzelgesprächen vornehmlich der Vorbereitungskurs als Instrument
verwendet. In einigen Pflegekinderdiensten hingegen werden darüber hinaus weitere Angebote vom Fachpersonal zur Verfügung gestellt. Es dürfte
verständlich sein, dass die Auswertung der Eignungsüberprüfung und die
Auswahl von Bewerberinnen und Bewerber auf ein Pflegeverhältnis für die
Fachkräfte ein schwieriger und zugleich wichtiger Prozess für eine künftige
Vermittlung von Pflegekindern darstellt. Von den zuständigen Fachkräften
wird dabei ein hohes Maß an Fachkompetenz und Objektivität bei der Beurteilung von Bewerberinnen und Bewerbern erwartet (Bundesverband der
Pflege- und Adoptiveltern e.V., 1997). Da eine möglichst objektive Bewer-
tung jedoch kaum möglich sei, so Masur (1995), sei es empfehlenswert,
wenn Entscheidungen in der Auswertung nicht ausschließlich von einer
Fachkraft getroffen werden würden. Ebenso sollte die Auswahl der Pflegefamilie für die Anbahnung eines bestimmten Pflegekindes erst nach Rück-
sprache mit Kollegen oder Beraterinnen/ Beratern getroffen werden (ebd.).
Ausschlaggebendes Kriterium sollte hierbei immer das Wohl eines jeden
Kindes sein.

1.6   Anbahnung eines Dauerpflegeverhältnisses zwischen
Pflegeeltern und Pflegekind

Bereits im Bewerbungsverfahren haben die Fachkräfte des Pflegekinderdienstes ein Profil der Bewerberinnen und Bewerber erstellt. Dieses Profil
enthält Hypothesen und Informationen über einzelne Persönlichkeitseigen-
schaften, Einstellungen, Kompetenzen, Wünsche und Erwartungen der künf-

tigen Pflegepersonen an ein Pflegekind, die in weiteren Kontakten mit ihnen stets überprüft und gegebenenfalls modifiziert werden. Denn welche Familie für welches Pflegekind die passende ist, muss von den Fachkräften im Pflegekinderdienst beurteilt und entschieden werden. Doch nicht jede Pflegefamilie scheint für ein Dauerpflegeverhältnis gleich gut geeignet um der spezifischen Problemstellung und den individuellen Bedürfnissen des Kindes auf Dauer gerecht zu werden (Paltinat & Warzecha, 1999). Daher sollte zuvor eine sorgfältige psychosoziale Anamnese von allen zu vermittelnden Pflegekindern erstellt worden sein, die den Fachkräften als Entscheidungshilfe für die Auswahl einer passenden Pflegefamilie dient. Das Profil sollte sowohl die Biografie des Kindes, Stärken und Schwächen, Verhaltenssauffälligkeiten als auch die Bedürfnisse des Kindes erfasst haben (Textor, 1995a).

1.6.1 Vorbereitung der Anbahnung

Es gehört zur Aufgabe des Personals des Pflegekinderdienstes nun eine Pflegefamilie für die Anbahnung eines speziellen Kindes mit dem Ziel einer späteren Vermittlung auszuwählen, deren Profil am besten zu dem des zu vermittelnden Kindes passt. Wird diese gefunden, findet ein weiteres Gespräch zwischen dem Fachdienst und den ausgewählten potentiellen Pflegeeltern im Pflegekinderdienst statt. In diesem werden u.a. Informationen über den Grund der Fremdunterbringung des Kindes, seine bisherige Lebensgeschichte, seine Bindungen an die Familie, Ressourcen und Defizite sowie die im Hilfeplan festgeschriebene voraussichtliche Perspektive des Dauerpflegeverhältnisses vorgestellt. Weitere Ergänzungen zum Inhalt der psychosozialen Anamnese sind z.B. der „Arbeitshilfe zur Vollzeitpflege gem. § 33 SGB VIII" des Landesjugendamtes Münster (1999) oder den Anregungen und Empfehlungen des Niedersächsisches Ministeriums für Soziales, Frauen, Familie und Gesundheit (2008) zu entnehmen.

Ebel (2009) merkt allerdings an, dass es vorkomme, dass den potentiellen Pflegeeltern nicht immer die gesamte Problematik des Kindes und seiner Herkunftsfamilie mitgeteilt werde. Sie vermutet als Begründung eine mangelnde Vorbereitung der Fachkräfte oder die Sorge das Kind dann nicht in eine Pflegefamilie unterbringen zu können, welches im Gegensatz zur Heimunterbringung, die kostengünstigere Alternative sei. Aus einer 1995 durchgeführten Umfrage von Textor (1995b, S. 504) geht sogar hervor, dass „(...) 22 % der Befragten über die Beziehung des zukünftigen Pflegekindes zu seinen leiblichen Eltern, 37 % über traumatische Erfahrungen des Kindes (...), 30 % über Entwicklungsverzögerungen sowie 34 % über Verhaltensauffälligkeiten und psychische Störungen (...)" keine Informationen erhielten. Doch auch zukünftige Pflegeeltern haben ein Anrecht auf Akteneinsicht des Pflegekindes, auch wenn dies von den Fachkräften häufig bestritten wird (Bundesverband für Pflege- und Adoptiveltern e.V., 1997). Alle Daten und Fakten über das Pflegekind und seine Herkunftsfamilie sollten daher so ausführlich sein, dass die ausgewählten Pflegeeltern eine realistische Einschätzung darüber bekommen können, welche Anforderungen an sie gestellt werden und welche Konsequenzen mit der Aufnahme dieses fremden Kindes auf sie zukommen könnten. Daneben sollte den Pflegeeltern versichert werden, dass eine Ablehnung des vorgeschlagenen Pflegekindes nicht bedeute, keine erneute Nachfrage mehr vom Pflegekinderdienst zu erhalten (Niedersächsisches Ministerium für Soziales, Frauen, Familie und Gesundheit, 2008).

Da das Gesetz durch § 36 Abs. 1 S. 3 SGB VIII vorschreibt, dass die personensorgeberechtigten Elternteile bei der Auswahl der Pflegefamilie zu beteiligen sind (Schellhorn, 2006), findet ein Hilfeplangespräch mit dem Personal des Pflegekinderdienstes und dem des Allgemeinen Sozialdienstes und der Herkunfts- und Pflegefamilie statt. Sinn und Zweck des Gespräches ist das gegenseitige Kennenlernen beider Familien und die Festlegung der weiteren Vorgehensweise und Ziele. Dies ist jedoch nur dann möglich, wenn leibliche Eltern Interesse an ihrem Kind und an dem Prozess der Anbahnung und Vermittlung zeigen. In einem anschließenden Einzelgespräch zwischen den Fachkräften und den Herkunftseltern des Kindes wird geklärt, ob sie sich eine Zusammenarbeit mit der Pflegefamilie vorstellen können. Auch zwischen dem Fachpersonal und der Pflegefamilie wird ein solches Abschlussgespräch geführt. Sobald sich die Pflegeeltern mit den genannten Informationen und Bedingungen einverstanden erklären und sich für eine Anbahnung mit dem vorgeschlagenen Kind entscheiden, können die Fachkräfte die Kontaktanbahnung zwischen ihnen und dem Kind einleiten (Conrad & Stumpf, 2006).

1.6.2 Verlauf der Anbahnung bis zur Vermittlung des Pflegekindes

Die Vorbereitung des Pflegekindes auf den bevorstehenden Anbahnungsprozess hängt von mehreren Faktoren ab. So sind demnach das Alter, der individuelle Entwicklungsstand und auch die Bindungen des Kindes an seine derzeitigen Bezugspersonen für die Vorbereitung von wichtiger Bedeutung und zu berücksichtigen (Siebler, 1995).

Das erste Kennenlernen zwischen dem Pflegekind und seiner potentiellen Pflegefamilie kann dort stattfinden, wo sich das Kind zum Zeitpunkt vor der Vermittlung aufhält. Dies kann z.b. in einer Bereitschaftspflegefamilie oder in einer Heimeinrichtung sein. Vorstellbar wäre auch ein Kontakt in den Räumlichkeiten des Pflegekinderdienstes (Siebler, 1995). Allerdings weichen die Meinungen der Fachleute hinsichtlich des Ortes für einen Erstkontakt in der Fachliteratur und in der Praxis erheblich voneinander ab. Während einige Praktiker einen neutralen Ort befürworten, gibt es wiederum andere Fachleute, die den ersten Kontakt im Umfeld des Pflegekindes empfehlen (Niedersächsisches Ministerium für Soziales, Frauen, Familie und Gesundheit, 2008). Auch bezüglich der Aufklärung des Kindes über die Anbahnung gibt es unterschiedliche Ansichten. Um den Druck aller Beteiligten zu vermeiden, werde daher von Expertinnen und Experten aus der Praxis angeregt den ersten Kontakt nicht als Kontaktaufnahme zu den zukünftigen Pflegeeltern erscheinen zu lassen, sondern es als 'zufällige' Begegnung zu organisieren (ebd.).

Die ersten Kontakte werden von den Fachkräften des Pflegekinderdienstes koordiniert und begleitet. Sofern sie zwischen dem Pflegekind und den Pflegeeltern positiv verlaufen, werden weitere Absprachen hinsichtlich der Intensität der Besuchskontakte mit den potentiellen Pflegeeltern und den derzeit zuständigen Kontaktpersonen getroffen (Conrad & Stumpf, 2006). Dabei sollten die Kontakte schrittweise durch gemeinsame Aktivitäten, Besuche im Haushalt der Pflegefamilie bis hin zu Wochenendübernachtungen ausgedehnt werden, wobei das Alter, der Entwicklungsstand, das Tempo und die Wünsche des Kindes zu berücksichtigen sind (Niedersächsisches Ministerium für Soziales, Frauen, Familie und Gesundheit, 200). Aufgrund dessen kann auch der zeitliche Umfang der Anbahnung im Vorfeld nicht vorgeschrieben werden, d.h. dass der Anbahnungszeitraum bei Säuglingen wenige Tage, bei älteren Kindern durchaus bis zu mehreren Monaten betragen kann (Siebler, 1995). Besuchskontakte der Herkunftseltern sollten nach Möglichkeit während der Anbahnungszeit aussetzen, so dass sich das Pflegekind leichter auf die Pflegefamilie einlassen kann und nicht zusätzlichen Belastungen oder Loyalitätskonflikten ausgesetzt wird.

Im weiteren Verlauf der Anbahnungsphase erfolgt ein intensiver Gesprächsaustausch zwischen dem Fachpersonal der Einrichtung und den Pflegepersonen. Zum einen dienen diese Zusammentreffen der gemeinsamen Reflexion der Besuchskontakte, zum anderen zur Klärung auftretender Fragen, Unsicherheiten oder Schwierigkeiten der Pflegepersonen mit dem Kind. Weiterhin sollen diese Kontakte zusätzlich zu einem gegenseitigen positiven Beziehungsaufbau beitragen. Pflegepersonen haben ohnehin vor der Aufnahme eines Kindes oder Jugendlichen einen gesetzlichen Anspruch auf Beratung und Unterstützung gem. § 37 Abs. 2 SGB VIII (Schellhorn, 2006). Sowohl die Pflegeeltern als auch das Pflegekind signalisieren in den Besuchen, ob eine Sympathie oder Antipathie vorhanden ist und ob ein positiver Beziehungsaufbau generell künftig möglich ist. Wird jedoch während der Anbahnung ersichtlich, dass weder das Pflegekind noch die Pflegeeltern einen wirklichen Zugang zueinander haben, ist es für beide Parteien sinniger die Anbahnung zu beenden, da durch eine spätere Vermittlung die Gefahr eines späteren Pflegestellenabbruchs gegeben wäre und unnötige Wechsel der Bezugspersonen für das Kind möglichst vermieden werden sollten.

In den Fällen, in denen der gesamte Anbahnungsprozess für alle Beteiligten einschließlich des Pflegekindes erfolgreich verläuft und die Auswertung der Anbahnung von den Fachkräften des Pflegekinderdienstes positiv und zum Wohl des Kindes bewertet wird, kann ein Zeitpunkt für den zukünftigen Einzug des Pflegekindes in die Pflegefamilie vereinbart werden. Hierbei sollte die Zeit für die Verabschiedung des Pflegekindes von seinen Bezugspersonen in der Bereitschaftspflegefamilie, in der Heimeinrichtung oder in der Kinder- und Jugendpsychiatrie unter Berücksichtigung seines Alters und der Dauer der dortigen Unterbringung individuell berücksichtigt und eingeplant werden (Niedersächsisches Ministerium für Soziales, Frauen, Familie und Gesundheit, 2008).

1.7 Betreuung der Pflegefamilie nach der Vermittlung eines Pflegekindes in Dauerpflege

Nicht nur vor der Vermittlung eines Pflegekindes und während der Anbahnungsphase, sondern insbesondere auch nach der Vermittlung eines Kindes in Dauerpflege wird der weiteren intensiven Beratung, Betreuung und Unterstützung der Pflegefamilie durch das Fachpersonal des Pflegekinderdienstes ein besonderer Stellenwert beigemessen. Wie zuvor im vorangegangenen Kapitel der Anbahnung erwähnt, haben Pflegepersonen gem. § 37 Abs. 2 SGB VIII auch nach der Vermittlung einen Anspruch auf Beratung und Unterstützung (Schellhorn, 2006). Regelmäßig stattfindende Gespräche und verschiedene fest installierte Angebote fördern nebenbei einen Vertrauensaufbau und -ausbau zwischen den Fachkräften und den Pflegepersonen und tragen so zu einer wirkungsvollen Zusammenarbeit bei. Des Weiteren „(...) verringern sich gewöhnlich auf Seiten der Pflegefamilie die Hemmschwellen gegenüber einer Inanspruchnahme professioneller Unterstützung" (Büch, 1995, S. 181), die unter Umständen den Verlauf von Dauerpflegeverhältnissen begünstigen kann. Daher sollten nach Büch sämtliche den Pflegeeltern zur Verfügung stehenden Angebote der Betreuung und Begleitung durch die Fachkräfte attraktiv, differenziert, effizient, transparent und vertrauenerweckend sein um möglichst viele Pflegeeltern zu erreichen, die verschiedenen Angebote zu nutzen und sie in diesen so zu mobilisieren, dass sie sich gegebenenfalls in Krisen oder bei Schwierigkeiten unterschiedlicher Art an die Expertinnen und Experten der Einrichtung wenden.

Im Folgenden wird auf verschiedene Angebote der Betreuung und Unterstützung der Pflegefamilie und des Pflegekindes nach der Inpflegenahme eingegangen. Dabei werden sowohl allgemeine Beratungs- und Betreuungsangebote, spezielle Angebote, die sich aufgrund von Schwierigkeiten oder Krisen im Dauerpflegeverhältnis oder aus der Biografie des Pflegekindes entwickeln als auch die, die sich aus der weiteren Fortschreibung der Hilfepläne in den Hilfeplangesprächen ergeben, berücksichtigt.

1.7.1 Allgemeine Angebote der Betreuung der Pflegefamilie

In der Anfangszeit eines Pflegeverhältnisses scheint eine intensive Unterstützung und Begleitung der Pflegefamilie einschließlich des Pflegekindes unverzichtbar, zumal sich durch die Aufnahme eines Kindes zwangsläufig das gesamte Familiensystem verändert und jedes Mitglied der Familie zunächst seine Rolle und seinen Platz neu einnehmen muss (Kaiser, 1995). Diese recht anspruchsvolle Anforderung an die Pflegefamilie, besonders wenn leibliche Kinder vorhanden sind oder weitere Pflegekinder in der Familie leben, setzt allerdings die Bereitschaft des Umdenkens und der Veränderung bei allen Familienmitgliedern voraus (ebd.). Zur Unterstützung in dieser Zeit, aber auch während des gesamten Zeitraumes des Pflegeverhältnisses, bieten die Fachkräfte der Pflegekinderdienste allen Pflegepersonen kontinuierliche Beratungen in Form von Einzelgesprächen an, die sich immer am individuellen Bedarf der Pflegefamilie orientieren.

Neben den Einzelberatungsgesprächen kommt der Gruppenarbeit eine steigende Bedeutung in der Unterstützung von Dauerpflegeverhältnissen zu. Gruppenarbeit wird in verschiedenen Pflegekinderdiensten in Form von regelmäßig stattfindenden Pflegeelterngruppen angeboten, welche Einzelberatungen ergänzen und vertiefen können, diese aber niemals ersetzen. Pflegeelterngruppen erlauben den Fachkräften einen unbefangenen Zugang zu den Pflegepersonen. Sie behandeln an den Bedürfnissen der Teilnehmerinnen und Teilnehmer ausgerichtete Themen (Büch, 1995) und bieten darüber hinaus den Beteiligten die Gelegenheit, Erfahrungen mit anderen Menschen in ähnlicher Situation auszutauschen. Somit steuern sie Isolationen entgegen. Im Weiteren stärken Pflegeelterngruppen das Selbstbewusstsein der Beteiligten durch die Einbindung in die Gruppe (Bundesverband der Pflege- und Adoptiveltern e.V., 1997). Besonders effizient sind Pflegeelterngruppen, wenn diese von 2 Fachkräften unterschiedlichen Geschlechts geleitet werden.

Es wurde bereits auf unterstützende Angebote hingewiesen, die sich zur Vorbereitung eines zukünftigen Pflegeverhältnisses als hilfreich erweisen und vom Fachpersonal oftmals begleitet werden. Diese Formen der Betreuung sind unzweifelhaft auch nach der Vermittlung von Dauerpflegeverhältnissen für Pflegeeltern und Fachpersonal bedeutungsvoll.

Pflegeelterninitiativen und Selbsthilfegruppen werden von Pflegeeltern initiiert, wobei meistens eine der Pflegepersonen die Gruppe leitet. Nach Absprache der Teilnehmerinnen und Teilnehmer werden Fachkräfte aus dem Pflegekinderdienst zu sporadischen Treffen eingeladen um fachspezifische Themen aufzugreifen und den Pflegeeltern beratend zur Seite zu stehen. Gleiches gilt für weitere externe Fachkräfte verschiedener Institutionen (Büch, 1995). Außerdem werden Selbsthilfegruppen in der deutschen Gesetzgebung gefördert. Rechtsgrundlage für diese Förderung ist in § 4 Abs. 3 SGB VIII verankert und besagt, dass die öffentliche Jugendhilfe die verschiedenen Formen der Selbsthilfe unterstützen soll (Schellhorn, 2006).

Es ist zu erwähnen, dass die in diesem Kapitel aufgeführten Gruppenangebote häufig für Pflege- und Adoptiveltern gemeinsam ausgerichtet sind (Bundesverband der Pflege- und Adoptiveltern e.V., 1997). Alle Angebote dienen in erster Linie dem Erfahrungsaustausch untereinander. Durch Beratung und Bearbeitung von individuellen Fragestellungen und Themen können sie dazu beitragen, die Erziehungskompetenzen der Pflegepersonen zu erhöhen. Im Weiteren gelten sie durch den Aufbau eines Pflegeeltern-netzwerkes der Krisenprävention (Büch, 1995). Die Möglichkeit der „(...) Re-

lativierung eigener Problemzentrierung (...) sowie das Erleben von Solidari-
tät und Unterstützung durch andere Teilnehmer und die Gruppenleitung"
sind zusätzliche positive Aspekte dieser Gruppen (ebd., S. 186). Pflegeeltern-Stammtische werden wie die Selbsthilfegruppen von Pflegepersonen
organisiert und sind vielmehr als gesellige Veranstaltungen zu verstehen.
Sie ermöglichen ebenso einen gegenseitigen Austausch der Beteiligten,
gehen aber thematisch nicht in die Tiefe. Dennoch können sie zu einem
Beratungsgespräch mit der zuständigen Fachkraft des Pflegekinderdienstes anregen (ebd., S. 182). Da es in der gesamten Zeit des Pflegeverhältnisses unentbehrlich ist Pflegeeltern weiterzubilden und zu qualifizieren,
stellt ihnen entweder das Fachpersonal des Pflegekinderdienstes gelegent-
liche themenzentrierte Fort- und Weiterbildungsmöglichkeiten in ihrer Einrichtung zur Verfügung oder es wird an externe Institutionen verwiesen.
Thematische Schwerpunkte können z.B. Traumatisierungen, Verhaltensauffälligkeiten, Fördermaßnahmen, Biografiearbeit etc. sein (Conrad & Stumpf,
2006). Zudem können Fort- und Weiterbildungen die Themen aufgreifen,
die zuvor inhaltlich in den Vorbereitungskursen behandelt wurden. Weitere
Angebote, die die Fachkräfte für die gesamte Pflegefamilie einrichten, und
meist einen positiven Stellenwert haben, sind Feste, Feiern und gemeinsame Freizeitaktivitäten sowie Familienseminare an Wochenenden oder in
den Ferien (Büch, 1995).

Abschließend ist darauf hinzuweisen, dass, trotz der engen Anbindung
der Pflegeeltern durch die ihnen zur Verfügung stehenden Angebote im
Pflegekinderdienst, die Fachkräfte ihrem Überprüfungsauftrag gem. § 37
Abs. 3 S. 1 SGB VIII nachkommen müssen, indem sie sich durch Hausbesuche in der Pflegefamilie in regelmäßigen Abständen zu überzeugen haben, dass die Fremdunterbringung eines Kindes auch nach seiner Vermittlung dem individuellen Wohl des Pflegekindes dient (Büch, 1995). Von den
meisten Pflegeeltern werden diese Hausbesuche jedoch nicht als Kontrolle
empfunden, sondern eher als Interesse der betreuenden Fachkraft an der
Pflegefamilie interpretiert.

1.7.2 Betreuung der Pflegefamilie in besonderen Situationen

Wie schon mehrfach in der vorliegenden Arbeit erwähnt, weisen viele Pflegekinder aufgrund frühkindlicher Traumatisierungen, Vernachlässigungs-
und Gewalterfahrungen in der Herkunftsfamilie (Destatis, 2010) nicht selten
Entwicklungsverzögerungen, Verhaltensstörungen und ein hohes Konflikt-

potenzial auf. Dadurch sind Pflegefamilien großen Herausforderungen ausgesetzt, die ein hohes Belastungspotential in sich bergen und die Beziehung aller in der Pflegefamilie oder im Umfeld des Pflegekindes lebenden Personen doch erheblich erschweren kann. Je nach individuellen Ausmaß und Art der auftretenden Schwierigkeiten können sich Pflegeeltern im Umgang mit ihren Pflegekindern schnell überfordert fühlen. Um totale Überforderungen gar nicht erst entstehen zu lassen, bedürfen Pflegefamilien daher schon im Vorfeld der Vermittlung eine intensive Aufklärung hinsichtlich der Biografie und der Lebensumstände ihres Pflegekindes und seiner Eltern und im Weiteren, eine besondere Zuwendung und Betreuung durch die zuständigen Fachkräfte. Nur so kann möglichst frühzeitig nach Lösungen gesucht werden und gegebenenfalls der Pflegefamilie Hilfsangebote aufgezeigt werden, die Problematiken reduzieren und ein positives Zusammenleben ermöglichen (Textor, 1995a). Aufgrund dessen empfiehlt z.B. das Landesjugendamt Münster (2009) den Fachkräften schon im Zeitraum zwischen der Herausnahme des Kindes aus seiner Familie und der Vermittlung in eine Pflegefamilie eine diagnostische Abklärung des Pflegekindes in externen Institutionen (z.B. Spezialambulanzen, Kinder- und Jugendpsychiatrie) vornehmen zu lassen. Dies hat den Zweck bei Bedarf eine gezielte Förderung durch medizinische, pädagogische und therapeutische Hilfen für das Kind einzuleiten, so dass es die Möglichkeit hat, entsprechende Defizite, z.B. im Sozialverhalten, in der Motorik, im Sprachbereich etc., die zuvor in der Hilfeplanung noch nicht absehbar waren, aufzuarbeiten. Therapieangebote, die Riedle et al. (2008) unter Einbeziehung von Frühförderstellen oder anderweitigen Beratungsstellen nennen, sind z.B. Physiotherapie, Ergotherapie, Spieltherapie oder gezielte Traumatherapie.

Des Weiteren stehen auch Pflegeeltern nach der Inpflegenahme eines Kindes Hilfen zur Erziehung nach § 27 SGB VIII zu, wenn diese für die Entwicklung ihres Kindes oder Jugendlichen geeignet und notwendig erscheint. Bei Erziehungsschwierigkeiten kommen vorwiegend die Erziehungsberatung (§ 28 SGB VIII), die soziale Gruppenarbeit (§ 29 SGB VIII), die Erziehungsbeistandschaft (§ 30 SGB VIII) und die sozialpädagogische Familienhilfe (§ 31 SGB VIII) in Betracht. Schwierigkeiten mit dem Pflegekind lassen sich nicht nur innerhalb der Pflegefamilie begrenzen, sondern können sich darüber hinaus auch im sozialen Umfeld manifestieren. Daher sollten die Pflegeeltern und die Fachkräfte des Pflegekinderdienstes stets in Verbindung mit den Kontaktpersonen aus der Umgebung, dem Kindergarten, der Kindertagesstätte oder der Schule stehen und diese mit in den

Prozess einbeziehen um „(...) ggf. einschleifenden Ausgrenzung und Isolation des Kindes vorzubeugen" (Niedersächsisches Ministerium für Soziales, Frauen, Familie und Gesundheit, 2008). Bevor die Probleme mit dem Pflegekind möglicherweise erheblichen Einfluss auf die Beziehung der Familienmitglieder untereinander nehmen, Paarbeziehungen gefährden oder die Lebenszufriedenheit negativ beeinträchtigen, scheinen Supervisionen zur Entlastung und Reflexion der Pflegefamilie und zur Burn-out-Prophylaxe sinnvoll. Diese werden entweder als Einzelsitzungen oder in Gruppen von Pflegeelternvereinen oder externen Institutionen angeboten (Paltinat & Warzecha, 1999). Ein ergänzendes und wichtiges Angebot im Rahmen der weiteren Betreuung nach der Vermittlung eines Pflegekindes stellen gem. § 1684 BGB die Besuchs- bzw. Umgangskontakte des Pflegekindes zu seiner Herkunftsfamilie dar. Unabhängig des Konzeptes, Ersatzelternschaft oder Ergänzungselternschaft, das die jeweilige Einrichtung vorwiegend vertritt, koordiniert und organisiert das Fachpersonal im Einklang mit den Rechten der leiblichen Eltern die Ausgestaltung der Kontakte zum Kind. Die Rahmenbedingungen der Besuchskontakte sind zuvor im Hilfeplan festgeschrieben und werden fortdauernd in weiteren Hilfeplangesprächen überprüft und konkretisiert. Grundsätzlich sollten die Besuchskontakte mit allen Beteiligten und den Fachkräften vorbereitet werden. Lebt das Kind mit einer dauerhaften Perspektive bei der Pflegefamilie und gestaltet sich die Zusammenarbeit mit der Herkunftsfamilie schwierig, sollen Besuchskontakte unter Begleitung der zuständigen Fachkraft und der Pflegeperson/-en möglichst an einem neutralen Ort stattfinden,

„(...), denn nur so kann das Kind unbefangen auf die leiblichen Eltern zugehen und in Konfliktfällen auf die Pflegeelternwohnung als Schutzraum und Privatsphäre zurückgreifen." (Andriopoulos, 1995, S. 216).

Auch sollten die Reaktionen des Pflegekindes nach den Besuchskontakten stets von der Pflegefamilie und dem Fachpersonal reflektiert werden, denn wenn die Kontakte dem Kindeswohl entgegenstehen, sollten diese verändert oder gar ausgesetzt werden (Bundesverband der Pflege- und Adoptiveltern e.V., 1997).

1.7.3 Angebote der Betreuung speziell für Pflegekinder

Nicht nur für Pflegeeltern, sondern auch für Pflegekinder sind kontinuierliche Kontakte zur betreuenden Fachkraft des Pflegekinderdienstes ohne die Anwesenheit ihrer Pflegeeltern bedeutungsvoll. Durch spezielle Angebote kann eine vertrauensvolle Beziehung des Pflegekindes zur Fachkraft aufgebaut werden, die besonders älteren Pflegekindern und Jugendlichen die Möglichkeit erlaubt, ihr persönliche Probleme anzuvertrauen, so dass eine für das Kind möglichst zufriedenstellende Lösung erarbeitet werden kann (Textor, 1995a). Zudem bekommt die Fachkraft durch die Kontakte einen persönlichen Eindruck vom Kind und kann so einschätzen, ob auch nach der Vermittlung eine dem Wohl des Kindes entsprechende förderliche Entwicklung in der Pflegefamilie gewährleistet ist. Eine Begleitung des Kindes durch entsprechende regelmäßige Angebote sollte sich hier jedoch am Alter und am Entwicklungsstand des Kindes orientieren. Demzufolge finden diese bei jüngeren Pflegekindern vorwiegend durch Spielangebote, bei älteren Kindern oder Jugendlichen vielmehr durch Gespräche statt. Besonders wichtig sind Einzelgespräche zur Vorbereitung und Nachbearbeitung von Hilfeplangesprächen sowie von Besuchskontakten zur Herkunftsfamilie (Bayerisches Landesjugendamt, 2009).

Einige Pflegekinder, die recht schnell nach ihrer Geburt oder in frühen Lebensjahren in Pflegefamilien fremduntergebracht wurden und seitdem keinen Kontakt zu ihrer Herkunftsfamilie haben, kennen folglich ihre leiblichen Eltern nicht und haben zumeist auch wenig bis gar keine Informationen über ihre Biografie, sofern sie diesbezüglich nicht von ihren Pflegeeltern aufgeklärt wurden (Kaiser, 1995). Doch eine Nicht-Aufklärung eines Pflegekindes über seine Herkunft kann gravierende Folgen für seine emotionale und soziale Entwicklung haben, die sich auf seine Identität, sein Selbstwertgefühl und sich dementsprechend auch negativ auf die Beziehung zu seiner Pflegefamilie auswirken kann (ebd.). Um dies weitgehend zu vermeiden und um dem Pflegekind zu ermöglichen seine Lebensgeschichte aufzuarbeiten, bieten Fachkräfte einiger Pflegekinderdienste den Kindern Biografiearbeit an, sei es in Einzelstunden oder als Gruppenveranstaltung. Andere Fachkräfte wiederum unterstützen Pflegeeltern bei der Beschaffung von Fotos und fehlenden Informationen aus der leiblichen Familie des Pflegekindes (Zenz, 2009).

Hervorzuheben ist, dass Biografiearbeit keine Therapieform im herkömmlichen Sinne ist. Nach Lattschar und Wiemann (2007, S. 13) ist sie vielmehr

„(...) eine strukturierte Methode (...), die Kindern, Jugendlichen, (...) ermöglicht, frühere Erfahrungen, Fakten, Ereignisse des Lebens zusammen mit einer Person ihres Vertrauens, zu erinnern, zu dokumentieren, zu bewältigen und zu bewahren."

Zenz (2009) spricht sich hingegen eher für eine professionellere Umsetzung der Biografiearbeit aus, unabhängig davon, ob sie in Einzelarbeit oder Gruppenarbeit durchgeführt werde. Da besonders Dauerpflegekinder traumatische Erlebnisse mit Misshandlung, Missbrauch, Vernachlässigung etc. erlebt haben, sei die Gefahr gegeben, dass sich die Kinder in der Gruppe durch traumatische Erinnerungen destabilisieren. Retraumatisierungen können daher auftreten, wenn Biografiearbeit beispielsweise von einer Fachkraft initiiert werde, die für ein solches Angebot nicht entsprechend qualifiziert sei. Auch Zwernemann (2009) unterstützt die Aussagen von Zenz, rät aber aufgrund einer möglichen Überforderung der traumatisierten Pflegekinder davon ab, Biografiearbeit als Gruppenangebot auszurichten, „(...), es sei denn, es ist eine stationäre Hilfe mit enger Begleitung des einzelnen jungen Menschen möglich" (ebd., S. 22). Die Methoden, die in der Biografiearbeit eingesetzt werden, sind recht vielfältig und werden in dieser Arbeit nicht aufgeführt.

Des Weiteren installieren einige Einrichtungen Gruppen für Pflegekinder, die entweder vom Fachpersonal des Pflegekinderdienstes selbst oder in Absprache von externen Fachkräften anderer Einrichtungen organisiert und durchgeführt werden (Bayerisches Landesjugendamt, 2009). Diese finden in regelmäßigen Abständen statt und haben den Sinn und Zweck der gemeinsamen regelmäßigen Freizeitgestaltung und des Erfahrungsaustausches der Kinder untereinander. Ferner geben sie Hilfestellung für die Identitätsentwicklung und fördern durch die Stärkung ihrer Kompetenzen das Selbstwertgefühl des Pflegekindes etc. (ebd.). Die eingesetzten Methoden der Gruppenarbeit orientieren sich dabei an dem jeweiligen Konzept der Einrichtung oder des Anbieters.

1.8 Ableitung der Fragestellung

In der einschlägigen Fachliteratur wird deutlich, dass die Thematik der Vermittlung von Pflegekindern in den Pflegekinderdiensten eine komplexe Angelegenheit ist, die sich jedoch oftmals einer einheitlichen wissenschaftlichen Betrachtung der verschiedenen Autorinnen und Autoren entzieht. Es zeigt sich in der Literatur, dass einzelne Themenbereiche in der Vermittlung von Pflegekindern entweder gar nicht oder zumindest nicht umfassend aufgegriffen werden. Verschiedene Landesjugendämter und einzelne Ministerien veröffentlichen hingegen Arbeitshilfen, Leitlinien oder Anregungen und Empfehlungen zur Vollzeitpflege, an denen sich die im Pflegekinderdienst Tätigen orientieren können. Allerdings sind auch diese nicht vereinheitlicht. Deshalb liegt die Vermutung nahe, dass dem Fachpersonal keine einheitlichen Standards im Verfahren der Vermittlung zur Verfügung stehen. Des Weiteren findet sich Literatur, die zwar die Themen der Pflegekindervermittlung inhaltlich detailliert aufgreift, aber möglicherweise nicht mehr dem aktuellen Stand der Praxis entspricht.

Aufgrund dessen scheint es interessant und vermutlich aufschlussreich, eine Erhebung in den Pflegekinderdiensten durchzuführen, die der Fragestellung nachgeht, wie sich die Anwerbung, Auswahl, Vorbereitung und Qualifizierung künftiger Pflegeeltern sowie die fachliche Betreuung nach der Vermittlung eines Pflegekindes in Dauerpflege durch das Personal in ausgewählten Pflegekinderdiensten des Ruhrgebietes gestaltet. Ferner kann durch die Untersuchung empirisch überprüft werden, inwieweit sich die Praxis an der Theorie orientiert bzw. inwieweit theoretische Inhalte und Auseinandersetzungen mit dem Thema der Vermittlung von Pflegekindern in Dauerpflegeverhältnissen und praxisbezogene Herangehensweisen und Methoden übereinstimmen.

2   Methode

Im Folgenden wird die zur Erhebung verwendete Stichprobe vorgestellt und das Messinstrument beschrieben. Anschließend wird die Durchführung der Datenerhebung in ihrer Vorgehensweise dargestellt.

2.1   Stichprobe

Die Stichprobe besteht aus 28 Fachkräften aus 15 verschiedenen Pflege-kinderdiensten der Jugendämter im Ruhrgebiet. Alle der an der Erhebung teilnehmenden Fachkräfte der Pflegekinderdienste sind von ihrer Berufsbe-zeichnung Diplom-Sozialarbeiterinnen/-arbeiter oder Diplom-Sozialpädago-ginnen/-pädagogen, die zwischen einem Jahr und fast 30 Jahren im Pfle-gekinderdienst beschäftigt sind. Die durchschnittliche Beschäftigungszeit liegt derzeit bei 12 Jahren.

2.2   Messinstrument

Zur Erfassung der Daten wird ein teilstandardisiertes Interview eingesetzt. Hierzu wurde eigens ein Fragenkatalog entwickelt, der fünf hier ausführlich dargestellte Themenblöcke enthält. In Teil I werden allgemeine Informatio-nen über den Pflegekinderdienst abgefragt; z. B. Fragen zur Öffentlich-keitsarbeit, zu Kooperationen, zum Konzept und zu Beratungsangeboten für das Personal. Teil II beschäftigt sich mit der Vorbereitung und den Me-thoden zur Eignungsüberprüfung von Bewerberinnen und Bewerbern sowie mit der Vorgehensweise des Überprüfungsverfahrens für ein Dauerpflege-verhältnis. Teil III enthält u.a. Fragen über den Ablauf der Anbahnung zwi-schen einem Pflegekind und den potentiellen Pflegeeltern und in Teil IV geht es schwerpunktmäßig um die Betreuung der Pflegefamilie nach der Vermittlung eines Pflegekindes durch die Fachkräfte des Pflegekinderdiens-tes. Sowohl konzeptionelle Veränderungsvorschläge und -wünsche im ge-samten Prozess der Pflegekindervermittlung seitens des Fachpersonals als auch eine persönliche Stellungnahme zur Standardisierung im Pflegekin-derwesen hinsichtlich der Vorbereitung, Anbahnung, Vermittlung und Be-treuung von Dauerpflegeverhältnissen werden in Teil V erfragt.

Der Gesprächsleitfaden enthält sowohl offene Fragen mit freier Antwort-
möglichkeit, halboffene sowie geschlossene Fragen. Alle drei Fragetypen
werden in den einzelnen Teilen des Fragenkatalogs abwechselnd kombiniert. Lediglich Teil V besteht ausschließlich aus offenen Fragen, zumal hier
Vorschläge, Wünsche und Meinungen der Pflegekinderdienst-Fachkräfte
erfragt werden (s. Anhang). Die durchschnittliche Dauer der Befragung war
auf circa 40 bis maximal 60 Minuten angesetzt.

2.3   Durchführung der Datenerhebung

Insgesamt wurden 19 Fachkräfte aus den Pflegekinderdiensten verschiedener Jugendämter in NRW mit einem Formschreiben kontaktiert, in der
um eine persönliche Befragung gebeten wurde. Eine Woche nach Versen-
dung des Anschreibens erfolgte telefonisch eine erneute Kontaktaufnahme
der angeschriebenen Fachkräfte zur Vereinbarung eines persönlichen Gespräches mit dem Resultat, dass sich 15 Fachkräfte aus den Pflegekinderdiensten zu einem Interview bereit erklärten und zeitnahe Terminabspra-
chen trafen. Eine Fachkraft lehnte die Zusammenarbeit aus Zeitmangel
explizit ab. Bei einer weiteren kam es trotz Bekundung von großem Interesse, aufgrund erhöhter und anhaltender Krankheitsausfälle beim Personal zu
einer Absage.
    Die Interviews mit dem Fachpersonal fanden ausnahmslos in den Räum-
lichkeiten der Pflegekinderdienste vor Ort statt und wurden durch die Autorin persönlich durchgeführt. Die insgesamt 15 geführten Interviews fanden
im Schnitt mit 2 Personen (min. 1 – max. 4) statt. Der Anteil der Frauen (n =
19) lag bei der Befragung mit 67.86 % deutlich höher als der Anteil der
Männer (n = 9) mit 32.14 %.
    Zu Beginn der Interviews erklärte die Autorin anhand der Gliederung des
Leitfadens kurz den Ablauf der Erhebung. Die Fragen des Gesprächsleitfa-
dens wurden entweder vorgelesen oder nahezu frei formuliert und die Antworten der Fachkraft/Fachkräfte direkt im Reintext, oder bei geschlossenen
Fragen nach dem Antwortmuster im Leitfaden, handschriftlich notiert. Aussagen der befragten Personen, die durch den Leitfaden nicht gezielt abgefragt wurden, jedoch der Autorin wichtig erschienen, wurden gesondert
vermerkt. Um eine spätere optimale Vergleichbarkeit der Ergebnisse zu
erzielen, wurden die Fragen in allen Befragungen meistens in derselben
Reihenfolge gestellt.

Abschließend wurde darauf hingewiesen, dass alle Mitarbeiterinnen und Mitarbeiter, die sich zu dem Interview bereit erklärt hatten, nach der Auswertung der Erhebung eine Rückmeldung per E-Mail über die Ergebnisse erhalten werden. Die tatsächliche durchschnittliche Dauer der Interviews betrug circa 90 Minuten.

3   Ergebnisse

Die deskriptive Darstellung der Ergebnisse bezieht sich auf den Fragenkatalog (s. Anhang). Teilweise weicht die Darstellung der Befragung geringfügig von der Gliederung des Kataloges aus inhaltlichen Gründen ab. Zu beachten ist, dass sowohl geschlossene, als auch halboffene und offene Fragetypen eingesetzt wurden und Mehrfachnennungen möglich waren.

3.1 Auswertung Teil I:
Informationen über die Pflegekinderdienste

Im Folgenden werden die Ergebnisse zu Öffentlichkeitsarbeit und Vernet-
zung der Pflegekinderdienste, ihre Kontakten zu den zu vermittelnden Pflegekindern und ihre jeweiligen Grundprinzipien der Vermittlung dargestellt.

3.1.1 Ergebnisse zu „Öffentlichkeitarbeit und Werbung der
Pflegekinderdienste"

Werbung und Öffentlichkeitsarbeit sind für die Fachkräfte im Pflegekinderwesen unverzichtbare Aufgaben für die Akquise von Pflegeeltern. Hierbei
sind die von den Fachkräften der Pflegekinderdienste (N = 15) eingesetzten
Methoden zur Anwerbung von Pflegepersonen vielfältig.
    Fachkräfte aus 12 von 15 Pflegekinderdiensten geben an, dass die *Mund-
propaganda* von zufriedenen Pflegeeltern durchaus wirksam zur Gewinnung von neuen Pflegepersonen sei. Ebenso werden genauso häufig *Flyer
und Broschüren* zur Gewinnung von Pflegeeltern eingesetzt. Veröffentli-
chungen in der *Presse* nutzt das Personal aus insgesamt 10 von 15 Pflegekinderdiensten. Hier wird unterschieden zwischen regionalen Tageszeitungen (6 von 10), überregionalen Zeitungen (2 von 10), regionalen Anzei-
genblättern (3 von 10) und Artikeln in Fachzeitschriften (1 von 10). Eine
weitere Methode der Öffentlichkeitsarbeit und Anwerbung von potentiellen
Pflegepersonen ist die Zusammenarbeit mit dem *Rundfunk*. Insgesamt geben die Fachkräfte aus 7 von 15 Einrichtungen an, den Rundfunk (Hörfunk
und Lokalfernsehen) für die Anwerbung von Pflegeeltern und zur allgemeinen Berichterstattung zu nutzen. Des Weiteren werden zur Werbung neuer
Pflegeeltern in 4 von 15 Pflegekinderdiensten *Plakataktionen* in verschie-

denen Bildungseinrichtungen für Kinder (Kindergärten, Kindertagesstätten, Schulen), medizinischen sowie psychologischen und psychiatrischen Institutionen (Arztpraxen, Kliniken, Förder- und Beratungsstellen u.a.) eingesetzt. In anderen Lokalitäten (Gemeindehäuser, Kinos, Museen u.a.) werden Plakate an und in öffentlichen Gebäuden und Geschäften gehängt bzw. ausgehängt.

Zu den *regionalen Projekten*, die in der Öffentlichkeitsarbeit des Pflegekinderwesens und zur Anwerbung von Pflegepersonen beitragen, zählen Informationsstände auf Stadtfesten/Stadtteilfesten, Wochenmärkten, Familienfesten, Gesundheitsmessen etc. Diese werden von 6 Einrichtungen genutzt. Darüber hinaus nutzen insgesamt 5 von 15 Pflegekinderdiensten seminaristische *Informationsveranstaltungen* in Bildungseinrichtungen (z.B. Volkshochschule), Kirchengemeinden, Quartiersbüros etc. zur Akquisition, wobei hier nur eine Einrichtung Informationsveranstaltungen in der Volkshochschule anbietet und eine weitere in Kirchengemeinden und Quartiersbüros.

Alle 15 Einrichtungen nutzen zur Akquise von Pflegeeltern neue Medien in Form einer *Webseiten-/Internetpräsenz*. Überdies berichten Fachkräfte aus 6 von 15 Einrichtungen, dass sie auf ihren Webseiten durch gezielte Einzelwerbung eines Pflegekindes mit einem besonderen Bedarf nach qualifizierten Pflegefamilien suchen. Wie auch aus Abbildung 1 zu entnehmen ist, ist das Internet also das meistgenannte Medium, das zur Anwerbung von Pflegepersonen und in der Öffentlichkeitsarbeit von den Fachkräften der 15 Pflegekinderdienste eingesetzt wird. Demgegenüber nimmt die Nutzung von Plakattafeln zur Werbung den geringsten Anteil ein.

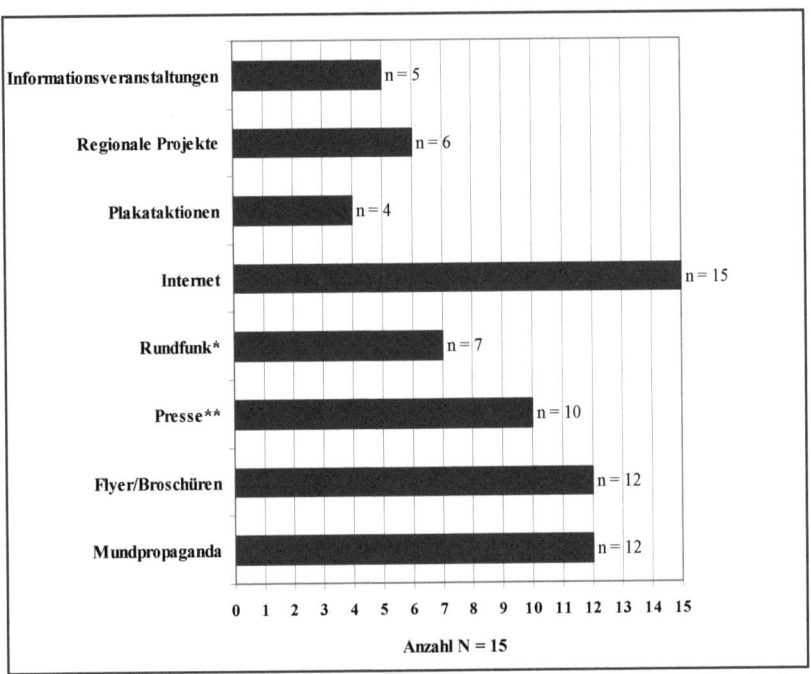

Abbildung 1: Anzahl der Angebote zur Anwerbung von Pflegeeltern in den 15 Pflegekinderdiensten.
*Anmerkungen. *beinhaltet Hörfunk (Lokal-Radio) und Lokal-Fernsehen; **regionale Tageszeitungen, regionale Anzeigenblätter, überregionale Zeitungen, Artikel in Fachzeitschriften inbegriffen.*

3.1.2 Ergebnisse zu „Kooperationen der Pflegekinderdienste mit auswärtigen Pflegekinderdiensten"

Alle interviewten Fachkräfte der 15 an der Erhebung teilnehmenden Pflegekinderdienste (N = 15) geben an, mit Pflegekinderdiensten anderer Städte zu kooperieren. Neben dem Bestreben sich gegenseitig in der Vermittlung von Pflegeverhältnissen zu unterstützen, haben Kooperationen zu Pflegekinderdiensten anderer Städte ferner den Zweck, fachlich relevante Informationen des Pflegekinderwesens auszutauschen. Darüber hinaus betonen die Mitarbeiterinnen und Mitarbeiter aus 10 von 15 Pflegekinderdiensten, dass Kooperationen zu anderen Pflegekinderdiensten zudem gesetzlich festgeschrieben seien. Sie verweisen daher auf § 86 SGB VIII, der die örtliche Zuständigkeit hinsichtlich der Gewährung von Leistungen, so auch für die Hilfe zur Erziehung in Vollzeitpflege gem. § 33 SGB VIII i.V.m. § 27

SGB VIII, nennt. Für die Gewährung von Leistungen nach dem SGB VIII ist jeweils der örtliche Träger zuständig, in dessen Bereich die leiblichen Eltern ihren gewöhnlichen Aufenthalt haben (§ 86 Abs. 1 S. 1 SGB VIII), bzw. der personensorgeberechtigte Elternteil seinen gewöhnlichen Wohnsitz hat, auch wenn ihm Teile der elterlichen Sorge entzogen sind (§ 86 Abs. 2 SGB VIII). Bei einem gemeinsamen Sorgerecht der Eltern gilt § 86 Abs. 2 S. 2 ff. SGB VIII entsprechend.

Für den Fall, dass das örtliche Jugendamt ein Pflegekind in eine Dauer-pflegefamilie unterbringt, die ihren gewöhnlichen Aufenthalt in einer anderen Stadt hat, so würde die Zuständigkeit des bisherigen örtlichen Jugend-amtes und somit auch die des Pflegekinderdienstes gem. § 86 Abs. 6 SGB VIII erst nach zwei Jahren zu dem örtlichen Träger wechseln, in dessen Zuständigkeitsbereich die Pflegefamilie ihren gewöhnlichen Aufenthalt hat. Gleiches gilt für einen Wegzug der Pflegepersonen. Diese Veränderungen im Wechsel der Zuständigkeit erfordern daher zur Vorbereitung der Über-gabe entsprechende Absprachen und Abläufe, wie z.B. die Erstellung eines Abschlussberichtes, dem u.a. Hilfepläne und Gutachten beigegeben wer-den. Auf diese Weise ist eine Zusammenarbeit zwischen dem einstigen örtlichen Träger und seinen Fachkräften des Pflegekinderdienstes und de-nen des künftig zuständigen örtlichen Jugendamtes und des Pflegekinder-dienstes unumgänglich.

3.1.3 Ergebnisse zu „Kooperationen der Pflegekinderdienste mit institutionellen Netzwerken"

Alle interviewten Fachkräfte der verschiedenen Pflegekinderdienste (N = 15) teilen im Interview mit, dass sie mit verschiedenen institutionellen Netzwer-ken kooperieren. Dies sind Einrichtungen in öffentlicher und freier Träger-schaft insbesondere Bildungseinrichtungen (z.B. Kindergärten, Schulen), medizinische und psychologische/psychiatrische Institutionen (z.B. Kinder-arztpraxen, Kinder- und Jugendpsychiatrien), Förder- und Beratungsange-bote (z.B. Erziehungsberatungsstellen, Frühförderung) sowie Einrichtungen der Heimerziehung oder sonstigen betreuten Wohnform gem. § 34 SGB VIII.

Es stellt sich heraus, dass sich die Zusammenarbeit zwischen dem Per-sonal der verschiedenen Pflegekinderdienste und den einzelnen institutio-nellen Netzwerken grundsätzlich am Einzelfall orientiert und sich vorwie-gend auf einen fachlichen Austausch in mündlicher oder schriftlicher Form bezieht, z.B. wenn es darum geht, Auskünfte der entsprechenden Instituti-

on über das Kind, das in ein Pflegeverhältnis vermittelt werden soll, zu erhalten.

Zusätzlich wird von den Fachkräften aus 6 von 15 Pflegekinderdiensten
die Zusammenarbeit mit den Stadtteilbüros/Stadtteilteams und den Ge-
meindehäusern genannt, bei denen die Kooperation jedoch ausschließlich
zur Akquisition von Bewerberinnen und Bewerbern zum Zwecke der Pflegekindervermittlung angedacht wird. Des Weiteren kooperieren die Fachkräfte
der 15 Pflegekinderdienste mit eingetragenen Vereinen der Pflege- und
Adoptivfamilien (z.B. PFAD, dem Bundesverband der Pflege- und Adoptivfamilien e.V., PAN, dem Verband der Pflege- und Adoptivfamilien NRW
e.V. u.a.) sowie mit örtlichen Pflegeelterngruppen und Pflegeeltern-Selbsthilfegruppen. Hierbei bezieht sich laut Aussagen der Fachkräfte die Kooperation neben dem allgemeinen Informationsaustausch aller Beteiligten vor-
rangig auf die Öffentlichkeitsarbeit und Werbung sowie auf eine konstruktive
Zusammenarbeit in der weiteren Qualifizierung des Pflegekinderwesens
(z.B. Einführung und Umsetzung von fachlichen Standards). Das Personal
von 11 Pflegekinderdiensten hält im Durchschnitt einen jährlichen Vortrag
zu einem einschlägigen Thema des Pflegekinderwesens in einem Verein.
Darüber hinaus vermuten die Fachkräfte aus 1/3 (5 von 15) der untersuchten Pflegekinderdienste, dass sie durch die Kooperationen mit den Pflege-
elterngruppen/Pflegeeltern-Selbsthilfegruppen u.Ä. nach der Vermittlung
eines Pflegeverhältnisses wesentlich zur Intensivierung des Kontaktes zur
zuständigen Fachkraft beitragen, der sich generell positiv auf die Zusammenarbeit mit den Pflegepersonen auswirken würde.

3.1.4 Ergebnisse zu „Kontakte des Personals zum Pflegekind"

In allen 15 Pflegekinderdiensten lernen die Fachkräfte die zu vermittelnden
Kinder in 100 % der Fälle vor der Vermittlung in eine Pflegefamilie persönlich kennen, sofern die Kinder vor Ort untergebracht werden.

Die Kontakte zum Kind erfolgen in den seltensten Fällen durch Besuche
in der Herkunftsfamilie, sondern hauptsächlich durch Besuchskontakte in
der Bereitschaftspflegefamilie. Sollten die Kinder und Jugendlichen zum
Zeitpunkt vor der Pflegevermittlung in einer Kinder- und Jugendpsychiatrie,
einer Heimeinrichtung oder in einer sonstigen betreuten Wohnform untergebracht sein, finden Besuche der zuständigen Kontaktperson des Pflegekinderdienstes dort statt. Besuche in der Einrichtung beinhalten Gespräche
mit dem dortigen Fachpersonal und dem Kind. Je nach Alter und Wunsch

des Kindes finden ferner Spielkontakte zwischen der Fachkraft des Pflegekindes und dem Kind statt.

Bei der Unterbringung eines Pflegekindes in einer auswärtigen Stadt
hingegen haben Mitarbeiterinnen und Mitarbeiter aus 1/3 der Einrichtungen
(5 von 15) keinen persönlichen Kontakt zum Kind. Dies wird durch die Auf-
gabenverteilung zwischen dem Allgemeinen Sozialen Dienst und dem Pflegekinderdienst begründet.

3.1.5 Ergebnisse zu „Erfassung der Ressourcen, Verhaltensweisen und des Entwicklungsstandes des Pflegekindes"

Nach den Aussagen der Fachkräfte aller 15 Pflegekinderdienste erfassen
diese die folgenden Aspekte im Bezug auf die Ressourcen, Verhaltensweisen und des Entwicklungsstandes des Kindes:

- aus medizinischen und psychologischen/psychiatrischen Institutionen, Förder- und Beratungseinrichtungen:
  Befundunterlagen, z.B. Berichte, Ergebnisse der Entwicklungsdiagnostik und anderer Diagnostiken, Gutachten, Einträge im Vorsorge-
  untersuchungsheft, sonstige Untersuchungsbefunde
- aus Bildungseinrichtungen:
  Berichte und mündliche Auskünfte der Fachkräfte
- im gerichtlichen Verfahren durch ein psychologisches Gutachten der
  beauftragten Fachkraft
- aus Kinder- und Jugendhilfeeinrichtungen (Einrichtungen der Heimerziehung oder einer sonstigen betreuten Wohnform gem. § 34 SGB
  VIII) und der Bereitschaftspflegefamilie:
  Berichte und Gespräche der Bezugspersonen

Zusätzlich setzen Fachkräfte von 2 Einrichtungen einen standardisierten
Fragebogen („Diagnosebogen"/„Kinderfragebogen") zur Erfassung der Ver-
haltensweisen und des Entwicklungsstandes des Kindes ein, der von der
Bereitschaftspflegefamilie, den Fachkräften der Einrichtung und von den
Fachkräften anderer beteiligter Institutionen in regelmäßigen Abständen
auszufüllen ist. In 3 von 15 Pflegekinderdiensten gehört es derzeit zum
Standard, eine Entwicklungsdiagnostik in einer fachärztlichen Praxis für
Kinder- und Jugendpsychiatrie und -psychotherapie oder in einem Sozial-
pädiatrischen Zentrum von dort aus durchführen zu lassen, wo sich das

Kind zum Zeitpunkt nach der Herausnahme aus seiner Herkunfsfamilie aufhält. Darüber hinaus betonen die Mitarbeiterinnen und Mitarbeiter der 15
Pflegekinderdienste, dass sie aus ihrer Eigenwahrnehmung aus den Besuchskontakten zum Kind ein detailliertes Bild von der Entwicklung und der
Persönlichkeitsstruktur des Kindes erhalten. Erwähnenswert scheint, dass
die Fachkräfte in 6 von 15 Pflegekinderdiensten die Besuche in den Einrichtungen oder in der Bereitschaftspflegefamilie zu zweit durchführen. Des
Weiteren gewinnt das Personal aus 2/3 der Pflegekinderdienste (10 von 15)
zusätzlich Auskünfte über die Kinder aus den Akteninformationen des Allgemeinen Sozialen Dienstes, wenn in der Herkunftsfamilie des zu vermittelnden Kindes bereits Hilfen zur Erziehung gewährt wurden oder werden
(z.b. Sozialpädagogische Familienhilfe gem. § 31 SGB VIII) und ferner Informationen über die im Hilfeplangespräch Beteiligten, sofern sie nicht
selbst mitwirken. Fachkräfte aus 4 Pflegekinderdiensten beziehen Informationen über das Kind, indem sie die leiblichen Eltern oder Kontaktpersonen
der Herkunftsfamilie persönlich befragen.

3.1.6 Ergebnisse zu „Grundprinzipien und Konzepte der verschiedenen Pflegekinderdienste bei Dauerpflegeverhältnissen"

Vorab ist zu erwähnen, dass die von den Fachkräften genannten Grundprinzipien als Leitlinien angedacht sind, die nicht immer in der Praxis der
Pflegekindervermittlung Berücksichtigung finden. Vielmehr wird bei der Vermittlung von Dauerpflegeverhältnissen im Einzelfall entschieden, welchen
Grundprinzipien nachgegangen wird.
Das Personal der 15 Pflegekinderdienste (N = 15) nennt folgende Grundprinzipien ihrer Institution, die für ihre Arbeit mit Pflegekindern und Pflegeeltern im Prozess der Vermittlung und der weiteren Begleitung bedeutend
sind:

- „Das Wohl des Kindes steht im Mittelpunkt der Arbeit des Pflegekinderdienstes" (n = 9).
- „Wir suchen Pflegeeltern für Kinder in schwierigen Lebenslagen und
  nicht Pflegekinder für Pflegeeltern" (n = 12).
- Das Pflegekind sollte nach Möglichkeit jüngstes Kind in der Pflegefamilie sein mit einem natürlichen Altersabstand zum (Pflege-) Geschwisterkind (n = 4).
- nach Möglichkeit getrennte Geschwistervermittlung (n = 5)

- große Wertlegung auf eine gemeinsame Vermittlung von Geschwisterkindern (n = 3)
- keine Befürwortung von Verwandtenpflegeverhältnissen (n = 7)
- Die Pflegefamilie sollte bereits eigene Kinder haben oder anderweitige Erfahrungen mit Kindern gesammelt haben (n = 7).
- Kinder und Jugendliche, für die keine Rückkehroption besteht, sollten in einer Ersatzfamilie aufwachsen mit Minimierung der Kontakte zur Herkunftsfamilie (n = 4).
- Wertlegung auf Dauerpflegeverhältnisse unabhängig von Besuchskontakten zur Herkunftsfamilie (n = 8)
- starke Einbindung der Herkunftsfamilie im gesamten Prozess der Pflegekindervermittlung (n = 5)
- große Wertlegung auf zusätzliche unterstützende erzieherische und therapeutische Hilfen (n = 3)
- Vermittlung in eine Pflegefamilie nur bis zum 10. Lebensjahr des Pflegekindes, danach Unterbringung in einer Heimeinrichtung oder sonstigen Wohnform gem. § 34 SGB VIII (n = 3)
- der Vermittlung in eine Pflegefamilie vorgeschaltete Heimunterbringung bei Kindern ab dem 3. Lebensjahr;
  Kinder unter 3 Jahren werden bis zur Perspektivklärung in Bereitschaftspflegefamilien untergebracht (n = 1).
- Empfehlung einer Adoption bei Pflegekindern in Dauerpflege ohne Rückführoption, sofern dies dem Wohl des Kindes entspricht und realisierbar ist (n = 3)

Letztendlich wird deutlich, dass der Großteil der oben genannten Grundprinzipien auf den beiden im Pflegekinderwesen gängigen Konzepten, dem der Ersatzelternschaft und dem der Ergänzungselternschaft, basiert. Folglich orientieren sich bei einer Unterbringung eines Kindes oder eines Jugendlichen in einem Dauerpflegeverhältnis, bei der erwartungsgemäß keine Rückführoption in die Ursprungsfamilie angedacht ist, die Fachkräfte aus 7 von 15 Pflegekinderdiensten überwiegend am „Konzept der Ersatzelternschaft" und aus 8 Einrichtungen vorwiegend am „Ergänzungselternschafts-Konzept". Das Personal eines Pflegekinderdienstes, das sich auf das Konzept der Ersatzelternschaft stützt, und das Personal einer anderen Einrichtung, das sich am Ergänzungselternschafts-Konzept orientiert, geben zusätzlich an, bindungstheoretisch-orientierte Ansätze in ihrer Arbeit zu berücksichtigen. Die Mitarbeiterinnen und Mitarbeiter, die das Konzept der

Ersatzelternschaft vertreten, betonen ausdrücklich, dass sie eine direkte Zusammenarbeit zwischen Herkunfts- und Pflegeeltern, besonders bei traumatisierten Kindern nicht beüfrworten und den Kontakt zur Ursprungsfamilie
auf ein Minimum reduziert werden, sofern dies rechtlich möglich sei (Entscheidung des Familiengerichtes auf der Grundlage des § 1684 Abs. 4
BGB). Jedoch lassen die Fachkräfte den Herkunftseltern, falls sie dies wünschen, Informationen über ihr Kind zukommen. Das Fachpersonal der Einrichtungen, die das Ergänzungselternschafts-Konzept favorisiert, legt großen Wert auf Besuchskontakte zwischen dem Pflegekind und seiner Ursprungsfamilie. Aus den Interviews mit den Fachkräften wird allerdings
deutlich, dass eine Zuordnung der beiden Konzepte nicht in jedem Fall immer ganz eindeutig ist, so dass das von den Fachkräften der jeweiligen Einrichtung vertretene Konzept der Ergänzungselternschaft vereinzelt auch
Aspekte des Ersatzelternkonzeptes, z.B. getrennte Geschwistervermittlung,
beinhaltet..

3.1.7 Ergebnisse zu „Angebote des Personals der Pflegekinderdienste zur Reflexion der Arbeit und der zur Verfügung stehenden Hilfen in Problemsituationen"

Der Frage nachgehend, ob es für die Mitarbeiterinnen und Mitarbeiter der
Pflegekinderdienste Angebote zur Reflexion ihrer Arbeit und zur Verfügung
stehende Hilfen in Problemsituationen gibt, wird von allen Fachkräften der
15 Pflegekinderdienste bejaht. Genannt werden vom Fachpersonal die folgenden:

Supervisionen
Nach den Auskünften des Personals werden alle Supervisionen von träger-
externen und unabhängigen Supervisorinnen/Supervisoren geleistet, die
sich überwiegend auf die Arbeit am Fall und weniger auf die Zusammenarbeit im Team beziehen. In einem der Pflegekinderdienste werden zusätzlich
Supervisionen im Team angeboten. Von den insgesamt 15 untersuchten
Pflegekinderdiensten werden letztendlich in 9 Pflegekinderdiensten regelmäßig Supervisionen angeboten.

Kollegiale Beratungen
Angebote der kollegialen Beratung werden in 10 der insgesamt 15 Einrichtungen angeboten. Kollegiale Beratungen finden in 9 Pflegekinderdiensten wöchentlich statt, in einem weiteren Pflegekinderdienst 14-tägig.

Fallbesprechungen
Fallbesprechungen sind inhaltlich gleichzusetzen mit Fallteams, Teambesprechungen, Teamsitzungen und Reflexionsteams. Insgesamt stehen diese Angebote den Fachkräften von 14 Pflegekinderdiensten im wöchentlichen Abstand zur Verfügung.

Fortbildungen
Laut Aussagen der Fachkräfte werden interne Fortbildungen in 5 von 15 Pflegekinderdiensten angeboten, die im Durchschnitt ein- bis dreimal jährlich stattfinden. Für die Teilnahme an externen Fortbildungen wird dem Personal von 3 Pflegekinderdiensten ein festes Budget zur Verfügung gestellt, entweder für Fortbildungen oder für Supervisionen eingesetzt wird. Vom Personal von 2 Pflegekinderdiensten wird ausdrücklich darauf hingewiesen, dass auf der gesetzlichen Grundlage des § 85 Abs. 2 Nr. 8 SGB VIII die überörtlichen Träger, hier die Landesjugendämter des Landschaftsverbandes Westfalen-Lippe und des Rheinlands, für die Fortbildung des Personals der öffentlichen Jugendhilfe sachlich zuständig seien und ferner die Träger der öffentlichen Jugendhilfe Fortbildungen des Personals sicherzustellen haben (§ 72 Abs. 3 SGB VIII).
Für alle unterstützenden Angebote stehen den Teams durchschnittlich maximal 12 Stunden im Monat zur Verfügung.

3.2 Auswertung Teil II:
Vorbereitung der Pflegeeltern im Bewerbungsverfahren für ein Pflegeverhältnis

Zu Beginn werden die Ergebnisse hinsichtlich der Instrumente, die zur Eignungsüberprüfung im Bewerbungsverfahren von den Fachkräften im Pflegekinderdienst eingesetzt werden, präsentiert. Hierbei werden weitere Eignungskriterien, die für die Auswahl von Pflegepersonen eine bedeutende Rolle spielen, in die Entscheidung mit einbezogen. Folglich werden verschiedene Angebote zur Vorbereitung und die Auswertung des Überprüfungsverfahrens für ein Pflegeverhältnis näher beschrieben.

3.2.1 Ergebnisse zu „Instrumente der Eignungsüberprüfung"
Durch die Instrumente, die zur Eignungsfeststellung von sich bewerbenden Pflegeeltern eingesetzt werden, werden sowohl persönliche (familiäre), pä-

dagogische, psychische als auch ökonomische Voraussetzungen der Bewerberinnen und Bewerber durch das Personal des Pflegekinderdienstes überprüft, um weitgehend festzustellen, ob sie grundsätzlich für ein Pflegeverhältnis in Betracht kommen und falls ja, für welche Pflegeform sie geeignet erscheinen.

Im Folgenden werden Instrumente und Formalitäten aufgeführt, die von den Fachkräften aller an der Erhebung teilnehmenden Einrichtungen (N = 15) zur Eignungsüberprüfung potentieller Pflegeeltern eingesetzt und verlangt werden. Zu nennen sind

- das Erstgespräch und nachfolgende Einzelgespräche,
- der Bewerberinnen- und Bewerberfragebogen,
- der biografische Lebenslauf (Lebensbeschreibung) anhand eines Leitfadens
- und mindestens ein Hausbesuch.

Des Weiteren verlangen die Fachkräfte der 15 Pflegekinderdienste von allen sich bewerbenden Pflegepersonen und aller im Haushalt lebenden volljährigen Personen ein aktuelles behördliches (polizeiliches) Führungszeugnis.

Außerdem müssen dem Personal aus allen 15 Einrichtungen Geburtsurkunden und eine Meldebescheinigung aller der zum Haushalt gehörenden Personen vorgelegt werden.

Ebenso wird das Einreichen eines hausärztlichen Attestes in allen Pflegekinderdiensten vorgeschrieben. Aus dem Attest muss hervorgehen, dass die potentiellen Pflegepersonen frei von übertragbaren, lebensverkürzenden, psychischen und sonstigen chronischen Erkrankungen einschließlich Suchterkrankungen sind. Da gelegentlich Gefälligkeitsdienste bei der Ausstellung des Attestes durch die Hausärztin/den Hausarzt vermutet werden, z.B. bei jahrelanger ungewollter Kinderlosigkeit, wird laut Aussagen der Fachkräfte in 7 Einrichtungen angedacht, das hausärztliche Attest zukünftig durch ein amtsärztliches Gutachten (amtsärztliches Gesundheitszeugnis) vom Gesundheitsamt ersetzen zu lassen.

In 14 von 15 Pflegekinderdiensten verlangt das Personal Einkommensnachweise zur Überprüfung der wirtschaftlichen Situation. Eine Schufa-Auskunft hingegen muss den Fachkräften lediglich in 2 Pflegekinderdiensten vorgelegt werden. Eine gültige und unbefristete Aufenthaltserlaubnis von

Bewerberinnen und Bewerbern mit Migrationshintergrund mit der Staatsan-gehörigkeit eines Mitgliedsstaates außerhalb der Europäischen Union und des Europäischen Wirtschaftsraumes wird nur in einer Einrichtung einer Großstadt vorgeschrieben.

Überdies verlangen die Fachkräfte aus 13 Pflegekinderdiensten die Teil-nahme an einem Vorbereitungskurs, das Personal aus 2 Einrichtungen empfiehlt das Vorbereitungsseminar, schreibt es aber nicht zwingend vor. Als Alternative werden die Inhalte des Seminars jedoch in Einzelgesprä-chen bearbeitet.

3.2.2 Ergebnisse zu „Signifikante Eignungskriterien für die Auswahl von Pflegepersonen"

Abgesehen von den Instrumenten, die formale Vorschriften in den Pflege-kinderdiensten erfüllen, erhalten die Fachkräfte durch die bereits genannten Instrumente (Erstgespräch, Einzelgespräche, Bewerbungsfragebogen, Le-benslauf/Lebensbeschreibung, Hausbesuch) zusätzliche Informationen hin-sichtlich individueller Eignungskriterien, Kompetenzen und Ressourcen der Bewerberinnen und Bewerber. Laut Aussagen des Personals der 15 Ein-richtungen seien Eignungskriterien demnach eine zusätzliche Hilfe für die Eignungsüberprüfung, wenngleich die Gesamt-Auswertung der verschiede-nen Kriterien einzelfallbezogen erfolgen sollte. Letztendlich müsse laut Aus-sagen der Fachkräfte aus 12 Einrichtungen die Kombination der Eignungs-kriterien stimmig sein. Die im Folgenden ermittelten Eignungskriterien sind in Tabelle 1 in Kategorien zusammengefasst und stellen eine Auswahl an Kriterien zur Überprüfung der Eignung der potentiellen Pflegepersonen dar, die für das Personal der 15 Einrichtungen eine bedeutende Rolle spielen.

Tabelle 1: Häufigkeit relevanter Eignungskriterien für die Auswahl von Bewerberinnen/Bewerbern in den 15 Pflegekinderdiensten

Eignungskriterien	Anzahl der PKD N = 15
Persönlichkeitsfaktoren	
authentisches Selbstkonzept	n = 4
Bereitschaft zur Teilnahme an Fortbildungen	n = 13
eigenes sicheres Bindungsverhalten	n = 4
Empathie, Geduld, Humor, Belastbarkeit	n = 7
günstige Biografie	n = 4
Offenheit in der Lebenseinstellung	n = 8
Kooperationsbereitschaft mit der Herkunftsfamilie	n = 8
Kooperationsbereitschaft mit den Fachkräften des Pflegekinderdienstes und anderen Institutionen	n = 15
Konfliktfähigkeit	n = 5
Reflexionsfähigkeit	n = 6
Stabilität in der Persönlichkeit	n = 6
allgemeine Wertschätzung Pflegekindern und ihren Herkunftsfamilien gegenüber	n = 9
Soziale Lebensumstände	
Straffreiheit	n = 15
familiäre Konstellationen (z.B. Familienstand)	n = 3
Stabilität in der Partnerschaft	n = 14
Erziehungserfahrenheit durch eigene Elternschaft oder pädagogische Qualifizierung (nicht gefordert bei der Vermittlung von Säuglingen)	n = 4
ausreichender Wohnraum	n = 15
Individuelle Kriterien	
Alter	n = 10
Staatsangehörigkeit	n = 3
Konfession	n = 6
Günstige Motivation	
soziale Kriterien/soziales Engagement, z.B. Freude am Zusammenleben mit Kindern und Jugendlichen und deren Entwicklung oder Wunsch der Begleitung und Unterstützung eines Kindes auf seinem zukünftigen Weg (Helferkonzept)	n = 15
ungewollte Kinderlosigkeit bei Alleinstehenden oder gleichgeschlechtlichen Paaren (Ersatzelternkonzept)	n = 9
als Alternative zu einer Adoption	n = 7
zur Ergänzung der eigenen Familie	n = 9
Bewerberinnen oder Bewerber waren selbst Pflegekind oder sind mit einem Pflegegeschwisterkind aufgewachsen	n = 4

Anmerkung. PKD = Pflegekinderdienst.

Den in Tabelle 1 genannten individuellen Kriterien ist Folgendes hinzu-
zufügen.

Alter
Dem Alter der Pflegeperson/-en wird insofern eine besondere Bedeutung
beigemessen, als dass der Altersunterschied zwischen den Pflegeeltern
bzw. der Pflegeperson und dem Pflegekind nach Möglichkeit dem eines
natürlichen Eltern-Kind-Verhältnisses entsprechen sollte. Das Personal aus
5 von 15 Pflegekinderdiensten betont, dass Pflegepersonen vom biologischen Alter her eher Eltern statt Großeltern sein sollten. In weiteren 5 Einrichtungen ist eine Vermittlung eines Säuglings grundsätzlich bis zur Vollendung des 40. Lebensjahres möglich.

Staatsangehörigkeit
Die Staatsangehörigkeit der potentiellen Pflegepersonen spielt besonders
dann eine bedeutende Rolle, wenn Pflegekinder mit Migrationshintergrund
in Pflegefamilien untergebracht werden. Laut Aussagen der Fachkräfte aus
3 von 15 Einrichtungen sollten Pflegekinder grundsätzlich bei Pflegepersonen untergebracht werden, die demselben Kulturkreis angehören.

Konfession
In 6 Einrichtungen werden keine Pflegekinder an Personen vermittelt, die
den „neuen religiösen Bewegungen" angehören, z.B. Zeugen Jehovas. Laut
Aussagen der Fachkräfte seien der Glaube und die Lebenseinstellung nicht
mit dem Wohl des Pflegekindes zu vereinbaren.
    Die Frage, welche Motivationen von Pflegeeltern eine gute Vorausset-
zung für eine erfolgreiche Vermittlung eines Pflegekindes seien, kann von
allen Fachkräften nicht ausreichend beantwortet werden, da eine erfolgreiche Vermittlung eines Pflegeverhältnisses von mehreren Faktoren, Kriterien, Umständen etc. abhänge und nicht ausschließlich von der Motivation.
Die von den Mitarbeiterinnen und Mitarbeitern genannten und ihnen günstig
erscheinenden Motivationen sind in Tabelle 2 mit aufgeführt.

*3.2.3 Ergebnisse zu „Vorbereitungsangebote für Bewerberinnen und
        Bewerber"*

Den Bewerberinnen und Bewerbern, die sich für die Aufnahme eines Pflegekindes in Vollzeitpflege interessieren, stehen verschiedene Angebote zur
Vorbereitung auf ein Dauerpflegeverhältnis zur Verfügung.

Erstgespräch und Einzelgespräche

In allen 15 Pflegekinderdiensten bieten die Fachkräfte den Bewerberinnen und Bewerbern ein unverbindliches Erstgespräch und wenn weiterhin Interesse an der Aufnahme eines Pflegekindes besteht, darauf folgende Einzelgespräche an. Die Inhalte und der Verlauf des Erstgesprächs und der Einzelgespräche ähneln sich in allen Einrichtungen und sind demnach laut Aussagen des Personals nahezu standardisiert. Die wesentlichen Aspekte werden im Folgenden erläutert.

Im Erstgespräch, das dem ersten gegenseitigen Kennenlernen dient, werden u.a. gesetzliche Rahmenbedingungen der Vollzeitpflege sowie grundlegende Bedingungen für die Aufnahme eines Pflegekindes und der weitere Ablauf des Bewerbungsverfahrens einschließlich der formalen Voraussetzungen besprochen. Demzufolge werden den Bewerberinnen und Bewerbern im Erstgespräch Formulare ausgehändigt, z.B. der Bewerbungsfragebogen und der Leitfaden für den biografischen Lebenslauf/die Lebensgeschichte.

In den Einzelgesprächen wird der Frage nachgegangen, welche individuellen Motivationsklärungen und welche Erwartungshaltung die Pflegepersonen für die Aufnahme eines Pflegekindes an ein Pflegekind haben. Des Weiteren werden rechtliche und wirtschaftliche Fragen seitens der Bewerberinnen und Bewerber geklärt und individuelle Anliegen hinsichtlich der Pflegekindervermittlung besprochen.

Ferner werden auch einige Aspekte des im Vorfeld von den potentiellen Pflegepersonen zu bearbeitenden Bewerbungsfragebogens sowie des biografischen Lebenslaufes/der Lebensbeschreibung von den Fachkräften aufgegriffen und mit den Bewerberinnen und Bewerbern diskutiert, z.B.

- Kindheitserfahrungen der Bewerberinnen und Bewerber,
- die Einstellung zum Leben mit Kindern,
- Vorstellung von der Kindererziehung,
- sonstige Wertvorstellungen,
- Erziehungserfahrenheit,
- Persönlichkeitsfaktoren,
- Stabilität in der Partnerschaft
- u.a.

Darüber hinaus wird in den Einzelgesprächen die Genogrammarbeit als Methode für eine Profilerstellung der sich bewerbenden Pflegepersonen in 11 von 15 Pflegekinderdiensten eingesetzt.

Die Anzahl der Einzelgespräche im Bewerbungsverfahren sind nicht festgeschrieben, sondern richtet sich vielmehr an den individuellen Bedarf der Bewerberinnen und Bewerber. Im Laufe der Eignungsfeststellung werden in 8 von 15 Pflegekinderdiensten durchschnittlich 5 bis 8 Einzelgespräche mit den Bewerberinnen und Bewerbern geführt, in 7 Einrichtungen hingegen sind es durchschnittlich 3 bis 5.

Vorbereitungskurse

Vorbereitungskurse sind eine Voraussetzung für den weiteren Prozess der Pflegekindervermittlung. In zwei Einrichtungen können Kursinhalte auch in Einzelgesprächen vermittelt werden.

Ein Sonderfall stellt die Verwandtenpflege dar. Hier schreiben die Fachkräfte aus 7 Pflegekinderdiensten den Verwandten generell keine Teilnahme vor, wobei hier die Fachkräfte aus einer Einrichtung die Themen des Kurses in Einzelgesprächen mit den Verwandten des Pflegekindes bearbeiten.

In 11 von 15 Pflegekinderdiensten werden die Vorbereitungskurse intern von den Fachkräften des Pflegekinderdienstes angeboten, wobei das Personal von 2 Pflegekinderdiensten von Städten mit geringerer Einwohnerzahl das Seminar mit zwei weiteren Einrichtungen, die nicht an der Erhebung teilnehmen, gemeinsam anbieten. In 4 Pflegekinderdiensten kooperieren die Fachkräfte mit externen Institutionen. So finden die Vorbereitungskurse von 3 Pflegekinderdiensten in einer Familienbildungsstätte, einer staatlich anerkannten Einrichtung der Erwachsenenbildung in Trägerschaft der Katholischen Kirche und von einem Pflegekinderdienst im Sozialdienst Katholischer Frauen e.V., einem Fachverband der Caritas, statt. Kosten für das Vorbereitungsseminar entstehen den Bewerberinnen und Bewerbern nur in der Familienbildungsstätte.

Die Vorbereitungsseminare haben in den verschiedenen Pflegekinderdiensten und externen Einrichtungen einen zeitlichen Umfang zwischen 9 und 24 Zeitstunden. In 11 von 15 Einrichtungen beträgt der zeitliche Umfang zwischen 15 und 18 Zeitstunden, wobei hier die beiden externen Anbieter miteinbezogen sind. In weiteren 3 Einrichtungen liegt das zeitliche

Ausmaß zwischen 21 und 24 Zeitstunden und in einer Einrichtung einer Großstadt sind lediglich 9 Zeitstunden für den Vorbereitungskurs angesetzt. Die wesentlichen Inhalte der Vorbereitungskurse, die von den Fachkräften explizit genannt werden, sind aus Tabelle 32 zu entnehmen.

Tabelle 2: Inhalte der Vorbereitungskurse und die Anzahl der genannten Häufigkeit des Personals der 15 Pflegekinderdienste inkl. externer Anbieter

Inhalte	Anzahl der PKD N = 15
rechtliche Grundlagen	n = 15
Eltern-Kind-Beziehung	n = 7
Bindungstheorie nach Bowlby	n = 6
Integrationstheorie nach Nienstedt/Westermann	n = 10
Erfahrungen, Verhaltensweisen, Entwicklungsstörungen, Traumatisierungen von Pflegekindern	n = 7
Ansätze aus dem Feinfühligkeitstraining	n = 3
Selbsterfahrungseinheiten (Biografiearbeit, Familienaufstellungen, Phantasiearbeit, Auseinandersetzung mit eigenen Wertvorstellungen etc.)	n = 6
Austausch mit Pflegeeltern/-personen	n = 15

Anmerkung. PKD = Pflegekinderdienst.

Wie in Tabelle 2 zu sehen ist, werden demnach rechtliche Grundlagen und der Austausch mit Pflegeeltern am häufigsten von den Fachkräften genannt. Einen weiteren Schwerpunkt im Vorbereitungskurs stellt die Integrationstheorie dar. Feinfühligkeitstraining wird von den Fachkräften lediglich vereinzelt thematisiert. Nach Beendigung des Vorbereitungsseminars erhalten die Teilnehmerinnen und Teilnehmer von den externen Anbietern eine Teilnahmebescheinigung über den erfolgreichen Abschluss des Seminars. Auf Wunsch wird diese auch in den 11 Pflegekinderdiensten, die die Kurse intern anbieten, ausgestellt. Sie dient als Nachweis des Vorbereitungsseminars, so dass sich Bewerberinnen und Bewerber auf Eigeninitiative an andere Pflegekinderdienste wenden können und dort nicht erneut an einem Vorbereitungskurs teilnehmen müssen.

3.2.4 Ergebnisse zu „Ablauf und Auswertung des Bewerbungsverfahrens"

In allen 15 Pflegekinderdiensten ist der Ablauf des Bewerbungsverfahrens ähnlich. Generell können die Bewerberinnen und Bewerber in allen 15 Einrichtungen unmittelbar nach dem Erstgespräch bzw. mit der Abgabe der formalen Bewerbungsunterlagen am Vorbereitungskurs teilnehmen und die verschiedenen Angebote der Einrichtungen zur weiteren Vorbereitung nutzen.

Die Auswertung (siehe Abb. 2) des gesamten Bewerbungsverfahrens an sich bezieht sich sowohl auf die formalen Bewerbungsunterlagen als auch auf die individuellen Eignungskriterien und Ressourcen sowie die persönlichen Voraussetzungen der Bewerberinnen und Bewerber. Des Weiteren berichten die Fachkräfte der 15 Einrichtungen, dass das Verhalten der Bewerberinnen und Bewerber im gesamten Prozess des Bewerbungsverfahrens durchaus ein wichtiges Kriterium zur Eignungsüberprüfung sei. Deshalb werden nicht nur beträchtliche Fehlzeiten, sondern auch auffallend negative Verhaltensweisen (z.B. Aggressivität der Bewerberinnen und Bewerber) den Fachkräften und/oder anderen Bewerberinnen und Bewerbern gegenüber in die Auswertung mit einbezogen. Von den Fachkräften der 4 Einrichtungen, deren Bewerbungsschulung bei externen Anbietern stattfindet, geben lediglich die Fachkräfte von 2 Pflegekinderdiensten an, dass sie sich grundsätzlich eine Rückmeldung beim Personal einholen. In den anderen 2 Pflegekinderdiensten erfolgt eine Rückmeldung ausschließlich seitens der externen Institutionen lediglich bei Beanstandungen und Fehlzeiten.

Am Ende des Bewerbungsverfahrens fertigen die zuständigen Fachkräfte aus 8 Einrichtungen einen „Sozialbericht" (Eignungsbericht) der Pflegeperson/-en an, der u.a. wichtige Details hinsichtlich der Eignung und Anmerkungen aus den Einzelgesprächen enthält. Überdies geben die Fachkräfte aus 5 von 15 Einrichtungen an, ihre Auswertung mit dem Gesamtteam des Pflegekinderdienstes zu besprechen, bevor sie den Pflegepersonen die Entscheidung ihrer Eignung als Pflegeperson in einem Abschlussgespräch mitteilen. Sofern keine gravierenden Ausschlussgründe für ein Pflegeverhältnis bestehen, wird den Bewerberinnen und Bewerbern schließlich eine Zusage hinsichtlich ihrer Eignung als Pflegeperson/-en erteilt. Die Fachkräfte aus 6 von 15 Einrichtungen betonen, dass die Pflegepersonen dennoch keinen rechtmäßigen Anspruch auf die Vermittlung eines Pflegekindes haben. Auf ausdrücklichen Wunsch stellen die Fachkräfte jedoch eine Bescheinigung aus, aus der ihre Eignung als Pflegeperson hervorgeht, so dass sie die Möglichkeit haben, sich bei anderen Pflegekinderdiensten und/oder freien Trägern zu bewerben.

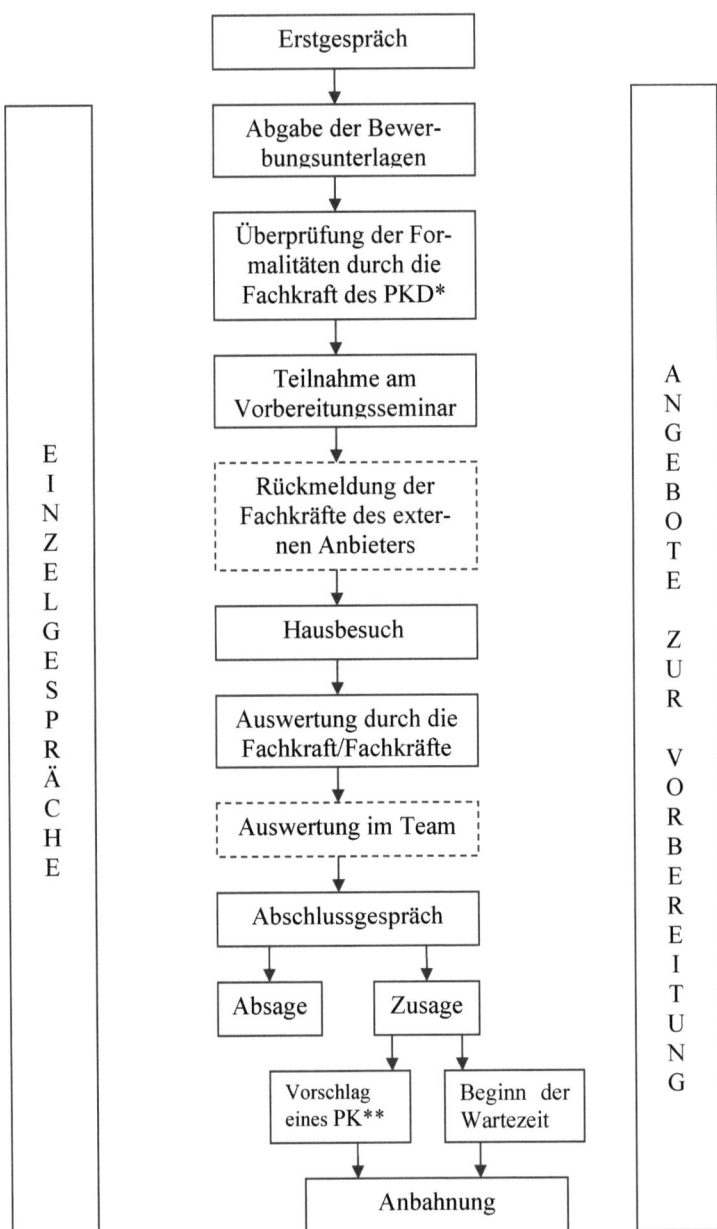

Abbildung 2: Modell 1 zur Darstellung des Ablaufs des Bewerbungsverfahrens

Anmerkungen. *PKD = Pflegekinderdienst; ** PK = Pflegekind

3.2.5 Ergebnisse zu „Ausschlussgründe für ein Pflegeverhältnis"

Die folgenden Ergebnisse ergeben sich bereits aus den bisher genannten Kriterien. Deshalb werden im Folgenden die von allen Jugendämtern genannten Ausschlusskriterien für ein Pflegeverhältnis nur noch kurz benannt:

- gravierende Einträge im Führungszeugnis (einschlägige Vorstrafen, z.b. Verurteilung wegen eines Sexualdeliktes, Gewaltverbrechen u.a.),
- Feststellung von gesundheitlichen starken Einschränkungen im hausärztlichen Attest,
- zweifelhafte Formalitäten, z.b. unklare oder falsche Angaben in den Bewerbungsunterlagen,
- unzureichende Kooperation mit den Fachkräften des Pflegekinderdienstes im gesamten Bewerbungsverfahren,
- auffallend negative Verhaltensweisen den Fachkräften des Pflegekinderdienstes oder anderen Bewerberinnen und Bewerbern gegenüber,
- hohe Fehlzeiten im Vorbereitungsseminar,
- ungenügende bzw. nicht glaubhafte Motivation der Bewerberinnen und Bewerber,
- beengte Wohnverhältnisse,
- mangelnde wirtschaftliche Verhältnisse bzw. erhebliche finanzielle Unsicherheiten.

Weitere Ausschlussgründe, die nicht von allen Pflegekinderdiensten genannt wurden sind u.a.:

- ein zu hohes biologisches Alter der Pflegeperson/-en (n = 10),
- eine Unbeständigkeit in der Beziehung durch mehrmalige Heirat oder häufig wechselnde Beziehungspartnerinnen/-partner (n = 14),
- eine Unflexibilität in der Lebensweise, z.B. wenn beide Pflegepersonen weiterhin voll berufstätig sein möchten (n = 5),
- nicht verarbeitete eigene Kindheitserfahrungen oder rigide Vorstellungen von der Kindererziehung (n = 6),

- die Religionszugehörigkeit der Zeugen Jehovas oder anderer neu-religiöser Bewegungen (z.b. Scientology Church u.a.) (n=6),
- der Sorgerechtsentzug eines leiblichen Kindes (n=3),
- eine aktuell in Anspruch genommene Hilfe zur Erziehung (§§ 27 ff. SGB VIII) für die eigene Familie (n=4).

3.3 Auswertung Teil III:
Anbahnung des Pflegeverhältnisses

In den folgenden Kapiteln werden einzelne Aspekte in der Zeit der Anbah-nung eines Dauerpflegeverhältnisses ausgewertet, die für den Prozess der Anbahnung zwischen dem Pflegekind und seinen potentiellen Pflegeeltern bzw. seiner Pflegeperson und für die Entscheidung der zuständigen Fach-kräfte des Pflegekinderdienstes sowie für den gesamten weiteren Verlauf der Vermittlung von Bedeutung sind.

3.3.1 Ergebnisse zu „zeitlicher Umfang der Anbahnung"

Alle Fachkräfte der an der Erhebung teilnehmenden Pflegekinderdienste (N = 15) betonen, dass der zeitliche Umfang der Anbahnung von mehreren Faktoren und Gegebenheiten abhänge und daher das zeitliche Ausmaß der Anbahnung stets im Einzelfall zu betrachten sei. Genannt werden sowohl Einflüsse aus Sicht des zu vermittelnden Pflegekindes (Alter, Bindungen, Dauer der derzeit auswärtigen Unterbringung u.a.) als auch Stellungnah-men der Bereitschaftspflegefamilie und der Fachkräfte der jeweiligen Insti-tution, in der das Pflegekind zum Zeitpunkt der Anbahnung untergebracht ist. Das jeweilige Konzept der Fachkräfte der einzelnen Pflegekinderdienste findet ebenfalls Berücksichtigung in der Entscheidung des zeitlichen Um-fangs.

Laut Aussagen der Fachkräfte der 15 Pflegekinderdienste sind das Alter des Pflegekindes und die Dauer der Unterbringung in der Bereitschaftspfle-gefamilie bzw. in der Heimeinrichtung oder Kinder- und Jugendpsychiatrie bedeutsam für den zeitlichen Umfang der Anbahnung. Das Alter spielt inso-fern eine wichtige Rolle, als dass sich die Anbahnungszeit, vorwiegend ab dem Kleinkindalter bis zur Pubertät, an das individuelle „Tempo" des Pfle-gekindes richtet. Pflegekinder werden unter Berücksichtigung ihres Alters und ihres Entwicklungsstandes in den Prozess der Anbahnung mit einbe-zogen, indem sie zum gegebenen Zeitpunkt von den Fachkräften persön-

lich befragt werden, ob sie sich generell vorstellen können, bei den potentiellen Pflegeeltern zu leben und falls ja, welche Zeitspanne sie sich bis
zum Einzug in ihr neues Zuhause wünschen.
Des Weiteren sind die erlebten Bindungen des Pflegekindes an die Bereitschaftspflegefamilie bzw. an das Fachpersonal der Heimeinrichtung
oder der Kinder- und Jugendpsychiatrie für die Fachkräfte der 15 Pflegekinderdienste ausschlaggebend für den zeitlichen Umfang der Anbahnung.
Das Personal aus 8 von 15 Pflegekinderdiensten gibt an, dass das zeitliche Ausmaß der Anbahnung in Heimeinrichtungen und in Bereitschaftspflegefamilien im Durchschnitt ca. 10 bis 12 Wochen betrage mit insgesamt
bis zu 20 einzelnen Kontakten zwischen dem Pflegekind, den potentiellen
Pflegeeltern, den Fachkräften der Einrichtung oder der Bereitschaftspflegefamilie. Laut Aussagen der Fachkräfte aus 3 Pflegekinderdiensten plädiere
das Personal der Heimeinrichtungen oftmals sogar für eine noch längere
Anbahnungszeit von circa 16 Wochen und mehr. Fachkräfte aus 3 der obig
erwähnten 12 Pflegekinderdienste stellen hierbei die Hypothese auf, dass
längere Anbahnungszeiten vielmehr mit gesicherten Tagessätzen in den
Heimeinrichtungen zu tun hätten als mit Bindungen.
In weiteren 6 Pflegekinderdiensten beträgt der durchschnittliche Anbahnungszeitraum 6 bis 8 Wochen mit durchschnittlich insgesamt ca. 8 bis 10
Besuchen.
In einem Pflegekinderdienst hingegen sind für die Anbahnungszeit ca. 3 bis
4 Wochen angedacht, unabhängig davon, ob das Pflegekind in einer Bereitschaftspflegefamilie oder in einer Heimeinrichtung oder sonstigen
Wohnform untergebracht ist.
Das zeitliche Ausmaß der Anbahnung bei Säuglingen, die in einer Bereitschaftspflegefamilie untergebracht sind, liegt in 5 Pflegekinderdiensten
durchschnittlich bei 2 bis 3 Tagen, in den anderen 10 Pflegekinderdiensten
zumeist bei 1 bis 2 Wochen. Insgesamt vertreten die Fachkräfte aus 6 Pflegekinderdiensten die Meinung, dass, je jünger das zu vermittelnde Pflegekind sei, desto kürzer auch das zeitliche Ausmaß der Anbahnung sein sollte.

3.3.2 Ergebnisse zu „Verlauf der Anbahnung"

Insgesamt verläuft die Anbahnung in allen Einrichtungen stets individuell
nach gemeinsam getroffenen Absprachen der zuständigen Fachkräfte des
Pflegekinderdienstes, der Bereitschaftspflegefamilie, dem Personal der

Heimeinrichtung oder der Kinder- und Jugendpsychiatrie sowie den potentiellen Pflegeeltern und, je nach Alter und Entwicklungsstand, mit dem Pflegekind.

Die ersten Kontaktanbahnungen werden in den 15 Pflegekinderdiensten
durch die Fachkräfte begleitet. In 8 von 15 Pflegekinderdiensten werden
dabei Besuchskontakte der potentiellen Pflegepersonen zum Pflegekind
generell zu zweit durchgeführt, in 3 Einrichtungen nach Möglichkeit zu zweit
und in weiteren 4 Einrichtungen werden sie von einer Fachkraft begleitet.
Auf Wunsch erhalten sie auch bei weiteren Besuchen Unterstützung. Sofern das Pflegekind zu einem späteren Zeitpunkt der Anbahnung zu Besuch
bei der Pflegefamilie ist, finden Besuche seitens der Fachkräfte in 7 Einrichtungen auch im Haushalt der Pflegepersonen statt.

Die Anbahnung eines Pflegeverhältnisses sollte laut Aussagen der
Fachkräfte der 15 Einrichtungen für das Pflegekind so behutsam wie möglich vorgenommen werden und erfolgt daher schrittweise nach dem „Tempo" und den Bedürfnissen des Kindes. In den 15 Pflegekinderdiensten findet zu Beginn der Anbahnung ein erstes Kennenlernen der Pflegeeltern mit
der Bereitschaftspflegefamilie bzw. den Fachkräften der Heimeinrichtung
oder dem Personal der Kinder- und Jugendpsychiatrie in den Räumlichkeiten des Pflegekinderdienstes statt. Das zu vermittelnde Pflegekind ist in
diesem Vorgespräch in 9 von 15 Einrichtungen nicht anwesend, in dem
schließlich weiteren Absprachen bzgl. der weiteren Vorgehensweise der
ersten Besuchskontakte vereinbart werden.

Fachkräfte aus 9 Einrichtungen befürworten, dass beim ersten Kontakt
die Pflegeperson/-en dem Kind nicht als solche vorgestellt werden, sondern
als Besuch angekündigt werden sollten. Je nach Verlauf des Besuchs und
Sympathie der Anbahnenden folgen weitere Besuchskontakte in der ver-
trauten Umgebung des Pflegekindes. Um eine denkbare negative Beein-
flussung der leiblichen Eltern zu verhindern und Loyalitätskonflikte für das
Kind weitgehend zu vermeiden, werden im gesamten Anbahnungsprozess
Besuchskontakte zu den Herkunftseltern in 13 von 15 Pflegekinderdiensten
nach Möglichkeit ausgesetzt.

Die Reihenfolge der Kontakte zwischen den Pflegepersonen und dem Pflegekind sind nach erfolgtem Vorgespräch in allen 15 Pflegekinderdiensten
ähnlich:

1. mehrere Besuche mit Spielkontakten im Haushalt der Bereitschafts-pflegefamilie bzw. in den Räumlichkeiten der jeweiligen Einrichtung oder, eher seltener, im Pflegekinderdienst
2. Probekontakt/-e auswärts in Form einer Aktivität (z.b. Tierpark, Spielplatz)
3. Besuche des Pflegekindes in der Pflegefamilie, anfangs mit der Bereitschaftspflegefamilie/den Fachkräften der jeweiligen Einrichtung oder/und mit der Fachkraft des Pflegekinderdienstes
4. Übernachtung/-en des Pflegekindes in der Pflegefamilie
5. Auswertungsgespräch mit den Fachkräften des Pflegekinderdienstes und den Pflegeeltern
6. Phase der Verabschiedung des Pflegekindes aus der Bereitschafts-pflegefamilie, der Heimeinrichtung oder der Kinder- und Jugendpsychiatrie
7. Einzug des Pflegekindes in das neue Zuhause.

Bei Säuglingen hingegen unterscheidet sich der Verlauf der Anbahnung in den 15 Pflegekinderdiensten schon aufgrund der weitaus kürzeren Anbahnungszeit.

Erst wenn sich die Pflegepersonen wirklich sicher sind, mit dem Pflegekind in ihrer Familie auf Dauer leben zu wollen, und die Fachkräfte des Pflegekinderdienstes zu einem positiven Ergebnis in ihrer Auswertung kommen und sich eine Zusammenarbeit mit den Pflegepersonen vorstellen können, kann eine Vermittlung des Pflegekindes in die Pflegefamilie erfolgen.

3.3.3 Ergebnisse zu „Informationsgehalt"

Alle Fachkräfte der 15 Pflegekinderdienste geben an, dass grundsätzlich alle Pflegeeltern bereits in der Anbahnung sämtliche dem Personal zur Verfügung stehenden Informationen aus der Biografie des zu vermittelnden Pflegekindes und seiner Herkunftsfamilie erhalten.

Diese Informationen beinhalten

- Berichte über seine Herkunft,
- Auskünfte über den bisherigen Werdegang des Pflegekindes,
- mögliche von der Herkunftsfamilie in Anspruch genommene Leistungen gem. §§ 28-35 SGB VIII i.V.m. § 27 SGB VIII,

- Befunde über seine Entwicklungsbedürfnisse, mögliche traumatische Erfahrungen oder Erkrankungen, sonstige Beeinträchtigungen sowie
- Angaben über die Perspektive des Pflegekindes (Entscheidung aus dem Hilfeplangespräch)
- u.a.

3.3.4 Ergebnisse zu „Die Bedeutung von Bindung"

Das Fachpersonal der 15 verschiedenen Pflegekinderdienste berichtet, dass Bindungen aus der Herkunftsfamilie des Pflegekindes insofern bei der Vermittlung in eine Pflegefamilie eine tragende Rolle spielen, als dass in der deutschen Rechtsprechung der gegenseitige Umgang, unabhängig der Intensität der erfahrenen Bindungen eines jeden Kindes, vorgeschrieben wird und die Fachkräfte sich an die Entscheidung des Familiengerichtes zu halten haben.

Gemäß § 1684 Abs. 1 BGB hat nicht nur jedes Kind – so auch das Pflegekind – ein Recht auf Kontakt mit seinen Eltern, sondern ferner sind Eltern zum Umgang mit ihrem Kind berechtigt und verpflichtet. Allerdings ist das Familiengericht gem. § 1684 Abs. 4 BGB auf der Grundlage von § 1684 Abs. 2 und 3 befugt, Umgangskontakte zu den leiblichen Elternteilen einzuschränken und allenfalls auszuschließen, falls das Wohl des Kindes dadurch gefährdet sei.

In 13 von 15 Einrichtungen finden Besuchskontakte zu den Herkunftseltern stets in den Räumlichkeiten des Pflegekinderdienstes, zumeist in einem eingerichteten Spielzimmer, statt. Fachkräfte aus 2 Pflegekinderdiensten überlassen es der Bereitschaftspflegefamilie/den Fachkräften der jeweiligen Institution, in der das Pflegekind derzeit untergebracht ist oder der Pflegefamilie, ob die Kontakte zwischen den leiblichen Eltern und ihrem Kind im Pflegekinderdienst stattfinden oder an einem anderen neutralen Ort (z.B. Spielplatz, Tierpark).

In 13 Pflegekinderdiensten werden die Besuchskontakte stets durch das Personal des Pflegekinderdienstes betreut, in den anderen beiden Einrichtungen besteht das Angebot, stellt aber keine Bedingung dar.

Unabhängig des vorwiegend vertretenen Konzeptes der jeweiligen Einrichtung, dem „Konzept der Ergänzungselternschaft" oder dem Konzept der „Ersatzelternschaft" und der gesetzlichen Besuchsregelung, geben Fachkräfte aus 8 Einrichtungen an, dass Bindungen grundsätzlich dann zu berücksichtigen sind, wenn das Kind lange Zeit in seiner Herkunftsfamilie gelebt hat.

3.3.5 Ergebnisse zu „Betreuungsangebote in der Anbahnungszeit"

In allen 15 Pflegekinderdiensten (N = 15) werden den Pflegeeltern in der Anbahnung Einzelgespräche (Beratungsgespräche) angeboten, die dazu dienen, die Kontakte zum Pflegekind zu reflektieren sowie zur Klärung von auftretenden Fragen. Zumeist finden Einzelgespräche in regelmäßigen Abständen statt, in 6 von 15 Einrichtungen wöchentlich, in den anderen 9 Pflegekinderdiensten werden im Durchschnitt mindestens 4 Gespräche im gesamten Anbahnungszeitraum geführt. Des Weiteren bieten Fachkräfte aus 2 von 15 Pflegekinderdiensten in Kooperation mit 2 weiteren Einrichtungen, die nicht an der Erhebung teilnehmen, einen Informations- und Erfahrungsaustausch an. Die Elternbibliothek von 3 Einrichtungen und gesellige Veranstaltungen, die von den Fachkräften aus 10 Pflegekinderdiensten gelegentlich veranstaltet werden, können von den Pflegeeltern ebenfalls in der Anbahnungszeit genutzt werden. Dies gilt ebenfalls für Gesprächskreise, die von 10 Einrichtungen genannt werden. Feinfühligkeitstraining, Facharbeitskreise und Seminare werden auch in der Anbahnungszeit den Pflegeeltern in keiner Einrichtung angeboten.

3.3.6 Ergebnisse zu „Beendigung der Anbahnung seitens der Pflegepersonen"

Auf die Frage, welches die von den Pflegepersonen vorwiegend genannten Gründe für eine Beendigung der Anbahnung eines Pflegekindes seien, antworten die Fachkräfte aus 9 von 15 Pflegekinderdiensten, dass potentielle Pflegepersonen eine Anbahnung dann zu beenden wünschen, wenn die „Chemie" zwischen dem Pflegekind und ihnen nicht stimme und somit eine Grundvoraussetzung nicht gegeben sei. Fachkräfte aus 6 Einrichtungen nennen als Grund für den Abbruch der Anbahnung seitens der Pflegepersonen, dass das Pflegekind nicht ihren Vorstellungen und Erwartungen entspreche. Das Personal aus 2 Pflegekinderdiensten gibt an, dass die Pflegepersonen aufgrund von auftretenden Unsicherheiten dem Kind gegenüber Zweifel hegen und sich daher nicht entscheiden können oder sich inzwischen sogar generell gegen eine Aufnahme eines Pflegekindes entscheiden. Eine Verängstigung dem Pflegekind gegenüber oder eine deutlich ablehnende Haltung der Pflegepersonen seinen leiblichen Eltern ge-

genüber gibt das Personal weiterer 2 Einrichtungen als Grund für die Beendigung der Anbahnung an. Laut Angaben der Fachkräfte aus 3 Pflegekinderdiensten sei ein weiterer Grund, wenn sich das Pflegekind aufgrund
eines Loyalitätskonfliktes gegen die potentiellen Pflegepersonen sträube
und diese extrem ablehne. Dies trete besonders dann ein, wenn das Pflegekind bereits einen langen Zeitraum in der Bereitschaftspflegefamilie oder
Heimeinrichtung lebe.

Ferner gibt das Personal aus 4 Einrichtungen an, dass es gelegentlich
vorkomme, dass Bereitschaftspflegeeltern, die das Kind selbst gerne zur
Dauerpflege aufnehmen würden, entweder Verhaltensweisen des Kindes
dramatisieren oder den Fachkräften Rückmeldungen über die potentiellen
Pflegeeltern geben, die nicht der Realität entsprechen.

Bezüglich der Häufigkeit einer Beendigung der Anbahnung werden vom
Personal aus 5 von 15 Pflegekinderdiensten beiläufig Aussagen getroffen.
Ein Mitarbeiter einer Einrichtung äußert, dass in dem Pflegekinderdienst, in
dem er arbeitet, eine Beendigung einer Anbahnung zumindest in den letzten 15 Jahren noch nie vorgekommen sei, weder von den Pflegepersonen
noch von den Fachkräften des Pflegekinderdienstes. Fachkräfte aus 4 Einrichtungen geben an, dass eine Beendigung lediglich einmal in 10 Jahren
vorgekommen sei.

Abgesehen von dem Fall, dass sich Pflegepersonen nach Beendigung
einer Anbahnung generell gegen eine Vermittlung eines Pflegekindes aus-
sprechen, kann auf Wunsch eine erneute Anbahnung einer Vermittlung eines anderen Pflegekindes angedacht werden. Schließlich äußern die Fachkräfte der 15 Pflegekinderdienste, dass eine Absage der Pflegefamilie gegen das ihnen vorgestellte Kind durchaus eine Stärke in der Persönlichkeit
der Pflegepersonen ausdrücke.

3.4   Auswertung Teil IV:
Betreuung der Pflegefamilie nach der Vermittlung

Dieser Teil der Auswertung beinhaltet schwerpunktmäßig diverse Angebote
der Betreuung durch die Fachkräfte der verschiedenen Pflegekinderdienste
nach erfolgter Vermittlung eines Dauerpflegeverhältnisses.

3.4.1 Ergebnisse zu „Allgemeine Angebote der Betreuung für Pflegeeltern"

In den folgenden Kapiteln werden sämtliche den Pflegeeltern zur Verfügung stehenden Angebote der Betreuung und Unterstützung durch das Fachpersonal der Pflegekinderdienste nach der Vermittlung eines Pflegekindes ausgewertet.

Beratungsgespräche

Nach der Vermittlung eines Pflegekindes stehen den Pflegeeltern in allen 15 Pflegekinderdiensten (N = 15) Beratungsgespräche in Form von Einzelgesprächen zur Verfügung. Die Inhalte beziehen sich auf individuelle Themen der Dauerpflegefamilie. Laut Aussagen der Fachkräfte der verschiedenen Einrichtungen gehe es besonders in der Anfangszeit des Dauerpflegeverhältnisses häufig um finanzielle Regelungen und Versicherungsfragen (z.B. Kindergeld, Krankenversicherung, Steuern, Haftpflichtversicherung, Renten- und Unfallversicherung, Erziehungsurlaub etc.). Zu einem späteren Zeitpunkt seien die wichtigsten Inhalte der Gespräche Fragen, die in der Alltagssituation mit dem Pflegekind auftreten (z.B. Entwicklungsschritte und Verhaltensweisen des Kindes, Erziehungsfragen u.a.). Falls Pflegekinder aufgrund ihrer bisherigen Lebensgeschichte zusätzliche Förderung oder Therapieangebote benötigen, werde darüber ebenfalls im Beratungsgespräch besprochen und gegebenenfalls die weitere Vorgehensweise geklärt. Das zeitliche Ausmaß der Beratungsgespräche ist stets individuell, zumeist sind es jedoch zwischen 45 und 60 Minuten.

Gesprächskreise/-gruppen

Pflegeelterngruppen, Pflegeeltern-Stammtische und Pflegeeltern-Selbsthilfegruppen sind inhaltlich den Gesprächskreisen/-gruppen gleichzusetzen. Daher werden sie in der Auswertung nicht einzeln aufgelistet, sondern dieser Kategorie zugeordnet. Gesprächskreise/-gruppen werden entweder von den Fachkräften selbst initiiert oder, falls sie von Pflegeeltern organisiert werden, sind zumindest Mitarbeiterinnen und Mitarbeiter der jeweiligen Einrichtung anwesend, die die Veranstaltung mit unterstützen und begleiten. Laut Aussagen der Fachkräfte aus den 10 Pflegekinderdiensten gehe es in allen Gesprächskreisen/-gruppen um einen Austausch von Erfahrungen, die sich aus dem Zusammenleben mit Pflege- und Adoptivkindern ergeben, und zur Klärung von individuellen Fragen, auch an die Fachkräfte. Das Angebot sei sowohl an Bewerberinnen und Bewerber, Pflegeeltern in der Anbahnungszeit und nach erfolgter Vermittlung eines Dauerpflegeverhältnisses sowie an Adoptiveltern gerichtet. Gewöhnlich finden in allen 10 Einrichtungen in regelmäßigen Abständen 6 Termine im Jahr statt. Das zeitliche Ausmaß ist mit circa 2 Stunden angesetzt.

Fortbildungen

Fortbildungen (Pflegeelternabende, Pflegeelternteams) werden in allen 15 Einrichtungen vom Personal der Pflegekinderdienste installiert. Zudem werden in 10 Einrichtungen nach den Themenwünschen und Interessen der Pflegeeltern stets externe Fachkräfte aus verschiedenen Fachrichtungen, z.b. der Kinder- und Jugendpsychiatrie und Psychotherapie, der Heilpädagogik, Sozialpädagogik und der Sozialarbeit eingeladen. Ferner verweisen die Fachkräfte aus 5 Pflegekinderdiensten bei weiterem Bedarf der Pflegeeltern an externe Träger, z.b. an Familienbildungsstätten, Volkshochschulen u.a. In Tabelle 3 sind die wichtigsten Fortbildungsinhalte aufgeführt.

Tabelle 3: Inhalte der Fortbildungen und die Anzahl der Nennungen des Personals in den 15 Pflegekinderdiensten

Inhalte der Fortbildungen	Anzahl der PKD N = 15
ADHS, Alkoholembryopathie, Drogen, Entwicklungspsychologie des Kindes, Festhaltetherapie, Geschwisterrivalität, Gewalt in der Erziehung, Pubertät, Schulprobleme, sexuelle Aufklärung, Traumata, Verweigerungshaltung des Kindes etc.	n = 10
kreativer und konstruktiver Umgang mit Konflikten	n = 2
Entspannungsübungen für Pflegeeltern	n = 2
Bindungstheorie nach Bowlby	n = 8
Integrationstheorie nach Nienstedt/Westermann	n = 4

Anmerkung. PKD = Pflegekinderdienst.

Präventionsprogramme zur Stärkung von Elternkompetenzen

Abbildung 3 zeigt die Präventionsprogramme und Elternkurse zur Stärkung von Elternkompetenzen, die den Pflegeeltern in den Pflegekinderdiensten angeboten werden.

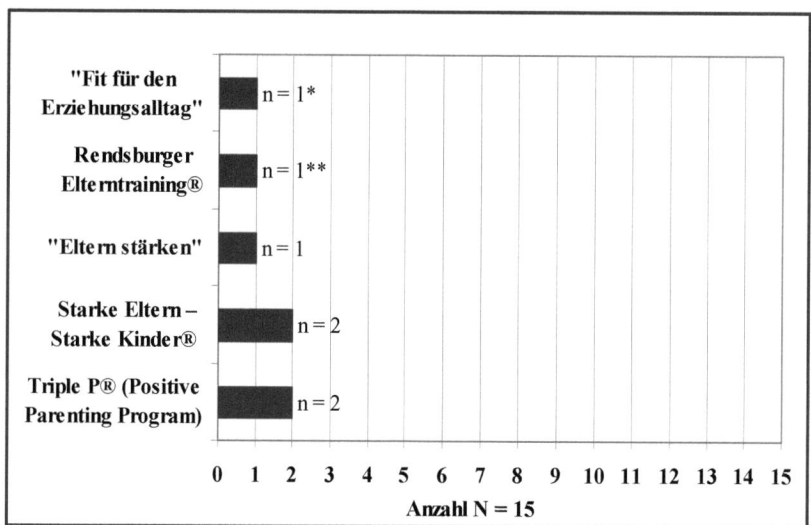

Abbildung 3: Anzahl der Präventionsprogramme/Elternkurse in den 15 Pflegekinderdiensten.
Anmerkung. * *und* ** *Angebote werden von derselben Einrichtung angeboten.*

Von 15 Einrichtungen werden lediglich in 6 Pflegekinderdiensten Präventionsprogramme und Elternkurse zur Verfügung gestellt, die sich wie folgt verteilen:

In insgesamt 5 Einrichtungen stellen die Fachkräfte den Pflegeeltern ein einzelnes Angebot zur Verfügung. In einem Pflegekinderdienst einer Stadt mit sehr geringer Einwohnerzahl werden den Pflegeeltern hingegen 2 unterschiedliche Elternkurse angeboten (s. Abbildung 3). Ansonsten verweist das Personal aus 3 Einrichtungen, auf Nachfrage der Pflegeeltern, an externe Institutionen. Bis auf die Elternschulung „Starke Eltern – Starke Kinder®", die vom deutschen Kinderschutzbund durchgeführt wird, werden die Angebote von den Fachkräften des jeweiligen Jugendamtes veranstaltet. Im Durchschnitt dauern die einzelnen Kurse 6 Monate, die von den Teilnehmerinnen und Teilnehmern (auch Nicht-Pflegepersonen) einmal in der Woche für circa 2 Stunden besucht werden.

Supervisionen

Laut Aussagen des Personals werden den Pflegeeltern in 5 von 15 Pflegekinderdiensten externe Supervisionen zur Verfügung gestellt. Je nach individueller Fragestellung und besonderem Bedarf der Pflegepersonen kann

zwischen Einzel- oder Gruppensupervision mit anderen Pflegeeltern ge-
wählt werden. Allerdings betonen die Fachkräfte aus 3 der 5 Einrichtungen,
dass das Angebot hauptsächlich dann installiert werde, wenn sich Pflegeeltern in konfliktbesetzten Situationen mit dem Pflegekind befinden, die vermutlich einen Abbruch zur Folge haben könnten. Das Personal von 2 Pflegekinderdiensten äußert, dass sie den Pflegeeltern auch bei Schwierigkeiten und Spannungen auf der Paarebene Supervisionssitzungen anbieten.
Des Weiteren berichten die Fachkräfte aus 2 Einrichtungen, dass der zeitliche Umfang des Angebotes vorher zwischen allen Beteiligten vereinbart
werde und in der Regel 5 Sitzungen bewilligt werden.

Sonstige Angebote

Fachkräfte aller 15 der an der Erhebung teilnehmenden Pflegekinderdienste führen an, dass Besuchskontakte zur Herkunftsfamilie in allen Fällen von
ihnen begleitet werden. Besuchskontakte finden zumeist in den Räumlichkeiten des Pflegekinderdienstes, in 10 von 15 Einrichtungen im dort eingerichteten Spielzimmer statt. Alternativ zu den begleiteten Besuchskontakten
in der Einrichtung können Umgangskontakte zur Herkunftsfamilie in 7 von
15 Pflegekinderdiensten auch an einem neutralen Ort, z.B. im Tierpark,
stattfinden. In 5 von 15 Einrichtungen sind bei den Kontakten zu den leiblichen Eltern 2 Fachkräfte anwesend.

Ferner bieten die Fachkräfte der gesamten Pflegefamilie folgende Freizeitaktivitäten an: In 5 von 15 Pflegekinderdiensten werden der gesamten
Pflegefamilie an einem Wochenende im Jahr Elternbildungsfreizeiten angeboten. Die Themen richten sich nach den individuellen Bedürfnissen der
Pflegeeltern und der Pflegekinder und werden im Vorfeld mit allen Beteiligten abgesprochen. Zusätzlich wird eine Kinderbetreuung für Pflegekinder
und deren Geschwisterkinder eingerichtet. In weiteren 3 Pflegekinderdiensten werden vierteljährlich erlebnispädagogische Nachmittage angeboten, in
denen Pflegefamilien stundenweise, z.B. zum Klettern, eingeladen werden.
Darüber hinaus gibt es Angebote zu geselligen Abenden oder zu einem
Elternfrühstück.

3.4.2 Ergebnisse zu „Betreuungsangebote speziell für Pflegekinder"

Im Folgenden alle Betreuungsangebote, die ausschließlich für Pflegekinder
von den Fachkräften der verschiedenen Pflegekinderdienste installiert werden, in Abbildung 4 dargestellt.

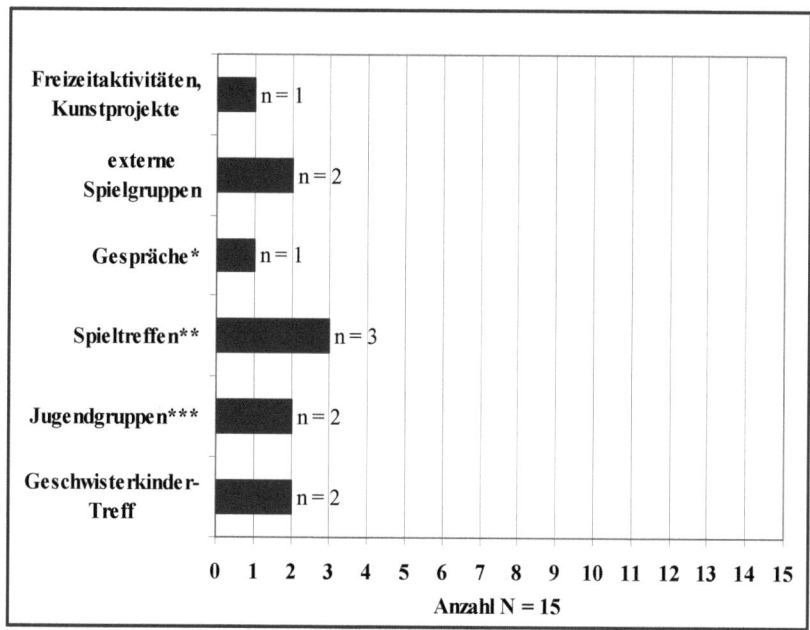

Abbildung 4: Betreuungsangebote speziell für Pflegekinder.
Anmerkungen. *ab dem Schulkindalter; ** vorwiegend im Einzelkontakt; ***für Pflegekinder
ab dem 12. Lebensjahr.

Spieltreffen mit der zuständigen Fachkraft finden im 8-Wochen-Rhythmus
im Spielzimmer des Pflegekinderdienstes statt. In den *Jugendgruppen*, die
von den Fachkräften von 2 Pflegekinderdiensten gemeinsam angeboten
wird, werden vierteljährlich erlebnispädagogische Aktivitäten organisiert. Der
Geschwisterkinder-Treff ist für Pflegekinder angedacht, die in unterschiedlichen Pflegefamilien fremduntergebracht sind. *Gesprächsgruppen* für Jugendliche und *Biografie-Arbeitsgruppen* werden derzeit in keiner Einrichtung mehr angeboten.

3.4.3 Ergebnisse zu „Interventionsangeboten" für Pflegeeltern und -kinder

Im Folgenden werden verschiedene Interventionsangebote bei Krisen mit
drohendem Abbruch erläutert. Sofern Schwierigkeiten nicht durch interne
Angebote (Gesprächskreise/-gruppen, Fortbildungen u.a.) deutlich gemindert oder behoben werden können, werden der Pflegefamilie laut Aussagen
des Personals der 15 Pflegekinderdienste nach einem oder mehreren Bera-
tungsgespräch/-en mit der Fachkraft, die die Pflegefamilie betreut, ergän-

zende unterstützende pädagogische und therapeutische Hilfen angeboten. Je nach Art des besonderen Bedarfs der Pflegefamilie und des Pflegekindes wird folglich generell an eine externe Institution, z.b. an eine Erziehungsberatungsstelle, Facharztpraxis oder Klinik für Kinder- und Jugendpsychiatrie und Psychotherapie u.a. verwiesen. Neben diesen allgemeinen intervenierenden Hilfen gibt das Personal einiger Pflegekinderdiensten an, interne standardisierte Interventionsmaßnahmen entwickelt und in das Konzept ihrer Einrichtung implementiert zu haben. Daher werden Pflegeeltern gezielt bedarfsgerechte Interventionsangebote zur Verfügung gestellt, um eventuelle resultierende Folgen, beispielsweise einen Abbruch des Dauerpflegeverhältnisses, möglichst zu verhindern. Demgemäß bieten die Fachkräfte aus 5 von 15 Einrichtungen, den Pflegepersonen bei gravierenden Schwierigkeiten in der Familie generell externe Supervisionen an. Darüber hinaus berichtet das Personal aus 7 von 15 Pflegekinderdiensten, dass sie Pflegeeltern empfehlen, ihr Pflegekind, das traumatische Erlebnisse in seiner Herkunftsfamilie erfahren musste und beträchtliche Störungen in seinem Verhalten zeige, in einer Trauma-Ambulanz vorzustellen. Fachkräfte aus 3 Pflegekinderdiensten benennen explizit die in ihren Einrichtungen standardisierte Möglichkeit bei Schwierigkeiten hinsichtlich der Integration des Pflegekindes in die Pflegefamilie, bei Problematiken im Pflegeverhältnis, in akuten Krisen, bei zeitlich länger anhaltenden Schwierigkeiten, bei abnormen Verhaltensweisen des Pflegekindes sowie bei drohender Beendigung des Pflegeverhältnisses, eine Sozialpädagogische Familienhilfe (gem. § 31 SGB VIII i.V.m. § 27 SGB VIII) in die Pflegefamilie zu installieren.

3.4.4 Ergebnisse zu „Hausbesuche"

In allen 15 Pflegekinderdiensten führen die Fachkräfte nach der Vermittlung eines Pflegekindes Hausbesuche durch, die laut Aussagen des Personals den Zweck haben, das Wohl des Pflegekindes, das Umfeld und die häusliche Atmosphäre zu überprüfen. Der erste Hausbesuch findet in allen Einrichtungen gewöhnlich nach circa ein bis 2 Wochen nach der Vermittlung statt. Weitere Hausbesuche werden vom Fachpersonal der verschiedenen Pflegekinderdienste in unterschiedlichen zeitlichen Abständen mit der Pflegefamilie vereinbart. Fachkräfte aus 2 Einrichtungen geben an, dass sie in den ersten 4 bis 6 Wochen nach der Vermittlung des Dauerpflegeverhältnisses wöchentliche bis 14-tägige Hausbesuche initiieren. Danach würden die zeitlichen Abstände größer werden und im Durchschnitt bei etwa 6 und 12 Monaten liegen. Diese Regelung sei jedoch abhängig von der Präferenz und den zeitlichen Ressourcen der Fachkraft. Das Personal aus einer von 15 Einrichtungen hingegen richte circa alle 2 bis 3 Monate einen Hausbesuch ein. Fachkräfte aus 4 Pflegekinderdiensten äußern, halbjährlich einen Hausbesuch durchzuführen, und das Personal aus 8 von 15 Einrichtungen gibt an, dass es mindestens alle 12 Monate einen Hausbesuch in der Pflegefamilie durchführe. Bei Schwierigkeiten, Krisen o.ä. in der Pflegefamilie mit dem Pflegekind seien in allen 15 Pflegekinderdiensten durchaus weitere Hausbesuche möglich. In 6 Einrichtungen werden Hausbesuche grundsätzlich von jeweils 2 Fachkräften durchgeführt. Abschließend gibt eine Gesamtübersicht hinsichtlich der durchschnittlichen Anzahl der Hausbesuche in den verschiedenen Pflegekinderdiensten.

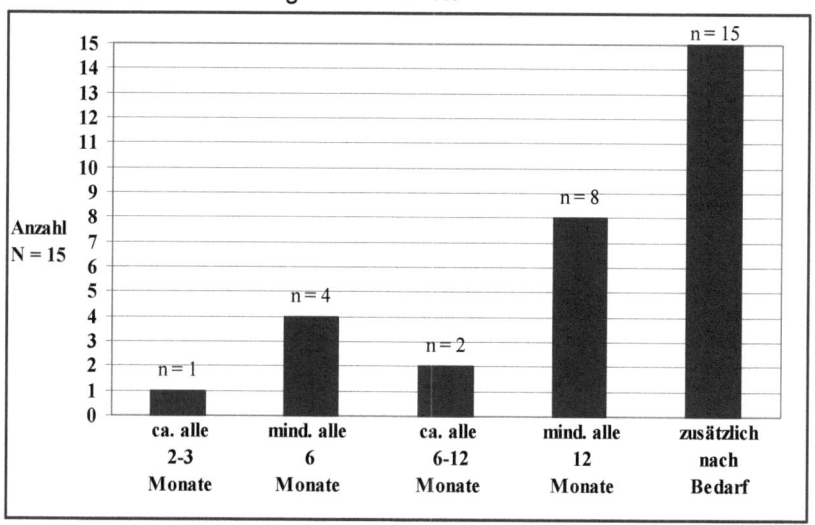

Abbildung 5: Durchschnittliche Anzahl der Hausbesuche in den 15 Pflegekinderdiensten.

3.4.5 Ergebnisse zu „Hilfeplangespräche gem. § 36 SGB VIII"

Bisher liegt die Fortschreibung der Hilfeplangespräche im Aufgabenbereich und in der Verantwortung der Fachkräfte des Fachbereichs des Allgemeinen Sozialen Dienstes der Jugendämter. Lediglich in einem Pflegekinderdienst einer Großstadt werden die Hilfeplangespräche von den Mitarbeiterinnen und Mitarbeitern des Pflegekinderdienstes initiiert.

In allen 15 Einrichtungen finden Hilfeplangespräche gewöhnlich in den Räumlichkeiten des jeweiligen Jugendamtes statt. Jedoch geben Fachkräfte aus 3 Pflegekinderdiensten zusätzlich an, dass das Hilfeplangespräch, sofern die leiblichen Eltern des Pflegekindes nicht anwesend sein würden, zumeist auch im Haushalt der Pflegefamilie durchgeführt werde. Laut Aussagen des Personals der 15 Pflegekinderdienste richte sich die Anzahl der Hilfeplangespräche grundsätzlich danach, ob es sich im Vorfeld um ein Dauerpflegeverhältnis ohne Rückkehroption des Pflegekindes in seine Herkunftsfamilie handele oder ob das (Dauer-) Pflegeverhältnis auf eine befristete Form der Unterbringung angelegt sei.

Bei einem Dauerpflegeverhältnis, das dem Pflegekind eine auf Dauer angelegte Lebensperspektive ohne Rückführoption zu seinen leiblichen Eltern bietet, findet ein Hilfeplangespräch in 9 Einrichtungen mindestens einmal im Jahr statt, in den anderen 6 Pflegekinderdiensten hingegen mindestens 2-mal jährlich. Bei einer offenen Perspektive des Pflegekindes bekunden Fachkräfte aus einem Pflegekinderdienst ein- bis 4 stattfindende Gespräche im Jahr. Das Personal aus 9 Einrichtungen berichtet von jährlich 2 Hilfeplangesprächen, Fachkräfte aus 5 Einrichtungen von durchschnittlich 3 Gesprächen. Zusätzlich wird von den Fachkräften der 15 Pflegekinderdienste ausgesagt, dass je nach Einzelfall und Bedarf durchaus weitere Hilfeplangespräche installiert werden. Dies sei vorwiegend dann der Fall, wenn z.B. Schwierigkeiten in der Pflegefamilie mit dem Pflegekind auftreten oder wenn unvorhersehbare Rückführoptionen des Pflegekindes in seine Ursprungsfamilie seitens des Allgemeinen Sozialen Dienstes bzw. des Familiengerichtes in Erwägung gezogen werden, die eine Überprüfung und gegebenenfalls einer Überarbeitung des Hilfeplans bedürfen.

3.4.6 Ergebnisse zu „Außerplanmäßige Beendigungen von Dauerpflegeverhältnissen"

Im Folgenden werden Angaben zu außerplanmäßigen Beendigungen von Pflegeverhältnissen dargestellt. Hier handelt es sich um Fälle, bei denen die Pflegekinder bereits vor dem im Hilfeplan festgelegten Zeitraum die Pflegefamilie verlassen haben.

Ergebnisse zu „Gründe für eine vorzeitige Beendigung von Dauerpflege-verhältnissen"

Das Fachpersonal aus 11 von 15 Pflegekinderdiensten nennt als relevante Gründe für eine vorzeitige Beendigung eines Dauerpflegeverhältnisses nicht mehr tragbare Schwierigkeiten mit dem Pflegekind in der Pflegefamilie trotz zusätzlich installierter erzieherischer und therapeutischer Hilfen für das Kind bzw. für die gesamte Pflegefamilie. zunehmende Aggressivitäten des Pflegekindes seiner Ersatzfamilie und seinem Umfeld gegenüber, andere Verhaltensauffälligkeiten durch traumatische Vorerfahrungen, mangelnde Beziehungsbereitschaft u.a. seien die hauptsächlich genannten Gründe der Pflegepersonen für eine vorzeitige Beendigung des Pflegeverhältnisses. Ebenso begründet das Personal aus 4 Einrichtungen eine Beendigung des Pflegeverhältnisses, wenn das Wohl des Pflegekindes aufgrund von nicht mehr zu bewältigenden Problemen in der Pflegefamilie nicht mehr gewährleistet sei und Fachkräfte des Allgemeinen Sozialen Dienstes und des Pflegekinderdienstes daher im Hilfeplangespräch zu dem Ergebnis kommen, das Pflegekind aus der Pflegefamilie zu nehmen. Mitarbeiterinnen und Mitarbeiter aus 4 Einrichtungen geben an, dass sich nach einiger Zeit des Zusammenlebens mit dem Pflegekind häufig herausstellt, dass die gewählte Familienform aufgrund der bisherigen Erfahrungen und Erlebnisse zu eng für das Pflegekind sei und deshalb erhebliche Schwierigkeiten auftreten. In diesen Fällen sei dann als Alternative zur Pflegefamilie ein Wechsel in der Art der Hilfe indiziert. Für das Pflegekind werde dann eine betreute Wohnform gem. § 34 SGB VIII (Heimeinrichtung, Wohngruppe, Kleinstheim u.Ä.) angestrebt. Andere Dauerpflegeverhältnisse werden laut Aussage der Fachkräfte aus 6 von 15 Pflegekinderdiensten vor dem 18. Lebensjahr des Pflegekindes beendet, wenn eine Verselbstständigung eines Pflegekindes in einen eigenen Haushalt angedacht werde oder das, meist jugendliche, Pflegekind nicht mehr in der Pflegefamilie leben möchte. Bei gravierenden Schwierigkeiten in der Pubertät des Pflegekindes, die vermutlich auch zukünftig nicht abzuändern seien, empfehlen Fachkräfte aus 4 Einrichtungen des Öfteren eine anderweitige Unterbringung, z.B. im Rahmen einer betreuten Wohngemeinschaft. Dies werde jedoch mit allen am Prozess Beteiligten im Hilfeplangespräch besprochen und schließlich im Hilfeplan festgeschrieben. Die Anzahl der Kinder, die nach einer kurzen Zeit in der Pflegefamilie wieder in ihre Herkunftsfamilie zurückkehren, sei laut Aussagen der Fachkräfte aus 5 von 15 Einrichtungen nach wie vor „gering", wobei hier keine Zahlen genannt werden. Des Weiteren erwähnt das Personal aus 3 Pflegekinderdiensten, dass ein Dauerpflegeverhältnis ohne Rückkehroption des Pflegekindes zu seinen leiblichen Eltern in eine Adoption des Pflegekindes übergehen kann, sofern das Kind von seinen leiblichen Eltern zur Adoption freigegeben werden würde. Folglich sei das Pflegeverhältnis dann auch beendet.

Ergebnisse zu „Vorbereitung und Ablauf einer unplanmäßigen und planmäßigen Rückführung eines Pflegekindes in seine Herkunftsfamilie"

Das Personal aus 6 von 15 Pflegekinderdiensten gibt an, dass eine unplanmäßige Rückführung des Pflegekindes in seine Herkunftsfamilie bislang in deren Einrichtung noch nie vorgekommen sei und deshalb keine Aussagen bezüglich einer Vorbereitung und des Ablaufs gemacht werden können.

Fachkräfte aus 9 Einrichtungen äußern, dass bei einer unplanmäßigen Rückführung nicht die Möglichkeit der intensiven Vorbereitung des Pflegekindes und seiner Pflegeeltern gegeben sei, da der Zeitraum bis zur Übergabe des Pflegekindes zu seinen leiblichen Eltern nur wenige Tage bis maximal eine Woche betrage. Dennoch bieten die Fachkräfte der gesamten Pflegefamilie einschließlich des Pflegekindes Gespräche an. In 5 von 15 Pflegekinderdiensten wird den Pflegepersonen eine externe Begleitung in Form von Supervisionssitzungen angeboten. Eine planmäßige Rückführung des Pflegekindes zu seinen leiblichen Eltern sei laut Aussagen der Mitarbeiterinnen und Mitarbeiter aus den 15 Pflegekinderdiensten nur dann gegeben, wenn eine nachhaltige Verbesserung der Situation und der Erziehungsbedingungen in der Herkunftsfamilie innerhalb eines hinsichtlich der Entwicklung des Pflegekindes vertretbaren Zeitraums erreicht wurde. Die Option einer Rückführung wird jedoch im Hilfeplangespräch im Zusammenwirken von allen beteiligten Fachkräften regelmäßig geprüft und im Hilfeplan festgeschrieben. Sofern eine Rückführung des Kindes in seine Herkunftsfamilie in Erwägung gezogen wird, würde laut Aussagen des Personals aus allen 15 Pflegekinderdiensten eine Begleitung des Pflegekindes, der Pflegefamilie und der Eltern im Prozess des Abschiednehmens stattfinden.

Bei einer konkreten Beendigungsabsicht im Hilfeplan werden in den 15 Einrichtungen zur Vorbereitung der Beendigung des Dauerpflegeverhältnisses im Durchschnitt jeweils 3 Gespräche durch die Fachkräfte des Pflegekinderdienstes:

- mit dem Pflegekind,
- mit der Herkunftsfamilie und
- mit den Pflegeeltern geführt.

Zusätzlich werden den Pflegeeltern zur Nachbereitung der Beendigung des Pflegeverhältnisses 3 Gespräche angeboten. Das Personal der 15 Einrichtungen betont, dass ein über die Beendigung des Pflegeverhältnisses hinausreichender Kontakt zwischen dem Pflegekind und den Pflegeeltern nach Möglichkeit unterstützt werden sollte, vorausgesetzt dieser wird von allen Beteiligten gewünscht. Des Weiteren können Pflegeeltern in 5 Pflegekinderdiensten externe Supervisionen erhalten. In 6 Einrichtungen geben die Fachkräfte des Pflegekinderdienstes an, fast ausschließlich Dauerpflegeverhältnisse ohne Rückkehroption mit dem Fachpersonal des Allgemeinen Sozialen Dienstes in den Hilfeplangesprächen erarbeitet zu haben. Daher entfalle eine planmäßige Vorbereitung der Rückführung.

3.5 Auswertung Teil V: Ergänzendes zum Pflegekinderdienst

In diesem Kapitel werden Veränderungsvorschläge und -wünsche des Fachpersonals der 15 Pflegekinderdienste im Prozess der Pflegekindervermittlung ausgewertet. Im Anschluss werden persönliche Stellungnahmen der Mitarbeiterinnen und Mitarbeiter zur Standardisierung im Pflegekinderwesen hinsichtlich der Vorbereitung, Anbahnung, Vermittlung und Betreuung von Dauerpflegeverhältnissen in der Zusammenfassung aufgeführt.

3.5.1 Ergebnisse zu „Veränderungsvorschläge und -wünsche seitens der Fachkräfte der Pflegekinderdienste im gesamten Prozess der Pflegekindervermittlung"

Die von den Fachkräften der 15 Pflegekinderdienste genannten Veränderungsvorschläge bzw. -wünsche sind in Tabelle 4 dargestellt. Insgesamt wird deutlich, dass sich die meisten der in Tabelle 4 genannten Veränderungswünsche generell auf den gesamten Prozess der Pflegekindervermittlung beziehen und sich nicht auf einzelne Teilbereiche (Vorbereitung von Pflegeeltern, Anbahnung des Pflegeverhältnisses, Betreuung nach der Vermittlung) beschränken. Auch wird ersichtlich, dass sich einige Veränderungswünsche gegenseitig bedingen. Laut Aussagen der Fachkräfte aus 13 von 15 Pflegekinderdiensten würde demnach ein höherer Stellenschlüssel die Fallzahl der zu betreuenden Pflegekinder zugleich reduzieren, was zur Folge hätte, dass das Personal mehr Zeit für die einzelnen Pflegefamilien und deren Pflegekinder zur Verfügung hätte, um z.b. mehr Betreuungsangebote (Einzelgespräche, Gesprächskreise, Freizeitangebote u.a.) einrichten zu können. Das Personal aus 7 Einrichtungen betont explizit, dass eine Fachkraft in Vollzeitbeschäftigung im Durchschnitt circa 50 Pflegefamilien zu betreuen habe.

Tabelle 4: Veränderungsvorschläge und -wünsche der Fachkräfte in den 15 Pflegekinderdiensten

Anzahl der PKD N = 15	Veränderungsvorschläge und -wünsche
n = 13	mehr Personal
	Fallzahlreduzierung pro Fachkraft
n = 8	mehr Angebote für die gesamte Pflegefamilie (Präventionsangebote, Gesprächskreise, Fortbildungen, Freizeitangebote, sonstige Projekte)
	höheres Budget für Projekte mit Pflegefamilien
	weniger administrative Tätigkeiten
	weiterhin interessierte Bewerberinnen/Bewerber für Dauerpflegeverhältnisse
n = 7	**höheres Zeitkontingent**
	für Gespräche mit Pflegepersonen/Pflegekinder
	um eigene Ideen umzusetzen
	zur fachlichen Reflexion
	zum Lesen von Fachliteratur
	für Fortbildungen
n = 5	mehr Kinder- und Jugendpsychotherapeutinnen und -therapeuten mit dem Schwerpunkt „Pflegekinder"
	weniger Besuchskontakte zur Herkunftsfamilie
	Konzept für die Verwandtenpflege
	höheres Honorar für Pflegepersonen
	mehr Tiefe in der Arbeit mit Pflegeeltern (z.B. für die Durchführung von Bindungsinterviews bei Pflegeeltern)
	höheres Gehalt
n = 4	Settings der Kontakte zur Pflegefamilie außerhalb des PKD
	im Vorfeld mehr Informationen von den Fachkräften des ASD und der Wunsch nach intensiverer Zusammenarbeit
n = 1	weiterhin Ausübung des Ersatzeltern-Konzeptes (Konzepterhaltung)

Anmerkungen. PKD = Pflegekinderdienst, ASD = Allgemeiner Sozialer Dienst.

3.5.2 Ergebnisse zu „Standardisierung in der Pflegekindervermittlung"

Das Fachpersonal aus 7 von 15 Pflegekinderdiensten geben an, dass sie grundsätzlich eine externe Standardisierung in der Vorbereitung, Anbahnung, Vermittlung sowie in der weiteren Betreuung von Dauerpflegeverhältnissen als sinnvoll erachten. Fachkräfte aus 8 Einrichtungen betonen, dass die Individualität der Fachkräfte in den einzelnen Pflegekinderdiensten erhalten bleiben möge und sie daher vielmehr interne statt externe Standards befürworten. Fachkräfte aus 4 Pflegekinderdiensten seien der Überzeugung, dass durch eine Standardisierung eine weitaus bessere Kooperation aller am Prozess der Pflegekindervermittlung Beteiligten möglich sei und demgemäß Kontakte zu anderen Pflegekinderdiensten und Jugendämtern intensiver wären. Zudem äußert das Personal aus 6 Einrichtungen, dass eine fachliche Standardisierung professionelleres Arbeiten begünstige und dadurch die Arbeit qualitativ hochwertiger wäre. Die Auffassung von einer besseren Transparenz für Mitarbeiterinnen und Mitarbeiter aller Pflegekinderdienste vertreten hingegen Fachkräfte aus 3 Einrichtungen. Vorschläge für externe Standardisierungen in der Pflegekindervermittlung, die das Fachpersonal der Einrichtungen empfiehlt, werden in Tabelle 5 detailliert aufgeführt.

Tabelle 5: Vorschläge der Fachkräfte in den 15 Pflegekinderdiensten zu externen Standards in der Pflegekindervermittlung

Vorschläge externer Standards	Anzahl der PKD N = 15
Standards in der Vorbereitung	
Standards in der Eignungsüberprüfung	n = 7
Standards bzgl. der Inhalte und des zeitlichen Ausmaßes der Vorbereitungsseminare	n = 6
Standards bei den Bewerbungsunterlagen	n = 7
Standards bei den Ausschlussgründen für ein Pflegeverhältnis	n = 7
Standards in der weiteren Betreuung	
Standards für Hausbesuche	n = 7
Standards bei der Weitervermittlung an externe Fachkräfte, z.B. bei akuten Krisen, abnormen Verhaltensauffälligkeiten, Traumatisierungen des Pflegekindes	n = 7
Standards in Bezug auf pädagogische und therapeutische Zusatzleistungen (z.B. Sprachtherapie, Ergo- oder Bewegungstherapie u.a.)	n = 7
Standards für das Personal	
Standards bei den Angeboten zur Reflexion der Arbeit bzw. zu Hilfen in Problemsituationen (Fallbesprechung, kollegiale Beratung, Supervision u.a.)	n = 5
Sonstige Standards	
Standards für Formblätter, PC-Dateien	n = 6

Anmerkung: 1) KD = Pflegekinderdienst. 2) Mehrfachnennungen enthalten.

Zu externen Standardisierungen, die sich auf die Anbahnungszeit zwischen dem Pflegekind und den potentiellen Pflegeeltern beziehen, werden vom Personal der 15 Pflegekinderdienste keine Aussagen getroffen.

Auf die Frage, welche internen Standards es in der jeweiligen Einrichtung gebe, weisen die Fachkräfte aller an der Erhebung teilnehmenden 15 Pflegekinderdienste darauf hin, dass sie Standards entwickelt hätten, die sich auf Formulare beziehe. Ferner seien laut Aussagen der Fachkräfte interne Standards in der Vorbereitung von Bewerberinnen und Bewerbern entwickelt worden. So haben beispielsweise Vorbereitungskurse in den 11 Pflegekinderdiensten sowie in den 2 externen Einrichtungen, die den Vorbereitungskurs für 4 Pflegekinderdienste anbieten, interne standardisierte Inhalte. Des Weiteren seien Standards bei der Weitervermittlung an externe Fachkräfte in akuten Krisen, bei Verhaltensauffälligkeiten und Traumatisie-

rungen des Pflegekindes u.a. und in Bezug auf pädagogische und therapeutische Zusatzleistungen (z.B. Sprachtherapie, Bewegungstherapie u.a.)
in den jeweiligen Einrichtungen entwickelt worden.

Insgesamt wird deutlich, dass jeder Pflegekinderdienst über individuelle
interne Standards verfügt.

4   Diskussion

Der vorliegende Beitrag beschäftigte sich mit dem Ablauf der Vermittlung von Kindern und Jugendlichen, die gem. § 33 SGB VIII in Pflegefamilien untergebracht werden. Hierbei war der Schwerpunkt besonders auf die Öffentlichkeitsarbeit und Anwerbung, die Eignungsüberprüfung, Vorbereitung und Qualifizierung der Pflegeeltern und deren fachliche Weiterbetreuung nach der Fremdunterbringung eines Pflegekindes in Dauerpflege durch die Fachkräfte der Pflegekinderdienste gerichtet.

4.1   Bedeutung der Ergebnisse für die Praxis der Vermittlung

Insgesamt wird deutlich, dass es in den Pflegekinderdiensten keine einheitlichen und verbindlichen fachlichen Standards in der Vermittlung von Pflegekindern gibt. Alle der an der Erhebung teilnehmenden 15 Einrichtungen verfügen hingegen über ein individuelles Konzept, das in regelmäßigen Abständen reflektiert und überarbeitet wird und interne Standards für die Vermittlung von Pflegeverhältnissen beinhaltet. Zusätzlich orientiert sich das Personal an Arbeitshilfen und Leitlinien zur Vollzeitpflege, die von einigen Landesjugendämtern oder Ministerien zur Hilfestellung für das Personal entworfen und veröffentlicht wurden. Doch auch diese sind nicht vereinheitlicht. Konzepte und individuelle Standards sind allenfalls innerhalb des Pflegekinderdienstes verbindlich und zudem in den kooperierenden Einrichtungen, die den Pflegeeltern gemeinsame Angebote zur Vorbereitung und nach der Vermittlung eines Pflegekindes zur Verfügung stellen. Überdies zeigt die Auswertung der Erhebung an manchen Stellen, dass auch innerhalb derselben Einrichtung gelegentlich Unterschiede in der Praxis zu verzeichnen sind auch wenn dies im laufenden Text nicht kontinuierlich hervorgehoben wurde. So richten sich z.B. in einigen Einrichtungen die Anzahl der Hausbesuche und die Kontakte des Personals zum Pflegekind an den zeitlichen Ressourcen und freien Kapazitäten der Fachkraft, die die Pflegefamilie betreut. Dies ließ sich zumindest vereinzelt in den Befragungen erkennen, an denen mehrere Fachkräfte des Pflegekinderdienstes teilnahmen.

Wenn jedoch einzelne Fachkräfte innerhalb der Einrichtung oder generell Pflegekinderdienste nach individuellen Maßstäben und Methoden vorgehen, hat dies den entscheidenden Nachteil, dass Entscheidungen und Abläufe im Vermittlungsverfahren abhängig sind von den zuständigen Mitarbeiterinnen und Mitarbeitern des Pflegekinderdienstes oder den Einrichtungen allgemein. Darüber hinaus sind solche Praktiken weder für Pflegeeltern noch für das Personal übersichtlich und transparent. Auch wenn die Instrumente, die zur Eignungsüberprüfung von Bewerberinnen und Bewerbern eingesetzt werden und die formalen Voraussetzungen eines jeden, der sich auf ein Pflegeverhältnis bewirbt, in den Pflegekinderdiensten annähernd gleich sind, kann nicht ansatzweise davon gesprochen werden, dass es sich um standardisierte Methoden handelt. Die Ergebnisse zeigen, dass sich nahezu alle Angebote zur Vorbereitung auf ein Pflegeverhältnis und nach erfolgter Vermittlung eines Kindes hinsichtlich ihrer Inhalte und des zeitlichen Ausmaßes zum Teil erheblich in den einzelnen Pflegekinderdiensten unterscheiden. Dabei tragen mitunter vielfältige, kontinuierliche und qualitativ hochwertige Beratungsgespräche und Angebote der Betreuung der gesamten Pflegefamilie langfristig zu einem positiven Verlauf und demgemäß zu einem gelingenden Pflegeverhältnis bei.

Pflegeeltern, die optimal geschult und qualifiziert sind, stellen nicht nur eine gute Basis für die Integration des Pflegekindes, sondern auch für einen positiven Verlauf des Pflegeverhältnisses. Zudem können dadurch massive Überforderungen der Pflegefamilie vorgebeugt werden. Sind Beratungs- und Betreuungsangebote für Pflegefamilien und Pflegekinder nur unzureichend oder ist ihre Qualität mangelhaft, kann dies zu Situationen und Schwierigkeiten im Pflegeverhältnis führen, die nicht unerheblich sein können und sogar einen Abbruch eines Dauerpflegeverhältnisses zur Folge haben können. Nowacki und Ertmer (2004) fanden in ihrer Studie zur Qualitätsentwicklung, dass eine qualifizierte Betreuung und eine professionelle Beratung für Pflegeeltern und Pflegekinder zu einer Verringerung der Abbruchquote führen.

Daher fehlen in den Pflegekinderdiensten einheitliche Rahmenbedingungen und fachlich-inhaltliche und strukturelle Standards, und zwar sowohl im Bewerbungsverfahren, in der Vorbereitung, in der Anbahnung als auch nach erfolgter Vermittlung eines Pflegekindes in seine Pflegefamilie. In allen Einrichtungen sollten daher gleichwertige Methoden, Kriterien, Voraussetzungen und Abläufe für die Vermittlung von Kindern in Pflegefamilien geschaffen werden und für das Personal verbindlich gelten. Einheitliche

Standards verhelfen zu einer erheblichen Qualitätsverbesserung in der Vermittlung von Pflegeverhältnissen, die für Pflegepersonen, Pflegekinder und
letztendlich ebenso für Fachkräfte der Pflegekinderdienste effektiv und ge-
winnbringend sind. In den Befragungen der vorliegenden Erhebung dieser
Arbeit spricht sich allerdings nur das Personal aus 7 von 15 Pflegekinderdiensten (46.67 %) für Standards in der Pflegekindervermittlung aus.

Um Standards entwickeln und effektiv ausgestalten zu können, sind regionale und überregionale, wenn nicht sogar bundeseinheitliche Evaluatio-
nen zur Qualität der Vermittlung in Vollzeitpflege eine wichtige Grundlage.
Eine Methode stellen z.b. Pflegeeltern-Befragungen dar. Auf diese Weise
können Erfahrungen von Pflegeeltern mit der Vermittlung von Pflegeverhältnissen in ihrem zuständigen Pflegekinderdienst erfasst werden. Durch
die Umfrageergebnisse erhalten die im Pflegekinderdienst Tätigen und die
Fachkräfte der Landesjugendämter und der Ministerien Rückmeldungen
hinsichtlich der Zufriedenheit von Pflegeeltern, der Qualität der Beratung
und Betreuung, des Verhältnisses zwischen den Fachkräften und den Pflegepersonen etc. Des Weiteren können aufgrund der Ergebnisse der abge-
fragten Daten eindeutige Rückschlüsse gewonnen werden, in welchem Bereich ein besonderer Handlungsbedarf für die Entwicklung von Standards
indiziert ist. In jedem Fall sind die Erkenntnisse aus den Befragungen zu
interpretieren und ihre möglichen Auswirkungen zu diskutieren. So zeigten
beispielsweise die Ergebnisse der Pflegeeltern-Befragung des Institutes für
soziale Arbeit e.V. aus dem Jahr 1992 (Güthoff, 1996) und die Untersuchung von Textor (1995b) aus dem Jahr 1995, dass die Beratung und die
Ausgestaltung der Betreuungsangebote für Pflegepersonen und ihre Qualität sowohl in der Vorbereitung als auch in der Kontaktanbahnung und
Nachbetreuung der Pflegefamilie doch sehr unterschiedlich in den Pflegekinderdiensten ausfiel. Diese Uneinheitlichkeit in der Praxis bestätigt außerdem das Fehlen von einheitlichen Standards. Zudem wurde deutlich,
dass Pflegeeltern, trotz der festgeschriebenen Rahmenbedingungen seit
dem Inkrafttreten des Kinder- und Jugendhilfegesetzes, nicht immer in Ent-
scheidungsprozesse (z.B. Teilnahme und Mitwirkung an Hilfeplangesprächen) einbezogen wurden (Textor, 1995b; Güthoff, 1996).

Sicherlich darf bei den Ergebnissen nicht außer Acht gelassen werden,
dass es sich um Pflegeeltern-Befragungen handelt, die bereits einige Jahre
zurückliegen. Da sich inzwischen die gesetzlichen Bestimmungen und die
Rechtsprechung geändert haben und sich demzufolge auch die Pflegekindervermittlung in der Praxis weiterentwickelt hat, sind deshalb aktuelle wis-

senschaftliche Forschungen der Pflegekinderhilfe und gegenwärtige Befragungen von Pflegeeltern vonnöten um die heutige Situation der Vermittlungspraxis in den Pflegekinderdiensten beurteilen zu können.
Das Projekt „Pflegekinderhilfe. Foster Care Service", das vom Deutschen
Jugendinstitut (DJI) in Kooperation mit dem Deutschen Institut für Jugendhilfe und Familienrecht (DIJuF) initiiert wird, dürfte wohl das derzeit aktu-
ellste und größte Projekt in der BRD sein, das sich mit der Forschung der
Praxis in der Pflegekinderhilfe beschäftigt (Deutsches Jugendinstitut, 2010).
Ein Teil der Forschungsarbeit, der sich mit der psychischen Gesundheit
und Verhaltensanpassung von Pflegekindern beschäftigt, beinhaltete zugleich eine Pflegeeltern-Befragung. Derzeitige Ergebnisse des Teilprojektes
sind dem Projektbericht bereits zu entnehmen (Deutsches Jugendinstitut &
Deutsches Institut für Jugendhilfe und Familienrecht e.V., 2010). Es bleibt
abzuwarten, ob aus diesen Ergebnissen Standards abgeleitet und entwickelt werden.

4.2   Schlussfolgerungen

Sowohl die Ergebnisse der vorliegenden Erhebung als auch weiterer ge-
nannter Pflegeeltern-Befragungen zeigen auf, dass den Fachkräften der
Pflegekinderdienste keine einheitlichen Standards in der Vermittlung von
Pflegekindern und in der weiteren Betreuung der Pflegefamilie zur Verfügung stehen. Stattdessen orientiert sich das Personal an dem individuellen
Konzept und an internen Standards ihrer Einrichtung. Folglich wirkt sich
diese Uneinheitlichkeit in der Praxis auf die Qualität der Vermittlung aus
und dementsprechend auch auf die Qualität des Pflegeverhältnisses. Daher
dürfe auch nicht unberücksichtigt gelassen werden, ob und inwieweit unterschiedliche Qualitäten in der Vermittlungspraxis nicht sogar zu einem gelingenden oder scheiternden Pflegeverhältnis beitragen. Um jedoch auch
künftig Kindern, die zeitweilig oder auf Dauer nicht in ihrer Herkunftsfamilie
aufwachsen können, eine bestmögliche Unterbringung in eine Pflegefamilie
zu ermöglichen, bedarf es neben einer optimalen Qualifizierung der Fachkräfte eine sorgfältige Auswahl der Pflegepersonen, eine fachlich kompe-
tente und professionelle Beratung und Betreuung in der Vorbereitung sowie
während der gesamten Dauer des Pflegeverhältnisses. Durch die Imple-
mentierung von einheitlichen Standards in der Pflegekindervermittlung würde nach Einschätzung der Autorin ein wichtiger Schritt zur Qualitätsverbes-

serung in den Pflegekinderdiensten geleistet werden. Wenngleich davon ausgegangen werden muss, dass sowohl die Qualifizierung des Personals und der Pflegefamilie als auch die Entwicklung und Durchführung von Standards in der Vermittlung von Pflegekindern zunächst zwar mit einer zusätzlichen Belastung des Haushaltsbudgets verbunden ist, lässt sich doch auf lange Sicht vermuten, dass Kosten sogar eingespart werden können, wenn dadurch Pflegestellenabbrüche vermieden werden und dem Pflegekind dadurch spätere Heimaufenthalte erspart blieben, die dann unverhältnismäßige Mehrkosten zur Folge hätten.

Abschließend stellt sich die Frage, inwieweit die Pflegekindervermittlung der örtlichen Träger der öffentlichen Jugendhilfe mit der der anerkannten Träger der freien Jugendhilfe übereinstimmen und in welchen Bereichen sie sich unterscheiden. Besonders interessant dürften sicher die Angebote zur Vorbereitung und Qualifizierung auf ein Pflegeverhältnis und die unterstützenden Angebote der Pflegefamilie nach der Vermittlung sein. Doch dies würde eine gesonderte Erhebung erfordern.

Teil D

Susanne Marschewski

Bedeutung der Bindungsrepräsentation von Pflegeeltern für ein gelingendes Pflegeverhältnis

Abstract

Sind Eltern nicht in der Lage, eine dem Wohl des Kindes entsprechende Erziehung zu gewährleisten, besteht im Rahmen der Hilfen zur Erziehung die Möglichkeit der Fremdunterbringung, die in Vollzeitpflegefamilien erfolgen kann.

Die Aufgabe einer Pflegefamilie besteht darin, dem aufgenommenen Kind Schutz und Sicherheit zu bieten und eine positive Persönlichkeitsentwicklung zu ermöglichen. Eine wichtige Grundlage dafür ist der Aufbau einer sicheren Bindung zu den Pflegeeltern. Die Korrektur der ungünstigen Beziehungserfahrungen des Kindes stellt hohe Anforderungen an die Pflegeeltern und es gibt häufig Schwierigkeiten bei der Integration des Kindes in die Familie. Deswegen betrachtet der vorliegende Beitrag die Beziehungserfahrungen der Pflegeeltern und die sich daraus entwickelten Bindungsmuster, die als wichtige Grundlage für die Interaktion mit dem Kind gesehen werden. Der Beitrag geht der Frage nach, in wieweit Bindungsrepräsentation von Pflegeeltern für ein gelingendes Pflegeverhältnis bedeutsam sind.

Dafür erfolgt zunächst ein Überblick über die Bindungstheorie und die verschiedenen Bindungsmustern mit ihrer prognostischen Bedeutung für eine gelingende Persönlichkeitsentwicklung. Ausgehend von der These, dass Pflegeeltern ein sicheres Bindungsmodell aufweisen, werden zur Erfassung der Bindungsrepräsentationen mit fünf Pflegeeltern Erwachsenenbindungsinterviews (Adult Attachment Interviews) geführt. Drei Interviews werden exemplarisch dargestellt und ausgewertet. Es zeigt sich, dass nicht alle Pflegeeltern über einen sicheren Bindungsstatus verfügen. Auf Grund der Annahme der transgenerationalen Weitergabe von Bindung kann daher vermutet werden, dass eine Korrektur der vorherigen, negativen Bindungserfahrungen der Kinder in bestimmten Fällen erschwert ist. Dieses Resultat führt zu Überlegungen, wie die Pflege- und Erziehungskompetenz der Pflegeeltern sichergestellt werden kann und welche Bedeutung dieses Ergebnis für die Unterbringung von Pflegekindern hat.

Einleitung

Sind Eltern nicht in der Lage, selbst für ihr Kind zu sorgen, so besteht im Rahmen der Hilfen zur Erziehung die Möglichkeit der Fremdunterbringung. Dies kann entweder durch eine institutionelle Unterbringung geschehen, oder durch eine Vermittlung in einer Dauerpflegefamilie. Dauerpflege ist in der Regel längerfristig geplant und kann zur Unterbringung mit Dauerperspektive führen. Die Kinder, die auf Dauer in der Familie bleiben, stehen vor der Aufgabe, sich in die Familie zu integrieren. Die Pflegeeltern dagegen, stehen vor der Aufgabe, dem Kind die Integration zu ermöglichen.

Aber nicht immer gelingt die Integration. Von 334 000 Kindern und Jugendlichen, die im Jahr 2009 in Obhut genommen wurden, waren bereits 808 Kinder vor der Maßnahme in einer Pflegefamilie untergebracht. Anlass für die Inobhutnahmen waren bei 387 Kinder und Jugendlichen Integrationsprobleme im Heim oder der Pflegefamilie (Bundesamt für Statistik, 2009). Bei der Betrachtung der Zahlen stellt sich die Frage, was Kinder brauchen, um sich integrieren zu können? John Bowlby vertritt mit seiner Bindungstheorie die Ansicht, dass eine liebevolle und zuverlässige Bindungsperson unverzichtbar ist (Bowlby, 1975). Bei Kindern, die nicht mehr bei ihren Eltern leben, erfüllen die Pflegeeltern die Rolle der Bindungspersonen. Paare, die ein Pflegekind bei sich aufnehmen, sind besonderen Belastungen ausgesetzt. Sie benötigen daher Ressourcen, um diese Belastungen bewältigen zu können. Dies können eigene positive Beziehungserfahrungen sein. Diese Auseinandersetzung hat das Ziel aufzuzeigen, in wie weit die Pflegeeltern auf Grund ihrer eigenen Bindungserfahrungen adäquat auf die Bedürfnisse eines Pflegekindes eingehen können. Diese Fähigkeit lässt sich unter anderem aus der Bindungsrepräsentation der Pflegeeltern erschließen, deren Bedeutung in dieser Auseinandersetzung nachgegangen wird.

Im theoretischen Teil dieser Auseinandersetzung erfolgt nach der Erläuterung bindungstheoretischer Grundlagen eine kurze Darstellung des Pflegekinderwesens in Deutschland. Im Anschluss daran werden die Fragestellung abgeleitet und die Hypothesen aufgestellt. Im empirischen Teil wird zunächst das Instrument zur Erfassung der Bindungsrepräsentation von Erwachsenen erläutert. Pflegeeltern, die an einem Forschungsprojekt über die Bindungsentwicklung von Pflegekindern teilnehmen, werden in Interviews nach ihren Beziehungserfahrungen in ihrer Kindheit und deren Beurteilung befragt. Darauf folgen drei exemplarisch dargestellte und unter bindungstheoretischen Aspekten ausgewertete Interviews der Pflegeeltern. Abschließend wird die Bedeutung der Ergebnisse für Pflegeverhältnisse und die daraus resultierenden Aufgaben der Sozialen Arbeit herausgearbeitet.

1   Bindungstheorie

1.1 Bindung

1.1.1 Die Entwicklung der Bindungstheorie

Die Bindungstheorie in der jetzigen Form wurde im Wesentlichen von dem britischen Psychoanalytiker John Bowlby und der amerikanischen Entwicklungspsychologin Mary Ainsworth entwickelt. Ihre Bindungsforschung beschäftigte sich mit dem Bindungssystem des Menschen als einem von mehreren Verhaltenssystemen. Aufbauend auf Konzepte aus der Ethologie, Psychoanalyse, Kybernetik und Informationsverarbeitung formulierte John Bowlby die Theorie, dass die frühen Erfahrungen in der Beziehung zwischen Mutter und Kind einen starken Einfluss auf die psychische Entwicklung des Kindes nimmt und sich dies bis ins Erwachsenenalter auswirkt (Bowlby, 1975). Mary Ainsworth unterlegte seine Forschungen empirisch, indem sie Feldforschungen u.a. in Uganda und Baltimore durchführte. Sie erweiterte die Theorie durch Berücksichtigung von individuellen Unterschieden im Bindungsverhalten und entwickelte den Fremde-Situations-Test, eine standardisierte Verhaltensbeobachtung (Ainsworth et al., 1978).

Im Rahmen seiner Tätigkeit an der Child Guidance Clinic wertete Bowlby Fallbeispiele aus und führte im Ergebnis die Schwierigkeiten der jungen Menschen auf eine frühzeitige Trennung von der Mutter oder sonstigen Schwierigkeiten innerhalb der Familie zurück. Ausdrücklich sprach er sich gegen eine Trennung von Mutter und Kind aus, formulierte eine „allgemeine Theorie der Entstehung von Neurosen" (Holmes, 2006: S.37) und veröffentlichte 1944 die Studie „ Forty-four Juvenile Thieves: Their Characters and Home-Life" (Bowlby, 1944). Indem er die Entwicklung von Verhaltensauffälligkeiten mit frühkindlichen Erlebnissen der Kinder mit der Trennung von ihren Müttern und zerrütteten Familienverhältnissen in Zusammenhang brachte, kehrte er sich von der klassischen Psychoanalyse ab, deren Focus auf der kindliche Phantasie lag (Holmes, 2006).

1950 verfasste Bowlby im Auftrag der Weltgesundheitsorganisation einen Bericht über die heimatlosen Kriegswaisen, der 1951 unter dem Titel „Maternal Care and Mental Health" veröffentlicht wurde. Er beschrieb darin die Folgen für die Kinder, welche ohne eine innige, warmherzige und dauerhafte Beziehung zur Mutter oder eines Mutterersatzes in Heimen ohne emotionale und kognitive Befriedigung aufwuchsen. Zwar enthielt dieser Bericht die nachweißlichen negativen Konsequenzen, die eine Mutterentbehrung hervorrufen und Maßnahmen, um dies zu verhüten, aber es fehlten die Vorgänge, die zu diesen negativen Konsequenzen führten. Bowlby stellte fest, dass er zuerst die Natur des Bandes, welches Mutter und Kind verbindet und dessen Ursache, verstehen muss, um eine Theorie entwickeln zu können (Bowlby, 1975).

Das Werk von Konrad Lorenz, über die Nachfolgereaktion der Enten- und Gänseküken fand bei Bowlby große Beachtung. Hier fand ein Prozess der Prägung statt, ohne dass Futter eine Rolle spielte. Mit der Instinkttheorie von Konrad Lorenz und Nikolaas Tinbergen, fand er ein mögliches Alternativmodell zur Erklärung seiner Frage. Die Bindung der Kinder an ihre Eltern, sah er als Beispiel von Instinktverhalten, da sie dem Überleben diene (Bowlby, 1975). Er vertrat die Ansicht, dass bei Säuglingen eine evolutionsbedingte Bereitschaft vorhanden ist, sich in der Nähe der Mutter oder des Mutterersatzes zu halten oder diese gegebenenfalls wieder her zu stellen, um sich so vor unbekannten Gefahren zu schützen (Bowlby, 2006). Dieses „Nähe-Halten" nennt Bowlby Bindungsverhalten. Mit seiner Ansicht wich Bowlby von den vorherrschenden psychoanalytischen Vorstellungen der Objektbeziehungen ab. Er vertrat die Ansicht, dass sich Bindungsrepräsentationen auf den realen Beziehungen zu den Eltern beruhen und löste bei Psychoanalytikern damit heftige Kritik aus. Seine erste Veröffentlichung der Bindungstheorie unter Berücksichtigung der ethologischen Aspekte erfolgte 1957 und wurde in den folgenden Jahren erweitert. Das ausführliche Konzept veröffentlichte er in seiner Trilogie „Bindung", „Trennung" und „Verlust".

1.1.2 Definition von Bindung und Bindungsentwicklung

Bowlby beschreibt Bindung als ein affektives Band zwischen Kind und Mutter. Entgegen der Triebtheorie von Sigmund Freud betont Bowlby ein biologisch angelegtes Bindungssystem, um das Überleben des Kindes zu sichern (Bowlby, 1975). Auf Grund der Überlebensfunktion haben Bindungen Primärcharakter, sind also der Nahrungsaufnahme und der Sexualität nicht untergeordnet oder davon abgeleitet (Bowlby, 2002).

Bindungsverhalten entwickelt sich auf Grund der Wechselbeziehungen des Kindes mit seiner sozialen Umwelt. Es beruht somit in seiner biologischen Funktion auf die Aktivierung bestimmter Verhaltenssysteme. Bindung ist daran zu erkennen, dass ein Kind darauf bedacht ist, die Nähe zu seiner Bezugsperson zu erhalten, um diese dann als sichere Basis für Explorationsverhalten nutzen zu können. In bedrohlichen Situationen kehrt es dorthin zurück (Bowlby, 2002).

Der Begriff der Bindung definiert die Qualität dieser individuellen Beziehung. Auf Grund der Signale des Kindes entwickelt die Mutter Pflegeverhalten, um die Bedürfnisse des Kindes zu stillen. Die Art und Weise, wie die Bindungsperson auf die kindlichen Signale reagiert, mit der so genannten Feinfühligkeit, wirkt sich auf die Qualität der Bindung aus (Grossmann & Grossmann, 2006). Das Bindungsmuster eines Kindes zu einer bestimmten Bindungsperson beschreibt also, in wie weit diese Bindungsperson in der Lage ist, dem Kind ein Gefühl der emotionalen Sicherheit zu vermitteln und zu dessen Aufrechterhaltung beiträgt (Ahnert, 2004).

Die Bindungsentwicklung eines Kindes an eine bestimmte Person findet, laut Bowlby (1975), in vier Phasen statt: In den ersten acht Wochen richtet der Säugling seine Signale zur Bedürfnisbefriedigung unspezifisch an jede Person. In der zweiten Phase, die in etwa vom dritten bis zum sechsen Lebensmonat dauert, zeigt sich die Fähigkeit zwischen bekannten und unbekannten Personen zu unterscheiden. Wird er von der Mutter angesprochen, so zeigt er eine verstärkte Reaktionsbereitschaft. In der Interaktion mit fremden Personen zeigt er wesentlich weniger positives Verhalten, er fremdelt.

In der dritten Phase, bis zum Alter von ungefähr drei Jahren, entwickelt das Kind erkennbares Bindungsverhalten. Es nimmt aktiv Kontakt zu seiner primären Bindungsperson und weiteren Bezugspersonen, wie Geschwister, Vater, Großeltern auf und protestiert bei Trennung.

Damit ein Säugling Bindung aufbauen kann, benötigt er bestimmte mentale Fähigkeiten. Er muss Personen voneinander unterscheiden können. Ansonsten ist keine spezifische Reaktion auf die Bindungsperson zu erwarten. Weiterhin muss er Objekt- und Personenpermanenz entwickelt haben (Ainsworth & Bell, 1974). Erst wenn er in der Lage ist, seine Bindungsperson zu vermissen, ist er in der Lage eine Bindung zu einer Person aufbauen zu können. Die Entwicklung des Gedächtnissystems ist also die Grundlage dafür, dass das Kind handlungsleitende internale Arbeitsmodelle in Bezug zu den Interaktionserfahrungen mit seiner Bezugsperson entwickeln kann.

In der vierten Phase letztlich wird das Kind in der Lage sein, eine zielkor-
rigierte Partnerschaft zu führen, indem es die Bedürfnisse seiner Bindungsperson wahrnimmt und reflektiert, um ein gemeinschaftliches Ziel auszu-
handeln (Bowlby, 1975). Wenn das Kind Bindungsbeziehungen auch zu
anderen Personen aufnimmt, ist das die Grundlage, auf der der erwachsene Mensch später Beziehungen eingehen kann. Schafffer und Emerson
(1964, zit. nach Bowlby, 1975) konnten keine Anzeichen dafür finden, dass
die Bindung an die Mutter in früher Kindheit schwächer wurde, wenn andere Bezugspersonen hinzukamen. Erst in der Adoleszenz und dem Erwachsenenalter wird sie schwächer, hält bei gleich bleibender Qualität aber an
(Bowlby, 1975).

Hinzufügend kann gesagt werden, dass nach fünf bisher durchgeführten
Längsschnittstudien die Langzeitstabilität von Bindungsmustern noch nicht
endgültig geklärt ist. Offensichtlich spielen kritische, bindungsrelevante Ereignisse, wie beispielsweise Krankheit oder Tod der Bezugsperson, Trennung oder Scheidung der Eltern, Umfeld und Lebensraum eine entscheidende Rolle für die Kontinuität von Bindungsstilen (Zimmermann et al., 2009).

1.1.3 Bindungsverhalten

Bindungsverhalten hat zum Ziel, die Nähe zu einer Bindungsperson herzu-
stellen oder beizubehalten. Mit seiner Hilfe wird unbewusst die körperliche
und psychische Verfügbarkeit der Bindungsfigur überwacht. Es lässt sich
besonders deutlich in der frühen Kindheit beobachten. Das Elternverhalten,
welches in der Wechselbeziehung zum Bindungsverhalten des Kindes
steht, wird als Fürsorge- oder auch Pflegeverhalten bezeichnet (Bowlby,
1975).

Wird das Bindungsverhalten des Kindes durch Angst, Hunger oder
Schmerzen aktiviert, stellt es mit seinen, dem Alter entsprechenden Mitteln
die Nähe zur Bindungsperson her (Bowlby, 1975). In den ersten Lebens-
monaten wird diese Nähe ausschließlich durch Aktionen der Mutter aufrechterhalten. Später dann, bei Kleinkindern und älteren Kindern, geschieht
dies durch weinen, anklammern oder nachlaufen. Die akute Erregung wird
durch das Verhalten der Mutter reguliert. Die Art und Weise, wie dies möglich ist, hängt vom Grad der Erregung des Kindes ab (Bowlby, 1980). Bei
leichter Irritation ist dies schon durch bloßes Wahrnehmen der Mutter und

einer freundlichen Interaktion möglich, während bei stärkerer Erregung Körperkontakt notwendig wird um eine Beruhigung zu erzielen.

Abhängig von den Erfahrungen, die ein Kind mit seiner Bindungsperson
gemacht hat, entwickelt das Kind individuelle Bindungsverhaltensmuster
(Bowlby, 1987). In den ersten drei Lebensjahren zeigt das Kind starkes und
regelmäßiges Bindungsverhalten. Wird das Kind älter, zeigt es kontinuierlich weniger Bindungsverhalten und wird zunehmend kompetenter. Trotzdem ist die Bindung grundsätzlich vorhanden, auch wenn das Kind gerade
kein Bindungsverhalten zeigt. Ab dem dritten Lebensjahr ist das Kind verstärkt in der Lage, sich mit einer Bindungsperson, die nicht die Hauptbezugsperson ist, sicher zu fühlen, wenn es weiß wo die Mutter ist. Das Bindungsverhalten ist nunmehr nicht mehr so intensiv, die Kinder zeigen verstärkt
Explorationsverhalten, indem sie immer wieder die Umwelt erkunden. Bindungsverhalten bleibt jedoch das ganze Leben hindurch erhalten. Während
der Jugendzeit und dem Erwachsenenleben richtet es sich kontinuierlich
stärker auf Personen außerhalb der Familie, auf Gruppen oder Institutionen
(Bowlby, 1975).

1.1.4 Explorationsverhalten

Vorausgesetzt, ein Kind fühlt sich sicher, wird es sich immer wieder ein
Stück von der Mutter entfernen und wieder zurückkehren. In dieser Situation stellt die Mutter eine sichere Basis (secure base) dar, während das Kind
Explorationsverhalten zeigt. Mit Hilfe der Exploration erweitert das Kind
sein Wissen über die Welt und erhält zudem Zugang zu weiteren vertrau-
enswürdigen Personen. Explorationsverhalten ist somit eine Voraussetzung
zum Lernen und für die Entwicklung eines Kindes (Ainsworth & Bell, 1974).

Verliert das Kind auf seiner Expedition seine Mutter aus den Augen, ist
das Explorationsverhalten abrupt beendet und das Kind sucht seine Mutter.
Demnach schließen sich Bindungsverhalten und Explorationsverhalten gegenseitig aus, was bedeutet, dass Explorationsverhalten nur gezeigt wird,
wenn das Kind sich sicher fühlt (Bowlby, 1975). Bindung und Exploration
stellen zwei verschiedene Verhaltenssysteme dar, die jedoch aus entwick-
lungspsychologischer Sicht untrennbar miteinander verbunden sind. Aus
diesem Verhalten des Kindes heraus, selber die Nähe und Distanz zur Mutter regulieren zu können, entsteht Bindungssicherheit, die besonders durch
feinfühliges Verhalten der Mutter gefördert wird (ebd.). Die Zuverlässigkeit

der Mutter bestärkt das Kind in seiner Sicherheit und es kann eine positive Vorstellung von Beziehungen entwickeln, die im so genannten inneren Arbeitsmodell abgespeichert sind. Die negativen Gefühle eines Kindes, die durch eine Trennung ausgelöst werden, werden mit Hilfe eines inneren Arbeitsmodells in eine positive Erwartungshaltung auf einen guten Ausgang integriert.

1.1.5 Innere Arbeitsmodelle

Bowlby beschreibt eine Bindungsbeziehung als eine Art zielkorrigierendes Kontrollsystem (Bowlby, 1975), welches kindliches Verhalten durch das Herstellen und Aufrechterhalten von Nähe reguliert. Die Verhaltenssysteme der Exploration und Bindung führen, wie bereits beschrieben, zu einer Regulation von Nähe und Distanz zur Bindungsperson. Diese Prozesse werden als innere Repräsentationen, den inneren Arbeitsmodellen internalisiert. Sie dienen der Interpretation von Ereignissen, Situationen und steuern die Erwartung über das Verhalten der Bindungsperson (Ahnert, 2004).

Bowlby greift die Theorie von Piaget auf, dass Säuglinge aktiv an ihrer Entwicklung beteiligt sind. Sie nehmen die Welt durch Interaktionen mit Hilfe von Anpassungsprozessen auf und entwickeln Schemata, die sie verinnerlichen. Diese mentalen Modelle beziehen sich auf die inneren Arbeitsmodelle des Selbst, der Bindungsperson und auf die Vorstellungen, die die Person von sich und seiner Umwelt hat. Wenn im Laufe des zweiten Lebensjahres die Sprache und das Erinnerungsvermögen dazu kommen, werden sich diese Schemata zu komplexeren inneren Arbeitsmodellen entwickeln, die dann Planen, Ideenaustausch und Unterhaltungen ermöglichen (Bretherton, 2002b).

Sind die inneren Arbeitsmodelle anfangs noch flexibel, so werden sie im Laufe der Entwicklung stabiler und entwickeln sich zu einer psychischen Repräsentanz, zur so genannten Bindungsrepräsentation.

Bowlby maß der frühen kommunikativen Erfahrung des Kindes bei der Entwicklung der internen Arbeitsmodelle große Bedeutung bei. Er vertrat die Ansicht, dass es ein deutlicher Vorteil sei, wenn das Kind auf die Organisations- und Umweltmodelle eines anderen zurückgreifen könne, anstatt jedes Mal eigene entwickeln zu müssen (Bowlby, 1975). Eine Vielzahl von Studien der Bindungsforschung hat gezeigt, dass sicher gebundene Kinder und Erwachsene offen und kohärent kommunizieren können während unsi-

Teil D   Susanne Marschewski

cher-vermeidend gebundene Kinder dagegen eher zurückhaltend bezüglich bindungsrelevanten Themen sind. Unsicher-ambivalent gebundene Kinder und Erwachsene kommunizieren eher inkohärent in Bezug auf bindungsrelevante Themen (Klann-Delius, 2002).

Kommunikation geschieht über interne Repräsentationen des Selbst, der Bindungsperson und des allgemeinen Charakters von Beziehungen (Bowlby, 1975). Mit größer werdender Erfahrung des Kindes werden diese Modelle den Gegebenheiten immer wieder angepasst. Das Kind kann dann in unterschiedlichen Situationen angemessen reagieren. Voraussetzung hierfür ist allerdings die Entwicklung der Personen- und Objektpermanenz (Bowlby, 1975). Erst dann kann es die Erfahrungen im Zusammenhang mit einer bestimmten Person speichern. Erfahrungen, wie beispielsweise: „Wenn ich unglücklich bin, werde ich getröstet." oder „Wenn ich unglücklich bin, muss ich sehen, wie ich zurechtkomme" sind ausschlaggebend, welches Arbeitsmodell entwickelt wird.

Hier ist anzumerken, dass es eine Anzahl von Personen gibt, die trotz der Misshandlungen in ihrer Kindheit erstaunlich wenige Beeinträchtigungen aufweisen. In einer Untersuchung von Zimrin (Dornes, 1999) wurde herausgefunden, dass von 28 misshandelten Kindern über die folgenden 14 Jahre nach den Misshandlungen 19 Kinder gravierende Beeinträchtigungen aufwiesen. Ist davon auszugehen, dass Symptom und Verhaltensweisen mit den durchgeführten Tests nur unzureichend erhoben werden können, so bleibt immer noch eine Anzahl Kinder übrig, die wenige Beeinträchtigungen aufweisen. Es müssen also Faktoren vorhanden sein, welche die seelische Gesundheit aufrechterhalten oder wiederherstellen (Wustmann, 2004). Hier zählen insbesondere Optimismus und Intelligenz der Betroffenen und in der Vergangenheit und/oder Gegenwart eine vertrauensvolle Beziehung zu einem anderem Menschen (Dornes, 2009) als wichtigste Schutzfaktoren gegen die langfristigen negativen Folgen ungünstiger Kindheitserlebnisse.

Ein wichtiger Aspekt bei der Bindungsentwicklung ist die Feinfühligkeit und Verfügbarkeit der Hauptbindungsperson. Eine emotional verfügbare und feinfühlige Bezugsperson fördert die Entwicklung eines angemessenen Arbeitmodells, wodurch der Aufbau einer sicheren Bindung gefördert wird (Bowlby, 1975). Feinfühligkeit und emotionale Verfügbarkeit sind jedoch nur im Zusammenhang mit der Fähigkeit zu sehen, die Gefühle des Gegenübers wahrnehmen zu können.

In diesem Zusammenhang ist auf das Konzept der Mentalisierung von Fonagy hinzuweisen (Fonagy, Gergely, Jurist & Target, 2002). Damit ist die Fähigkeit gemeint, anderen und sich selbst mentale Zustände wie beispielsweise Absichten, Wissen, Gefühle und Gedanken zu schreiben zu können. Das Verhalten anderer kann dadurch vorhergesagt und erklärt werden. Fonagy schreibt dieser Fähigkeit eine bedeutende Rolle bei der transgenerationalen Weitergabe zu. Forschungsergebnisse zeigen, dass Eltern, die einen hohen Grad an Selbstreflexion besitzen, häufiger sicher gebundene Kinder haben. Eltern mit geringerer Selbstreflexionsfähigkeit haben häufiger unsicher gebundene Kinder (Daudert, 2002).

1.2 Die Bedeutung der Feinfühligkeit der primären Bezugspersonen

Die Interaktion zwischen den primären Bezugspersonen und dem Säugling beeinflusst die kognitive und soziale Entwicklung des Kindes (Ainsworth & Bell, 1974). Durch das feinfühlige Beantworten der Signale des Kindes durch die Bindungspersonen erhält das Kind Sicherheit durch die Gewissheit Nähe herstellen zu können. Hieraus entwickelt sich die soziale Kompetenz des Kindes. Durch zuverlässiges Trösten durch die Hauptbezugsperson wird eine tragfähige, emotionale Basis für die Zukunft geschaffen (Posth, 2007).

Die Bindungstheorie setzt voraus, dass sich Mutter und Vater durch ihre unterschiedlichen Rollen ergänzen (Bowlby, 1975). Hier wird zwischen der Feinfühligkeit der Mutter und der Feinfühligkeit des Vaters unterschieden. Verschiedene Studien u.a. belegen diese Unterschiede (Ahlert, 2004).

1.2.1 Feinfühligkeit der Mutter

Die zentrale Theorie der mütterlichen Feinfühligkeit gegenüber den Signalen des Säuglings wurde von Mary D. S. Ainsworth formuliert. Das Konzept der Feinfühligkeit geht davon aus, dass die Mutter durch das Verhalten des Säuglings eine Rückmeldung bekommt, ob ihr eigenes Verhalten die von ihr erwünschte Wirkung hatte oder nicht. Der Säugling bringt beispielsweise durch weinen oder lachen zum Ausdruck, ob die Mutter seine Bedürfnisse erkannt hat und auf die von ihm erwünschte Weise reagiert hat (Grossmann & Grossmann, 2004). Dieser Informationsaustausch zwischen Mutter und Säugling kann jedoch nur gelingen, wenn die Mutter ständig präsent ist und eine niedrige Wahrnehmungsschwelle hat. Wichtig ist, die Signale des Säuglings richtig zu interpretieren und prompt und angemessen zu reagieren, da der Säugling nur über eine kurze Zeitspanne der Aufmerksamkeit verfügt. Reagiert die Mutter zu langsam, bringt der Säugling ihre Reaktion nicht mehr mit seinem Signal in Verbindung. Ebenso wichtig ist die Anerkennung und Akzeptanz des Kindes als Individuum mit Wünschen, Vorlieben, Defizite und auch Absichten. Bedürfnisse des Kindes wahrnehmen zu können, setzt die Fähigkeit der Mutter voraus, die eigenen Bedürfnisse wahrnehmen und befriedigen zu können, um sie so mit denen des Säuglings abstimmen zu können (Grossmann, Grossmann, 2004). Grossmann konnte in eigenen Untersuchungen eine Verbindung zwischen der mütterlichen Bindungsrepräsentation und ihrer Feinfühligkeit herstellen (Grossmann & Grossmann, 2004).

Feinfühliges Verhalten unterscheidet sich von Überbehütung, indem eine Mutter reagiert, wenn der Säugling seine Bedürfnisse äußert. Sie ermuntert ihr Kind oder macht Angebote. Sie wird aber nichts tun, was das Kind nicht verlangt. Dagegen vernachlässigt sie seine Bedürfnisse, wenn sie das Signal des Kindes bemerkt, aber nicht helfend eingreift. Eine überbehütende Mutter hingegen handelt entweder ohne kindliches Signal, oder reagiert völlig über. Sie greift in die Autonomie des Säuglings ein und missachtet seine Selbstbestimmung. Ihre Wünsche und Bedürfnisse und die des Kindes werden von ihr nicht in Einklang gebracht.

Erfüllt die Mutter die Merkmale der Feinfühligkeit, fühlt der Säugling sich verstanden. Er lernt, dass er mit seinen Signalen seine Bindungsperson aktivieren kann, um so sein Leid beenden und seine Bedürfnisse stillen zu können. Er entwickelt soziale Kompetenz. Mit dieser Gewissheit kann ein Kind später Explorationsverhalten zeigen. Das Ergebnis einer Studie von Bell und Ainsworth (1972) zur Entwicklung des Weinens im ersten Lebensjahr zeigte, dass Babys stetig weniger weinten, wenn deren Mütter prompt und feinfühlig reagierten. Diese Babys ersetzten das Weinen durch Kommunikation mittels Mimik, Gestik und Vokalisation. Daraus lässt sich schließen, dass mütterliche Feinfühligkeit die Beendigung des Weinens und gleichzeitig die Entwicklung alternativer Kommunikationsweisen fördert (Ainsworth, Bell & Stayton, 2006).

Die Feinfühligkeit der Mutter, kann durch negative Einflüsse beeinträchtigt werden Hierzu zählen zum Beispiel eigene Vernachlässigungs- oder Gewalterfahrungen, eine psychische Erkrankung, eine belastete Beziehung zum Kindesvater, soziale Isolierung, Armut oder auch ungeklärte Zukunftsperspektiven. Dadurch kann eine dauerhafte Überlastung entstehen, die zu Distanzierung, Teilnahmslosigkeit oder sogar zur Abneigung gegenüber dem Kind führen kann (Kolitzus, 2009). Das Kind kann die Ursachen für das Verhalten der Mutter nicht zuordnen und lernt nur, dass seine Signale nicht beantwortet werden, was wiederum ein Gefühl der Hilflosigkeit erzeugen kann. Im Verhalten zeigt das Kind z.b. eine übertriebene Unabhängigkeit von der Mutter abwechselnd mit unvermitteltem Ärger oder gesteigerte Ängstlichkeit und ist kaum zu beruhigen (Ainsworth & Bell, 2006).

1.2.2 Feinfühligkeit des Vaters

Wird die Mutter in ihrer Funktion als sicherer und zuverlässiger Hafen beschrieben, charakterisiert Bowlby (1982) den Vater in derselben Funktion eher als ermutigenden und unterstützenden Gefährte bei Explorationen, als so genannten „trusted companion" (Grossmann & Grossmann, 2006, S. 222) Optimalerweise ergänzen sich Mutter und Vater in ihren Rollen und Aufgaben. Väter sind also eher in der Rolle des Spielpartners, der spannende neue Herausforderungen für das Kind gemeinsam mit ihm meistert. Spielfeinfühlige Väter fördern das Explorationsverhalten und reagieren zuverlässig auf Anweisungen des Kindes. Sie unterbrechen es bei ihren Tätigkeiten kaum, geben selten Anweisungen und bestehen nicht allzu sehr auf die Einhaltung von Verhaltensregeln sondern fordern diese einfühlsam ein (Grossmann & Grossmann, 2006).

Feinfühliges Spielverhalten des Vaters wird durch das Kind belohnt, indem es eine hohe Kooperationsbereitschaft zeigt und zuverlässig auf ihn reagiert. Vater und Kind sind ebenbürtig, denn auch hier lässt sich feststellen, dass ein gemeinsames Ziel durch Kooperation nur zu erreichen ist, wenn die Bedürfnisse der/des jeweils anderen beachten und respektieren (Grossmann & Grossmann, 2006).

Die Reaktion des Kindes zeigt, ob der Vater sich in das Kind hinein versetzen kann, um es angemessen anleiten zu können. Ein wesentliches Merkmal für die Feinfühligkeit des Vaters zeigt sich in der Freude des Kindes über den Erfolg, eine Aufgabe bewältigt zu haben. Waren die Hilfestellungen des Vaters behutsam und angemessen, schreibt sich das Kind den Erfolg selber zu, unabhängig davon, wie viel der Vater tatsächlich dazu beigetragen hat (ebd.). Fehlt es dem Vater an der Feinfühligkeit zwischen Ermutigung und sicherer Unterstützung auf Grund eigener traumatischer

Erfahrungen, die ebenso wie bei der Mutter mit einer psychischen Störung einhergehen können, so stellt dies einen Risikofaktor für die psychische Entwicklung des Kindes dar (Grossmann & Grossmann, 2006).

Die Bedeutung des elterlichen Einflusses auf Grund von Würdigung, Ignoranz, Kritik, Wertschätzung oder Abwertung lässt sich somit nachvollziehen. Kinder können, bei den Vätern, ebenso wenig wie bei den Müttern, dergleichen die Hintergründe nicht erfassen und reagieren entsprechend. Aus diesem Grund wird die transgenerationale Weitergabe von Bindungen im Folgenden dargestellt.

1.3 Transgenerationale Weitergabe

Die Erfahrungen, die ein Kind mit seinen primären Bezugspersonen macht, spielt eine bedeutsame Rolle. Es beeinflusst die Fähigkeit Beziehungen einzugehen, zu gestalten und zu erhalten. Des Weiteren können diese Erfahrungen auf die psychische Gesundheit Einfluss nehmen (Grossmann & Grossmann, 2006).

Zahlreiche Untersuchungen ergaben einen Zusammenhang zwischen der Art, wie sich die Eltern-Kind-Beziehung gestaltet und sich die psychische Struktur des Kindes entwickelt. Längsschnittstudien zeigten einen signifikanten Zusammenhang elterlicher Bindungsrepräsentation und der Bindungssicherheit eines Kindes im Alter von zwölf Monaten im Fremde-Situations-Test nach Ainsworth (Scheidt & Waller, 2002).

Es ist davon auszugehen, dass Eltern mit sicher-autonomer Bindungsrepräsentation die Signale des Kindes unverzerrter oder vollständiger wahrnehmen, als Eltern mit einem unsicheren Bindungsmodell. Letztere weisen ihre Kinder zurück, weil sie nicht an ihre eigenen negativen Kindheitserlebnisse erinnert werden wollen (unsicher-distanzierendes Bindungsmodell), oder sie reagieren nicht angemessen, weil sie zu sehr mit ihren eigenen Erfahrungen verhaftet sind (unsicher-präokkupiertes Bindungsmodell). Die transgenerationale Weitergabe von Bindungsmustern, die zum Teil über die elterliche Feinfühligkeit erfolgt, ist für das unsicher-distanzierte Bindungsmodell durch Studien von Fonagy et al., Gomille & Gloger-Tippelt und van IJzendoorn belegt (Gloger-Tippelt, 2001). Es zeigt sich, dass sich die Kinder von Eltern mit unsicher-distanzierter Bindungsrepräsentation, signifikant häufiger vermeidend in der Wiedervereinigung in der Fremden Situation verhalten.

So kann es aber auch sein, dass Eltern mit unverarbeiteten traumatischen Kindheitserlebnissen, ihren Kindern in der Art begegnen, dass sie ihre Ängste übertragen und das Kind infolge dessen ein desorganisiertes Bindungsmodell entwickelt (Hofmann, 2001).

Main, Kaplan & Cassidy erfassten in einer Untersuchung an Müttern mit ihren Kindern im Alter von zwölf bis 28 Monaten die transgenerationale Weitergabe von Bindungsmustern. Es zeigte sich, dass nicht nur die in der Fremden Situation erhobene Bindungssicherheit des Kindes mit der Bindungsrepräsentation der Bezugsperson hoch korrelierte, sondern auch, dass unsichere Bindungsmuster bei den Bezugspersonen spezifisch zugeordnet werden konnten (Hofmann, 2001).

Ainsworth und Eichberg replizierten diese Ergebnisse und erhielten für die Dreifach-Klassifizierung (sicher, unsicher, desorganisiert) eine Übereinstimmung von 90% zwischen dem mütterlichen und kindlichen Bindungsmodell (Hofmann, 2001).

Mit diesen Studien fanden sich zwar grundlegende Zusammenhänge zwischen der elterlichen Bindungsrepräsentation und den kindlichen Bindungsmustern, aber es konnte nicht nachgewiesen werden, in wie weit Bezugsperson und Kind sich wechselseitig beeinflussen. Fonagy und seine Mitarbeiter befragten daher 96 schwangere Frauen im letzten Drittel ihrer Schwangerschaft mit Hilfe des Erwachsenenbindungsinterviews. Sie kamen zu ähnlich hohen Zusammenhängen zwischen der mütterlichen und kindlichen Bindungsqualität (Hofmann, 2001).

Einer Studie von Dozier et al. (2001) zufolge zeigte sich, dass die Bindungssicherheit von Kindern, die im ersten Lebensjahr in Pflegefamilien vermittelt wurden, mit der Bindungsrepräsentation und mit Kindheitstraumata der Pflegemutter zusammenhängen. Bindungsmuster von den Pflegeeltern und dem Kind zeigten eine Übereinstimmung von 72 %. Bei sicheren Pflegeeltern zeigte das Kind weniger vermeidenden Rückzug und suchte eher Nähe in Belastungssituationen.

Eine weitere Studie von Stovall-McClough und Dozier (2004) zeigte Zusammenhänge zwischen dem Alter der Pflegekinder und der Bindungsrepräsentation der Pflegemutter in den ersten zwei Monaten nach der Vermittlung. Die Kinder waren bindungsorientierter und zeigten sicherere Strategien, wenn sie bei der Vermittlung jünger als zwölf Monate waren und bei Pflegemüttern mit einer sicheren Bindungsrepräsentation untergebracht waren. Das lässt zum einen den Schluss zu, dass je älter das Kind bei der Vermittlung ist, desto schwieriger ist es für das Kind korrigierende Erfahrungen zu machen. Zum anderen bedeutet es aber auch, dass die Bindungsrepräsentation der Pflegemütter einen Einfluss auf die Bindungsentwicklung des Kindes haben kann.

Diese Studien machen zwar deutlich, dass die Bindungsqualität eines Kindes oftmals vorhersagbar ist und bestätigen damit die Annahme einer transgenerationalen Weitergabe von Bindungsqualitäten. Es muss jedoch betont werden, dass dies nur geschieht, wenn die soziale Umwelt und die Eltern- Kind-Interaktionen stabil bleiben. Gerät beispielsweise ein zuvor feinfühliger Vater plötzlich auf Dauer sehr unter Druck, kann das Kind seine Sicherheit in Bezug auf die Verfügbarkeit der Bindungsperson verlieren. Es kann dann passieren, dass es den Elternteil nicht mehr als sichere Basis und beschützende Figur und bedingt dadurch, auch das Arbeitsmodell vom unterstützten Selbst, als gültig ansieht. Dies stellt dann einen Risikofaktor für die psychische Belastung des Kindes dar (Grossmann & Grossmann, 2006).

Es ist aber auch der umgekehrte Fall möglich. Ein Kind kann seine Eltern durch verbesserte Lebensumstände plötzlich als feinfühlig und explorationsfördernd erleben, so dass es seine Eltern nun als sichere Basis nutzen kann. Das Gleiche ist auch möglich, wenn Kinder aus einer schädigenden Lebenssituation heraus in ein neues Umfeld verbracht werden und dort korrigierende Erfahrungen machen können (Bretherton, 2002).

1.4 Bindungsklassifikationen

Mary Ainsworth untersuchte erstmalig die Auswirkungen verschiedener mütterlicher Umgangsstile mit ihren Kindern auf die Qualität der Bindungsbeziehungen. Während ihrer Feldforschungen in Uganda (Ainsworth, 1967) und im Rahmen ihrer Baltimore-Studie stellt sie Zusammenhänge fest zwischen der mütterlichen Feinfühligkeit und dem Bindungsverhalten der Kinder, welches sie ausführlich beschrieb. Als letzten Schritt ihrer einjährigen Baltimore-Studie entwickelte sie den so genannten Fremde-Situations-Test (FST). Auf Grund der Ergebnisse unterteilte sie nach festgelegten Kriterien die Babys in drei organisierten Bindungskategorien: sicher gebundene, unsicher-vermeidend und unsicher-ambivalent gebundene Babys (Ainsworth, 1985). Da sich Verhaltensweisen im Fremde-Situations-Test fanden, die keiner der oben genannten Kategorien zuzuordnen waren, wurde auf Grund der Forschungsarbeit von Main und Solomon desorganisiert/desorientiert als weitere Klassifikation hinzugefügt (Main, 2009).

1.4.1   Fremde-Situations-Test als Diagnoseinstrument für die
Bindungsqualität in der Kindheit

Mary Ainsworth entwickelte den Fremde-Situations-Test (FST), um die Balance von Bindung und Exploration von Kindern im Alter von zwölf bis achtzehn Monaten darzustellen (Ainsworth et al. 1978). Für diesen Test werden Mutter-Kind-Paare verschiedenen, für das Kind stresserzeugende Episoden ausgesetzt, um bindungsrelevante Verhaltensweisen auszulösen. Bei zweimaliger kurzer Trennung von der Mutter und anschließender Wiedervereinigung wird das Verhalten des Kindes beobachtet. Dieses Verhalten in den Wiedervereinigungsepisoden wird zur Beurteilung der Bindungsqualität in Bezug zur jeweiligen Bindungsperson genutzt (ebd.). Mary Ainsworth stellte Unterschiede in der Art der Bindung eines Kindes gegenüber seiner Bezugsperson fest. Sie machte die Entdeckung, dass es einen signifikanten Zusammenhang zwischen Klassifikationen der Bindungsqualität der Kinder (FST) gibt und den Transkripten der elterlichen Erwachsenenbindungsinterviews (Adult Attachment Interview).

1.4.2   Die vier kindlichen Bindungsmuster

Die individuellen Unterschiede in der Organisation sind Strategien des Kindes in Belastungssituationen mit emotionaler Verunsicherung umzugehen.

Sicher gebundene Kinder haben das Vertrauen, dass ihre Eltern feinfühlig und verfügbar sind und ihnen in bedrohlichen Situationen zur Seite stehen. Sie zeigen Explorationsverhalten, da sie ihre Bindungsperson als sicheren Hafen nutzen können. Zudem sind sie lösungsorientierter, können sich im Spiel besser konzentrieren und sind Sozialkontakten gegenüber Spielkameraden und Erwachsenen aufgeschlossener (Main, 2001).

Unsicher-vermeidend gebundene Kinder dagegen verhalten sich völlig anders. Sie haben keine Sicherheit, in bedrohlichen Situationen Unterstützung durch ihre Bindungsperson zu erhalten. Sie richten ihre Aufmerksamkeit auf das Spielzeug. Dieses Verhalten ist eine Strategie des Kindes, mit der für ihn bedrohlichen Situation umgehen zu können und dient der Aufrechterhaltung seiner Selbstorganisation (Ainsworth et al., 1978).

Unsicher-ambivalent gebundene Kinder wollen Kontakt, zeigen aber gleichzeitig kontaktvermeidendes Verhalten, da sie nicht sicher sind, ob ihre Eltern verfügbar sind. Ihnen wird auch durchaus gedroht verlassen zu werden, wenn sie das gewünschte Verhalten nicht zeigen. Aus ihrer Angst heraus, richten sie ihre ganze Aufmerksamkeit auf ihre Bindungsperson in der fremden Umgebung. Dadurch sind sie derart gestresst, dass sie kein Explorationsverhalten zeigen können (ebd.).

Neben den drei beschriebenen organisierten Bindungsqualitäten des FST gibt es noch die von Main und Solomon hinzugefügte Kategorie der desorganisierten/desorientierten Bindungsqualifikation. Das Verhalten der Kinder entspricht keiner der oben aufgeführten Bindungsqualitäten und kann zusätzlich als „desorganisiert" klassifiziert werden. Die Kinder zeigen keine klaren Bindungsstrategien und wechseln zwischen distanzarm und scheu, zeigen bizarres Verhalten, Stereotypien oder Übersprungsbewegungen, wie beispielsweise Grimassenschneiden oder „einfrieren". Sie sind besonders häufig in Hochrisikostichproben zu finden. Traumatisierungen und unbeständige Beziehungserfahrungen können der Auslöser dafür sein. Ist eine Bindungsperson gleichzeitig auch die Quelle von ängstigenden Situationen für das Kind, können desorganisierte Bindungsmuster die Folge sein (Main, 2001).

Es ist jedoch darauf hin zu weisen, dass eine sichere Bindung keine lebenslange Garantie für psychische Gesundheit ist. Sie ist lediglich als Schutzfaktor zu betrachten. Unsichere Bindungen hingegen sind als solche keine Psychopathologie, sie müssen allenfalls als Risikofaktor eingestuft werden (Wustmann, 2004).

Sind die Verhaltensstrategien der organisierten Bindungsqualitäten als Bewältigungsstrategie zu verstehen, brechen bei desorganisiert gebundenen Kindern diese Verhaltensstrategien zusammen. Die dann gezeigten konfusen Verhaltensweisen sind Abwehrreaktionen des Kindes, um mit der als bedrohlich empfundenen Situationen umgehen zu können (Main, 2001).

1.4.3 Abwehrreaktion

Abwehrreaktionen dienen nicht der Abwehr von Furcht auslösenden Situationen, sondern haben eine selbstbeschützende Funktion. Mit ihr sollen Gedanken, Wahrnehmungen und Gefühle abgespalten werden, die ansonsten für das Kind unerträglich sind (Bretherton, 2002a). Diese so genannten unkontrollierbaren Stresssituationen führen zu einer massiv lang anhaltender Cortisolausschüttung. Dadurch können neue Erfahrungen im Gehirn nicht verankert werden und das Bindungssystem nicht mehr richtig reguliert werden (Hüther, 2008). Diese Fehlregulation ist als Anpassung zu verstehen. Wichtig wird dies, wenn Kinder korrigierende Erfahrungen nicht auf Grund dieser Abwehrreaktion machen können.

1.5 Bindungsrepräsentationen im Erwachsenenalter

Lässt sich die Bindungsstrategie in der frühen Kindheit am Verhalten erkennen, so zeigt sie sich im Erwachsenenalter auf der sprachlichen Ebene (Fremmer-Bomik, 2009). Die Art und Weise, wie ein Erwachsener über seine Bindungserfahrungen in der Kindheit spricht, gibt nach Main und Goldwyn Aufschluss über seinen derzeitigen Verarbeitungsstatus (Gloger-Tippelt, 2001). Die Erfassung der Bindungsrepräsentation im Jugend- und Erwachsenenalter kann über das Adult Attachment Interview (AAI) erfolgen.

Das AAI wurde entwickelt, indem Berichte von Eltern über ihre eigenen Kindheitserfahrungen erfasst wurden, deren Kinder fünf Jahre zuvor in der Fremden-Situation klassifiziert worden waren. Nachdem das Interview und das Klassifikationssystem fertig gestellt war, konnten die Beziehungen der elterlichen Bindungsrepräsentationen und den kindlichen Bindungsmustern wie in der folgenden Tabelle dargestellt, in Verbindung gebracht werden.

Tabelle 1: Gegenüberstellung der Bindungstypen des Kindes in der Fremden Situation und der Bindungsrepräsentation der Bezugsperson im Adult Attachment Interview (Gloger-Tippelt, 2001).

Bindungsverhalten Kleinkind erfasst mit dem FST	Bindungsrepräsentation Bezugsperson erfasst mit dem AAI
sicher (B)	sicher-autonom (F)
unsicher-vermeidend (A)	unsicher-distanziert (Ds)
unsicher-ambivalent (C)	unsicher-präokkupiert (E)
desorganisiert/desorientiert (D)	unverarbeitet (U)
nicht klassifizierbar (CC)	nicht klassifizierbar (CC)

Es konnten signifikante Zusammenhänge zwischen der elterlichen Bindungsrepräsentanz und dem kindlichen Bindungsverhalten nachgewiesen werden. Wie sich aber ein generalisiertes inneres Arbeitsmodell entwickelt, wenn das Kind unterschiedliche frühkindliche Bezugspersonen hatte, ist noch ungeklärt (Nowacki, 2007). Im Folgenden werden nun die Bindungsrepräsentationen der Erwachsenen näher erläutert.

1.5.1 sicher-autonome Bindungsrepräsentation

Im Adult Attachment werden Erwachsene mit einer sicher-autonomen Bindungsrepräsentation mit „F" (free-autonomus) kategorisiert. Ihre sichere Bindung ist durch „eine ausgewogene Repräsentation von Autonomie und Bindungsbedürfnissen beziehungsweise emotionaler Verbundenheit" gekennzeichnet (Ziegenhain, 2001, S.154).

Autonome Erwachsene erachten ihre Beziehungserfahrungen als bedeutsam für ihre Persönlichkeitsentwicklung. Sie haben einen guten Zugang zu positiven und negativen Kindheitserfahrungen. Sie können diese offen und frei schildern und mit konkreten Erinnerungen belegen. Die Schilderungen sind ausführlich, beziehen sich aber dabei präzise auf die Fragen und können gut nachvollzogen werden. Negative Erfahrungen werden häufig versöhnlich geschildert und offen reflektiert. Sie haben eine positive Wertschätzung und Achtung ihrer eigenen Person und können emotional und kognitiv über ihre Erfahrungen berichten (ebd.).

Die Erfahrungen selbst sind nicht so sehr von Bedeutung als vielmehr die Reflexion und die Kohärenz des Geschilderten. Kohärenz ist die Übereinstimmung des episodischen und semantischen Gedächtnisses des Interviewten. Gemeint sind die persönlichen und konkreten Erfahrungen mit der Bezugsperson und den damit empfundenen Gefühlen, sowie allgemeine und abstrakte Informationen der gemeinsamen Interaktionen mit einer Bezugsperson. Der Grad der Übereinstimmung ist ein wesentliches Kriterium bei der Klassifikation der sicheren Bindungsrepräsentation (Ziegenhain, 2001). Nach Main, Goldwyn und Hesse (2002) erfolgt eine Beurteilung der Kohärenz eines Interviews nach den Maximen der Kohärenz nach Grice. Ihre Einhaltung charakterisiert einen gelungenen Diskurs.

Bei den Maximen nach Grice handelt es sich um folgende Aspekte:

- Qualität: Aufrichtigkeit, welche durch direkte und angemessene Belege gestützt werden
- Quantität: Verwendung von kurzen und hinreichend informative Äußerungen
- Relevanz: relevante, themenbezogene Äußerungen, die sich auf die Interviewfragen beziehen
- Art und Weise/Modalität: klare, eindeutige und geordnete Beantwortung der Interviewfragen

(Main, Goldwyn, Hesse, 2002).

1.5.2 unsicher-distanzierte Bindungsrepräsentation

Eine im Adult Attachment Interview unsicher-distanziert klassifizierte Person erhält das Kürzel „Ds" (dismissing). Im amerikanischen wird für diesen Bindungsstil der Ausdruck „dismissing of attachment" benutzt und bedeutet, dass im Vordergrund ein Zurückdrängen von Bindungserfahrungen steht. Nach Main (2001) kennzeichnet diese Bindungsrepräsentation eine Verhaltensstrategie, die den Einfluss von Bindungserfahrungen minimiert und das Bindungssystem deaktiviert.

Unsicher-distanziert klassifizierte Personen betonen häufig ihre Selbstständigkeit, Stärke und Unabhängigkeit. Beziehungen zu anderen Menschen werden als nicht so bedeutsam charakterisiert. Nach Gloger-Tippelt (2001) haben sich bei ihnen unterschiedliche Strategien herausgebildet, um schmerzliche Erfahrungen mit den begleitenden Gefühlen möglichst gering zu halten. Sie sollen vom Bewusstsein ferngehalten oder umgedeutet werden. Zudem soll die Bedeutung naher Beziehungen insgesamt gering gehalten werden. Die psychischen Prozesse, mit denen dies erreicht wird sind die Idealisierung der Beziehung zu ihren Eltern, hartnäckiges Verleugnen von Erinnerungen, Abwertung von Beziehungen ihnen nahe stehender Personen und das Ausklammern und Isolieren von Gefühlen. Charakteristische sprachliche Merkmale für den unsicher-distanzierten Bindungsstil sind knappe ausweichende Antworten im Adult Attachment Interview. Kindheitserlebnisse werden besonders zurückhaltend geschildert und die Frage nach konkreten Ereignissen wird eher mit allgemeinen Einschätzungen beantwortet und können nicht mit konkreten Erlebnissen belegt werden. Im Auswertungssystem von Main, Goldwyn und Hesse (2002) wird diese fehlende Übereinstimmung von semantischem und episodischem Gedächtnissystem als Einschränkung der Kohärenz des Diskurses betrachtet (Gloger-Tippelt, 2001). Die Schilderungen der Kindheitserlebnisse legen den Schluss nahe, dass Personen mit unsicher-distanziertem Bindungsmodell keine liebevolle unterstützende Zuwendung von den Eltern erhalten haben. Durch die mangelnde emotionale Verfügbarkeit oder sogar offene oder verdeckte Zurückweisung kann ein unsicher-distanziertes Arbeitsmodell entstehen. Die Eltern können nicht als sichere Basis fungieren und das Kind kann sich nicht durch ihre Nähe regulieren. Es verbleibt in einem dauerhaften Zustand der Verzweiflung, welcher für das Kind unerträglich ist. Bowlby (1975) spricht hier von abwehrendem Ausschluss. Durch die daraus resultierende Abwehrreaktion wird der Schmerz gemindert. Es stellt sich eine emotionale Loslösung ein (Gloger-Tippelt, 2001). Das Kind lernt, seine Gefühle hinter eine Maske der Gleichgültigkeit zu verbergen, was Bowlby (1976) als zwanghafte Selbstgenügsamkeit bezeichnet. Auch wenn diese Kinder nach außen gleichgültig erscheinen, weisen sie einen erhöhten Cortisolwert auf (Gloger-Tippelt, 2001). Personen mit unsicher-distanziertem Bindungsmodell verstoßen insbesondere gegen die Maxime der Qualität, Quantität und Relevanz (Ziegenhain, 2001).

1.5.3 unsicher-präokkupierte Bindungsrepräsentation

Personen, die als unsicher-präokkupiert klassifiziert werden, erhalten das Kürzel „E" (entangled). Diese Personen schildern im Interview sehr detailliert, ausführlich aber entweder sehr vage oder konflikthaft oder ärgerlich ihre Erfahrungen mit Bezugspersonen. Sie konzentrieren sich häufig während des Interviews nicht auf die wahrheitsgemäße und angemessene Beantwortung der Fragen, als auf die Erinnerungen, Gedanken und den damit verbundenen Gefühlen, welche die Fragen bei ihnen auslösen und sind nicht kooperativ (Gomille, 2001). Die Gruppe der unsicher-präokkupierten Bindungsrepräsentationen weist unterschiedliche Merkmale auf. Auf Grund dessen wird dieser Bindungsstil in drei Untergruppen unterschieden, die sich stark unterscheiden und deshalb im Folgenden näher erläutert werden.

Im Adult Attachment Interview berichten passiv-präokkupiert klassifizierte Personen häufig mit sehr viel Details über ihre Kindheitserlebnisse. Sie betonen dabei Familientraditionen und den Zusammenhalt der Familie. Sie gehen dabei auch nicht auf die eigenen Erinnerungen ein, sondern auf die Reaktionen der Eltern oder anderer nahe stehender Personen, an die sie gar keine Erinnerungen haben können. Bei der Beantwortung auf Fragen nach früheren Beziehungen schildern sie schon nach wenigen Sätzen die heutige Beziehung. Bei der Beantwortung der Fragen verstoßen sie gegen die Maxime der Kohärenz, so dass der Interviewer Schwierigkeiten hat, die Schilderungen nachvollziehen zu können. Es entsteht kein klares Bild über die Kindheitserfahrungen des Interviewten (Gomille, 2001).

Die Personen der ärgerlich/konflikthaft-präokkupierten Bindungsrepräsentationen schildern häufig ungefragt gegenwärtige Beziehungen, die sie meist durchweg negativ beschreiben. Die Verantwortung dafür geben sie ausschließlich anderen. Weitere Merkmale sind Übertreibungen, widersprüchliche und pseudoanalytische Darstellungen, sowie irrelevante Aussagen (ebd.).

Als dritte Untergruppe kann sich nach Main, Goldwyn und Hesse (2002) die angstvolle Präokkupation mit traumatischen Ereignissen in zwei verschiedenen Formen zeigen. Zum einen thematisieren die betroffenen Personen traumatische Ereignisse, obwohl sie nicht danach gefragt werden. Sie wirken dabei verwirrt oder ängstlich. Zum anderen kann es sein, dass sie Erinnerungslücken haben, die vermutlich im Zusammenhang mit den traumatischen Ereignissen stehen. Sie sind darüber sehr beunruhigt, was sich von den Erinnerungsschwierigkeiten des distanzierten Bindungsrepräsentationsmodells unterscheidet (ebd.).

Insgesamt scheinen präokkupierte Personen nach Main, Goldwyn und Hesse (2002) wenig autonom in ihren derzeitigen Beziehungen zu sein. Sie haben offensichtlich nicht nur in der Kindheit, sondern auch im Erwachsenenalter eine konflikthafte Beziehung zu ihrer Herkunftsfamilie. Es ist davon auszugehen, dass diese Personen wenig Unterstützung und Liebe in ihrer Kindheit bekommen haben, aber den elterlichen Bedürfnissen viel Aufmerksamkeit schenken mussten. Die Überforderung durch die Eltern, indem sie die Nähe des Kindes für das eigene Wohlbefinden benötigten, sich unangemessen in die Angelegenheiten des Kindes mischten oder durch Parentifizierung erschwerten sie die Autonomieentwicklung des Kindes. Zurückweisung wird hingegen eher selten geschildert (ebd.).

Das Verhalten ambivalenter Kinder kann hier als organisierte Strategie angesehen werden, um die größtmögliche Verfügbarkeit der Eltern zu erreichen. Die ständige Unsicherheit über die Verfügbarkeit der Eltern fordert von den Kindern einen Zustand der ständigen Wachsamkeit, welchen Verlauf die Interaktion mit den Eltern nehmen wird. Nach Bolby (1975) schränkt dies das Explorationsverhalten ein und mit zunehmendem Alter auch die Wahrnehmung der eigenen Gefühle und Gedanken und die Reflexion darüber. Auf Grund der widersprüchlichen Erfahrungen, die ein ambivalentes Kind mit seiner Bindungsperson gemacht hat, können nur vage, unklare oder konkurrierende, widersprechende Schemata aufgebaut werden. Sie sind eine ungünstige Grundlage für die Bewertung von Situationen, Personen und Beziehungen. Ebenso werden auch klare Entscheidungen und Handlungen erschwert. Auf Grund dessen entwickelt das Kind wenig Zutrauen in die Verfügbarkeit und Verlässlichkeit wichtiger Bindungspersonen. Daraus resultiert dann ein Gefühl, dieser Verlässlichkeit und Unterstützung nicht wert zu sein, wenig bewirken zu können und das Verhalten anderer nicht vorhersagen zu können (Gomille, 2001). Präokkupierte Eltern haben auf Grund ihres mentalen Bindungsmodells mehr Schwierigkeiten angemessene Feinfühligkeit zu zeigen (ebd.). Charakteristische Merkmale für unsicher-präokkupierte Bindungsrepräsentationen sind Verstöße im Interview gegen die Maximen der Qualität, sowie der Art und Weise und zusätzlich Besonderheiten in der Qualität und der Relevanz (Ziegenhain, 2001).

1.5.4 unverarbeitete Bindungsrepräsentation

Die Bindungstheorie bezieht den Begriff Trauma auf Erfahrungen eines Kindes mit der Bindungsfigur, die die Bindung nachhaltig erschüttern (Gloger-Tippelt, 2001). Das kann geschehen, wenn das affektive Band durch den Tod der Bindungsfigur unterbrochen wird. Der Tod der Bindungsfigur ist eine desorientierende Erfahrung, da der innere Bezugspunkt der Organisation und der Orientierung verloren geht. Eine Neuorientierung und Neuorganisation des Bindungssystems ist erforderlich. Findet der dafür erforderliche Trauerprozess nicht statt, so bleibt der Verlust unverarbeitet (Hauser, 2001).

Personen, welche mit dem Adult Attachment Interview der Kategorie unverarbeitete Bindungsrepräsentation zugeordnet werden, erhalten das Kürzel „U" (unresolved). Entscheidend für die Klassifikation ist der Hinweis darauf, dass traumatische Kindheitserfahrungen nicht verarbeitet werden konnten. Sie wirken sich auf das heutige Bindungsverhalten der Person aus. Hinweise darauf zeigen sich in sprachlicher Desorganisation oder Desorientierung (Strauß, 2004).

Kennzeichen für eine unverarbeitete Bindungsorganisation können sein:

- Verantwortungsübernahme für das traumatische Erlebnis.
- Äußerungen über das traumatische Erlebnis an Stellen, an denen gar nicht danach gefragt wurde (Hauser, 2001).

Bei dieser Klassifikation handelt es sich um eine Beurteilung des aktuellen Ausmaßes der Traumatisierung. Sie wird zusätzlich zu der Hauptklassifizierung vergeben und kann in Verbindung mit jedem Bindungsmuster vorkommen:

- U/Ds: unverarbeitet/bindungsabweisend
- U/F: unverarbeitet/autonom
- U/E: unverarbeitet/präokkupiert (Hauser, 2001).

1.5.5 nicht klassifizierbare Bindungsrepräsentation

Die Kategorie „CC" (cannot classify) wird vergeben, wenn die Bindungsrepräsentation des Interviewten nicht eindeutig einer der beschriebenen organisierten Kategorie zugeordnet werden kann, weil Merkmale verschiedener Bindungsmodelle zu finden sind. Der wesentliche Unterschied zur „U"-Kategorie besteht jedoch darin, dass sich die Unklarheiten durch das gesamte Interview ziehen. Um eine Tendenz deutlich zu machen, sollte möglichst die am ehesten denkbare Kategorie zusätzlich genannt werden (Nowacki, 2007).

1.6 Zusammenfassung zu Bindungstheorie

Die von John Bowlby formulierte Bindungstheorie geht von einem evolutionsbedingten genetisch vorprogrammierten Bindungsverhaltenssystem des Menschen aus. Es wird durch soziale Interaktionen aktiviert und reguliert die optimale Nähe zu einer beschützenden und autonomieunterstützenden Bindungsfigur.

Kinder müssen Explorationsverhalten entwickeln, um sich Wissen und Fähigkeiten aneignen zu können. Dies geht aber nur, wenn sie eine Bindungsperson als sichere Basis nutzen können. Voraussetzung hierfür ist die Fähigkeit des Kindes, Bindungs- und Explorationsverhalten im Gleichgewicht halten zu können. Dieses Gleichgewicht ist ein Indikator für die seelische Gesundheit eines Kindes.

Die Entstehung von Bindungsverhalten findet nach Bowlby (1975) in vier Phasen statt. Verschiedene Testmethoden ermöglichen sowohl die Erfassung des kindlichen Bindungsmodells, als auch die Bindungsrepräsentation von Erwachsenen.

Um die Bindungsmuster bei Kindern klassifizieren zu können, wurde der Fremde-Situations-Test entwickelt. Hier werden organisierte Bindungsqualitäten (sichere, unsicher-vermeidend und unsicher- ambivalent) von desorganisierten/desorientierten Bindungsqualitäten unterschieden.

Die Bindungsrepräsentation von Erwachsenen lässt sich mit dem Adult Attachment Interview erfassen und in vier Hauptkategorien unterteilen. Hier wird zwischen sicher-autonomen, unsicher-distanzierenden und unsicher-präokkupierten Bindungsrepräsentationen, dem unverarbeiteten Trauma und der nicht klassifizierbaren Bindungsrepräsentation unterschieden.

Große Bedeutung wird bei der Bindungsentwicklung dem feinfühligen Verhalten der Bindungsperson dem Kind gegenüber und der transgenerationalen Weitergabe von Bindungsmustern beigemessen. Obwohl diese beiden Faktoren zwar bedeutsam sind, können sie jedoch nicht vollständig das Zustandekommen des jeweiligen Bindungsverhaltens erklären.

Innere Arbeitsmodelle, die auf Grund der Interaktionserfahrungen eines Kindes mit seiner Bindungsperson entwickelt wurden, ermöglichen dem Kind sein Verhalten der Wirklichkeit anzupassen. Unterschiedliche Erfahrungen werden in einem Gesamtmodell integriert und beeinflussen das Verhalten des Kindes. Das bedeutet, dass Menschen, die unterschiedliche Bindungspersonen hatten, ebenfalls ein inneres Arbeitsmodell entwickeln.

Welche Bedeutung die Aspekte der Bindungstheorie für Kinder in Dauerpflege und den Pflegefamilien hat, wird im Folgenden dargestellt.

2 Pflegefamilien

2.1 Bedeutung der Bindungen im Dauerpflegeverhältnis

Wie bereits dargestellt, entwickeln sich Bindungsbeziehungen im täglichen Zusammenleben durch die Befriedigung kindlicher Bedürfnisse. Hat ein Kind keine Befriedigung seiner Bedürfnisse erfahren und dadurch keine sichere Bindung zu einer Bindungsperson entwickeln können, so kann es zu Beeinträchtigungen in sozialen Interaktionen kommen (Grossmann & Grossmann, 2003). Wird das Kind in einer Pflegefamilie untergebracht, übernehmen die Pflegeeltern die Rollen der Bindungspersonen. Die Jugendhilfe nutzt also bewusst das Bindungssystem des Kindes und die Fürsorgebereitschaft der Pflegeeltern. Diese stehen dem Kind zur Verfügung und es kann Erfahrungen aus früheren Beziehungen in der neuen Beziehung reinszenieren. Wissen Pflegeeltern, welche Funktion diese Übertragungen haben, können sie dann für einen sicheren emotionalen Hintergrund sorgen. Bindungswissen hilft daher beim Beziehungsaufbau und der Beziehungsgestaltung in der Pflegefamilie. Das Ziel der Unterbringung ist nach Nienstedt und Westermann (2007) die Integration des Kindes in der Dauerpflegefamilie, um neue tragfähige Beziehungen entwickeln zu können. Dadurch kann die Korrektur von Störungen in der Persönlichkeitsstruktur des Kindes erreicht werden (Nowacki, 2007). Vor diesem Hintergrund ist es wichtig, den Beziehungsaufbau beratend zu unterstützen, um dadurch die Nutzung der Pflegeeltern als sichere Basis zu ermöglichen.

2.2 Integration des Pflegekindes

Mit ihrer Integrationstheorie bringen Nienstedt und Westermann (2007) zum Ausdruck, dass die Sozialisation des Kindes in der Dauerpflegefamilie nicht als reiner Eingewöhnungsprozess zu verstehen ist. Die Fremdunterbringung und damit die Trennung des Kindes von seiner primären Bezugsperson ist einer der stärksten und nachhaltigsten Eingriffe im Lebenslauf eines Kindes. Die Trennung eines Kindes von seiner Bezugsperson versetzt es in einen Zustand der Ohnmacht und existentieller Angst und aktiviert sein Bindungssystem (Kapitel 1.1.3). Da aber die Trennung von den Herkunfts-

eltern bei Kindeswohlgefährdung unvermeidlich ist, ist es von enormer Bedeutung, die Kinder achtsam und möglichst wenig schädigend die Kinder
unterzubringen. Die Frage ist, wie Kinder unterstützt werden können, um
diese Brüche in ihrer Biographie zu integrieren, also um den Zusammenhang in ihrem Lebenslauf begreifen und akzeptieren zu können.

Der israelische Medizinsoziologe Aaron Antonovsky hat den Begriff „Kohärenz" im Zusammenhang mit den Bewältigungsressourcen für belasten-
de und stresshafte Situationen im Leben geprägt (BZgA, 2009).

Das Gefühl der Kohärenz ist ein tief verwurzeltes Vertrauen in das Leben
und umfasst drei Aspekte:

- Gefühl von Verstehbarkeit (sense of comprehensibility): Die Ereignisse
  des Lebens sind verstehbar und erklärbar
- Gefühl von Bewältigbarkeit (sense of manageability): Schwierigkeiten
  sind lösbar
- Gefühl von Sinnhaftigkeit (sense of meaningfulness): Das Leben wird als
  sinnvoll empfunden. Probleme werden als Herausforderungen gesehen
  und sind es wert, für eine Lösung Energie aufzuwenden. Ohne dieses
  Gefühl empfindet der Mensch das Leben als Last.

Je stärker also das Kohärenzgefühl, desto höher ist die Wahrscheinlichkeit,
dass das Kind mit den Belastungen umgehen kann (BZgA, 2009). Die Aufgabe der Erwachsenen muss also sein, die Kinder altersentsprechend und
realistisch über ihre derzeitige Situation aufzuklären, sie erklärbar zu machen, damit das Kind nicht in dem Gefühl der Ohnmacht und existentieller
Angst verbleibt und die Integration des Kindes in der Pflegefamilie ermöglicht wird. Ebenso ist es auch für die Zukunft des Kindes von enormer Wichtigkeit, die eigenen Erfahrungen verarbeiten zu können, um somit die
transgenerationalen Weitergabe, wie in Kapitel 1.3 beschrieben, von negativen Bindungserfahrungen zu verhindern.

Generell werden drei Phasen der Integration in der Ersatzfamilie unterschieden (Nienstedt & Westermann, 2007):

In der ersten Phase, passt sich das Kind scheinbar konfliktlos den neuen
Lebensbedingungen an. Da es nicht weiß, ob die neuen Lebensbedingun-
gen zu- oder abträglich sein werden, geht es mit positiven als auch negativen
Erwartungen auf die neue Familie zu. Durch „Überanpassung" (Nienstedt &
Westermann, 2007, S.88) hält das Kind seine eigene Unsicherheit unter

Kontrolle, was oftmals als Hinweis auf eine gelungene Integration gedeutet wird. Um dem Kind eine Integration zu ermöglichen, muss ihm das Gefühl vermittelt werden, angenommene zu sein. „Indem die Eltern sich vom Kind an die Hand nehmen lassen, ermöglichen sie ihm, dass es Einfluss auf sie gewinnt und die aus ängstlicher Unsicherheit resultierende Überanpassung aufgeben kann." (ebd., S.90).

In der zweiten Phase entstehen dann Übertragungsbeziehungen, in denen das Kind Erfahrungen aus früheren Beziehungen in der neuen Beziehung neu inszeniert. Das Auftreten der Verhaltensauffälligkeiten wird dann oftmals als Rückschritt gewertet, und es entstehen so Missverständnisse und Konflikte. Wenn die Pflegeeltern in der Lage sind, sich adäquat darauf einzulassen liegt hier die Chance für korrigierende Erfahrungen. Erleichtert wird das Verstehen der Verhaltensweisen des Kindes, wenn die Pflegeeltern die Vorerfahrungen des Kindes kennen. Sie können sich besser auf die zu erwartenden Probleme einstellen und daher die Signale und Gefühle des Kindes besser einordnen (Nienstedt & Westermann, 2007).

Gelingen dem Kind korrigierende Erfahrungen, so ist in der dritten Phase die Regression möglich. Das Kind kann dann auf frühkindliche Entwicklungsstufen zurückkehren und dadurch eine neue Eltern-Kind-Beziehung aufbauen. Die Regression ermöglicht es dem Kind seine scheinbare Selbstständigkeit aufzugeben und sich in Abhängigkeit zu begeben. Werden seine Bedürfnisse adäquat befriedigt, erfährt es Anerkennung und Bestätigung und ist dann in der Lage, ein funktionierendes Regulationssystem für sein Selbstwertgefühl zu entwickeln. Wichtig ist in dieser Phase, dass die Pflegeeltern sich von den Bedürfnissen des Kindes leiten lassen und diese nicht als unangemessen zurück gewiesen oder als Verhaltensstörung verstanden werden (Nienstedt & Westermann, 2007).

Arnim Westermann grenzt jedoch in der Integrationstheorie von Nienstedt und Westermann (2007) Ersatzfamilien und Ergänzungsfamilien voneinander ab. Er macht deutlich, welche Unterbringung er wann für angebracht hält (Westermann, 2009). Die Vermittlung in eine Pflegefamilie erfolgt aus unterschiedlichen Gründen und mit unterschiedlichen Zielen. Können Eltern in einer Krisensituation vorübergehend die Versorgung ihres Kindes nicht leisten, hält er die Vermittlung im Sinne der Ergänzungsfamilie für angebracht. Bei dieser Form wird die Herkunftsfamilie zeitweilig entlastet und ergänzt. Die leiblichen Eltern sind und bleiben Eltern des Kindes. Hier dient der Besuchskontakt der Aufrechterhaltung der Eltern-Kind Beziehung mit dem Ziel der Rückführung. Können leibliche Eltern ihre Elternfunktion nicht erfüllen, sind Ersatzeltern nötig. Das Ziel hierbei ist die Integration des Kindes in die neue Familie. Wie bereits beschrieben, muss das Kind seine Wünsche und Bedürfnisse, in Anlehnung an die Bindungstheorie an die Pflegemutter oder den Pflegevater festmachen. In dieser wechselseitigen Interaktion entwickelt das Kind dann im Laufe der Zeit eine Vorstellung von sich selbst in Beziehung zu dieser neuen Bezugsperson.

Kinder werden in Pflegefamilien vermittelt, um ihnen „die Entwicklung tragfähiger neuer Beziehungen" (Nowacki, 2007, S.49) zu ermöglichen. Mit Hilfe und Unterstützung der Pflegeeltern gelingt es dem Kind die Phasen der Integration zu durchlaufen, um sich letztendlich auf einer neuen, erfüllten Eltern-Kind-Beziehung einlassen zu können. Hier wird deutlich, wie wichtig die Auswahl und Vorbereitung der Pflegeeltern ist. Entscheidend dabei ist, ob Pflegeeltern in der Lage sind, die Kinder als eigenständige Person wahrzunehmen (Nienstedt & Westermann, 2007) zu können. Diese Fähigkeit ist wiederum abhängig davon, welche Kindheitserfahrungen die Pflegeeltern gemacht haben und ob sie mögliche negative Erfahrungen aufarbeiten konnten.

3 Zusammenfassung und Ableitung der Fragestellung

In Deutschland können Eltern, als Personensorgeberechtigte, Hilfen zur Erziehung in Anspruch nehmen, wenn vorübergehend oder dauerhaft die Erziehung ihres Kindes nicht gewährleistet ist. Eine Form der Hilfen zur Erziehung ist die Vollzeitpflege gem. §33 SGBVIII. Hier muss auf Grund der unterschiedlichen Ziele zwischen Ergänzungspflegefamilien und Ersatzpflegefamilien unterschieden werden. Bei dem Ergänzungsfamilienkonzept steht die Unterstützung der bereits bestehenden Herkunftsfamilie im Vordergrund, um die Erziehungskompetenzen der biologischen Eltern zu fördern und zu unterstützen. Bei dem Ersatzfamilienkonzept steht die Integration des Kindes in eine neue Familie im Vordergrund, um dem Kind korrigierende Beziehungserfahrungen zu ermöglichen.

Damit die Integration des Kindes in eine neue Familie auch gelingen kann, bedarf es der sorgfältigen Auswahl der Pflegeeltern durch das Jugendamt. Daher sollten in Anlehnung an die Bindungstheorie und der Annahme der transgenerationalen Weitergabe Pflegeeltern einen sicheren Bindungsstatus haben. Denn eine stabile Beziehung zwischen Pflegeeltern und Pflegekind ist Voraussetzung für eine positive, gesunde Entwicklung des Kindes (Nienstedt & Westermann, 2007).

Aber in Anbetracht der Tatsache, dass im Jahre 2009 laut Statistischem Bundesamt (Destatis, 2009) von 808 Kindern 387 Kinder wegen Integrationsproblemen in Obhut genommen wurden, die bereits in einer Pflegefamilie untergebracht waren, stellt sich die Frage nach der Bindungssicherheit der Pflegeeltern.

Nach Bowlby (1975) ist eine liebevolle und zuverlässige Bindungsperson unverzichtbar. In der Annahme, dass Pflegeeltern durch die Auswahlverfahren und den Qualifizierungsseminaren der Jugendämter überprüft und vorbereitet wurden, wird die Hypothese aufgestellt, dass Pflegeeltern in Anlehnung an die Bindungstheorie über einen sicheren Bindungsstatus verfügen.

Der nachfolgende Forschungsteil dieser Auseinandersetzung beschäftigt sich daher mit der Bindungsrepräsentation der Pflegeeltern.

4 Forschung

4.1 Instrument

4.1.1 Erwachsenenbindungsinterview (Adult Attachment Interview)

Das Adult Attachment Interview (AAI) wurde von George, Kaplan und Main (1984, 1985, 1996) entwickelt. Das dazu gehörige Kodierungs- und Klassifikationssystem zur Auswertung stammt von Main und Goldwyn und wurde mehrfach überarbeitet (Main, Goldwyn & Hesse, 2002). Das AAI ist ein halbstandarisiertes, klinisches Verfahren zur Erhebung der Bindungsrepräsentation von Jugendlichen und Erwachsenen. Mit dem Interview wird der Zugang zu bindungsrelevanten Fragen und Gefühle und die Beurteilung der interviewten Person zum Einfluss auf die Bindungserfahrungen auf ihre weitere Entwicklung erfasst. Es wird also in Bezug auf die Vergangenheit und Gegenwart die Bindungsrepräsentation erhoben (Ziegenhain, 2001). Diese Bindungserfahrungen des Erwachsenen werden im AAI mit Hilfe von 20 vorgegebenen Fragen und Nachfragen erfasst, deren Reihenfolge eingehalten werden muss. Zudem muss dem Befragten ein genügend großer Freiraum eingeräumt werden, damit er ausführlich über seine Erfahrungen und Bewertungen berichten kann (Gloger-Tippelt, 2001). Mit Hilfe der Fragen soll das Bindungssystem aktiviert werden um auch unbewusste Verarbeitungsprozesse erkennen zu können und um die Kohärenz des semantischen und episodischen Gedächtnisses zu ermitteln (Hofmann, 2001). Dies geschieht, indem die Technik des Fragens darauf abzielt, das „Unbewusste zu überraschen" (Ziegenhain, 2001, S.155). Dabei wird einerseits das Ziel verfolgt, über Bindungserfahrungen nachzudenken und andererseits die Kindheitserlebnisse als eine kohärente Geschichte zu erzählen.

4.1.2 Durchführung

Das AAI wird im Rahmen Längsschnittstudie „Bindungsentwicklung und psychosoziale Anpassung von Pflegekindern" (Spangler, Bovenschen & Nowacki, unveröffentlicht) durchgeführt. Es findet mit der Hauptbezugsperson eines Pflegekindes in einem Büroraum der Fachhochschule Dortmund statt um Störquellen zu minimieren. Die Dauer des Interviews beträgt zwischen einer und zwei Stunden und wird ausschließlich von entsprechend geschulten Personen durchgeführt. Zum Interview kam die Pflegeperson nach vorheriger telefonischer Absprache. Vor dem Interview erhielten sie Informationen, wie beispielsweise Dauer des Interviews und Ablauf mit dem Hinweis, dass sie selber entscheiden können, ob ihnen die Fragen zu persönlich sind. Im Anschluss an das Interview wird den Pflegeeltern die Möglichkeit zu einem persönlichen Gespräch gegeben. Zudem wird darauf hingewiesen, dass das Interview aufgenommen und später, unter Einhaltung des Datenschutzes, wortwörtlich transkribiert wird. Das Transkribieren erfolgte nach vorgegebenen Transkriptionsregeln. Die Auswertung führte Frau Prof. Dr. Katja Nowacki mit Hilfe des dazugehörigem Klassifikations- und Auswertungssystem von Main, Goldwyn und Hesse (2002) durch.

4.1.3 Auswertung

Die Auswertung beruht auf den Beschreibungen der Kindheit, der verwendeten Sprache und der Fähigkeit, ein kohärentes und glaubhaftes Bild der eigenen Erfahrungen aufzuzeigen. Die Bedeutung der Erfahrungen für die eigene Person und das Pflegeverhalten gegenüber den eigenen Kindern sind ebenfalls wichtig (Hofmann, 2001). Obwohl mittlerweile mehrere Verfahren zur Auswertung des AAI-Transkriptes vorliegen, wird in dieser Arbeit das Manual von Main, Goldwyn und Hesse (2002) verwendet, da es eine Überarbeitung der ursprünglichen Fassung von Main und Goldwyn ist und das gebräuchlichste und am meisten untersuchte Verfahren ist (Kapitel 6.2). Außerdem ist es hiermit möglich, den unverarbeiteten Bindungsstatus zu erfassen. Bewertet wird die emotionale und kognitive Integrationsfähigkeit der Bindungserfahrungen. Außerdem wird anhand der geschilderten Kindheitserlebnissen eingeschätzt, ob die Bindungspersonen liebevoll (loving), zurückweisend (rejecting) und vernachlässigend (neglecting) waren oder ob es zu einem Rollentausch (role-reversing) kam. Die Auswertung erfolgt, indem diese erschlossenen Erfahrungen mit neun-stufigen Ratingskalen getrennt für jede Bindungsperson eingeschätzt werden.

Die Antworten geben Hinweise darauf, wie über die gemachten Kindheitserfahrungen berichtet wird, wie sie aus heutiger Sicht bewertet werden und wie diese verarbeitet sind. In der Auswertung der Transkripte beziehen sich Main et al. auf die Maxime der Kohärenz nach Grice (Main, Goldwyn &

222   Teil D   Susanne Marschewski

Hesse, 2002). Die Kohärenz der Schilderung der Kindheitserfahrungen hat bei der Klassifizierung eine enorme Bedeutung, wobei eine hohe Kohärenz Merkmal einer sicheren Bindung ist. Emotionale und kognitive Darstellungen im Gespräch sind ausgewogen repräsentiert. Eine geringe Kohärenz weist hingegen auf eine unsichere Bindung hin (Gloger-Tippelt, 2001).

Die Maxime der Kohärenz

Eine Beurteilung der Kohärenz nach Grice erfolgt nach den idealen Regeln eines Gespräches, welches kooperativ in gegenseitigem Einverständnis geführt wird. Diese Regeln sind in vier Maxime zusammengefasst:

- **Qualität:**
  Aufrichtigkeit, welche durch direkte und angemessene Belege gestützt ist
- **Quantität:**
  kurze, aber hinreichend informative Äußerungen
- **Relevanz:**
  relevante und themenbezogene Äußerungen auf die gestellten Fragen
- **Art und Weise:**
  klare, eindeutige, geordnete, nicht weitschweifige Antworten
  (Main, Goldwyn & Hesse, 2002).

Verletzungen der Maxime der Qualität liegen bei logischen oder inhaltlichen Widersprüchen vor oder auch im schnellen Wechsel der Standpunkte und Einschätzungen (Gloger-Tippelt, 2001). Verletzungen der Quantität liegen bei zu wenig informativen Äußerungen vor und wenn in einem Gespräch mehr Informationen preisgegeben werden, als für das Verständnis nötig wären. Sie zeigen sich häufig in Endlossätzen, oder in Sätzen, welche nicht beendet werden. Eine Verletzung der Maxime der Relevanz lassen sich an abschweifenden, unpassenden oder phrasenhaften Antworten erkennen sowie an assoziativen Themenwechsel. Eine Verletzung der Maxime der Art und Weise zeigt sich in vagen, ungenauen Ausdrücken, unvollendeten Sätzen, oder daran, dass andere Personen zitiert werden, ohne dass es zum Ausdruck gebracht wird (ebd.).

Die Ratingskalen des AAI bezogen auf das erschlossene Elternverhalten

Wie bereits beschrieben werden für eine Klassifikation die Erfahrungen der interviewten Person mit deren Bindungspersonen auf den Skalen „loving, rejecting, reversing und neglecting" mit Hilfe einer 9-stufigen Ratingskala, für jede Bindungsfigur getrennt, eingeschätzt (Main, Goldwyn & Hesse, 2002). Im Auswertungsmanual wird jeder zweite Punkt auf der Skala ausführlich beschrieben und anhand von Beispielen erläutert.

Loving (liebevoll)
Diese Skala beschreibt die liebevolle vs. nicht-liebevolle Unterstützung der Eltern sowie deren emotionale Verfügbarkeit in der Kindheit, insbesondere in Situationen, die belastend für den Interviewten waren. Das Ausmaß der Unterstützung wird mit Hilfe der Betrachtung über das gesamte Transkript eingeschätzt. Wurden Ereignisse berichtet, in denen die Bindungsperson durchweg emotional zugewandt war oder von liebevollen, zärtlichen Körperkontakt, Trösten bei Kummer oder bei Krankheit oder von verständigen, versöhnlichen Reaktionen in Situationen, in denen der Interviewte etwas angestellt hatte, wird eine Zahl auf dieser Skala vergeben, die größer als fünf ist. Eine hohe Zahl kann aber auch auf eine überbehütende Bindungsperson hinweisen. Sind die Berichte über derartige Erinnerungen schwächer ausgeprägt, oder fehlen ganz, wird eine Zahl vergeben, die kleiner als fünf ist. Bei einer fünf auf der Skala finden sich Anteile von liebevollem sowie für nicht-liebevollem Verhalten zu gleichen Teilen (Main, Goldwyn & Hesse, 2002).

Rejecting (zurückweisend)
Mit Hilfe der Skala „rejecting" wird das Ausmaß von aktiv zurückweisendem Verhalten der Bindungsfigur gegenüber der interviewten Person eingeschätzt. Diese Zurückweisung muss nicht unbedingt durch Beleidigungen oder beleidigendem Verhalten zum Ausdruck gebracht werden. Merkmale sind die Zurückweisung der Liebe, Aufmerksamkeit, Bedürfnis und Bindung des Kindes durch die Bindungsperson. Außerdem kann eine unangemessen frühe Selbstständigkeit der interviewten Person, verursacht durch einen durch deren Bindungsperson aufgebauten seelischen Druck, gemeint sein. Ein niedriger Wert auf dieser Skala sagt aus, dass es keine Anzeichen für aktive Zurückweisung seitens der Bindungsperson gibt. Es kann durchaus sein, dass die zu interviewenden Person von Streitigkeiten spricht, diese sind jedoch nicht zwangsläufig mit Zurückweisung in Verbindung zu bringen. Ein mittlerer Wert deutet darauf hin, dass die Bindungsperson die interviewte Person entweder wenig unterstützt hat, oder ambivalentes Verhalten zeigte. Ein hoher Wert wird vergeben, wenn es im Transkript deutli-

che Anzeichen für Ablehnung gibt oder die geforderte Aufmerksamkeit der interviewten Person und seine Bedürfnisse ignoriert wurden. Main, Goldwyn und Hesse (2002, S.23) sprechen in ihrem Auswertungsmanual davon, dass es ebenso möglich ist, dass der Interviewte emotionale Grausamkeit „emotional cruelties" erfahren hat.

Involving/role-reversing (involvierend/ Rollenumkehr)
Mit dieser Skala wird das Ausmaß eingeschätzt, in wie weit die Eltern sich zum Objekt der kindlichen Aufmerksamkeit und Bedürfnisbefriedigung gemacht haben. Diese Rollenumkehr hat zur Folge, dass sich das Kind um die Eltern kümmern musste. Ein niedriger Wert sagt aus, dass das Kind nicht für das Wohlbefinden der Bindungsperson sorgen musste. Bei der Vergabe eines mittleren Wertes, gibt es Anzeichen im Transkript, dass die Bindungsperson entweder stillschweigend die Aufmerksamkeit der interviewten Person hingenommen hat oder aber sie hat sie ausdrücklich eingefordert. Ein hoher Wert besagt, dass es zu einem Rollentausch gekommen ist. Die Bindungsperson benötigt die Aufmerksamkeit und den Umgang mit dem Kind zum Erhalt seiner psychischen oder physischen Gesundheit (Main, Goldwyn & Hesse, 2002).

Neglecting (vernachlässigend)
Bei dieser Skala wird die Vernachlässigung durch die Bindungspersonen eingeschätzt. Gemeint ist hier die emotionale Vernachlässigung und nicht die lange Abwesenheit der Bindungsperson von zu Hause. Ein niedriger Wert sagt aus, dass die Bindungspersonen anwesend und ansprechbar waren. Es gibt keinen Hinweis auf einen Mangel an Aufmerksamkeit. Diese Einschätzung kann auch an Bindungspersonen vergeben werden, die unter der Woche arbeiten und abends oder dann am Wochenende aufmerksam sind. Ein hoher Wert bedeutet, dass ein ausgeprägter Mangel an Kontakten zu den Eltern bestand, auch wenn dies möglich gewesen wäre, zum Beispiel wenn die Bindungsperson tagsüber schläft, wenn das Kind wach ist, oder in einem anderen Teil des Hauses wohnt (Main, Goldwyn & Hesse, 2002).

4.2 Stichprobe

Die Teilstichprobe für diesen Beitrag besteht aus drei Pflegeeltern, die an einer Studie zur Erfassung der Bindungsentwicklung in Pflegefamilien teilnehmen. Die Studie wird an der Fachhochschule Dortmund in Kooperation mit der Universität Erlangen durchgeführt. Bei den Pflegeeltern handelt es sich um einen Pflegevater und zwei Pflegemütter, die Hauptbezugspersonen von Pflegekindern sind, welche längstens seit drei Monaten in den Familien leben.
Im Folgenden wird die Auswertung dieser drei ausgewählten Interviews exemplarisch.

4.3 Interviews aus der Stichprobe

4.3.1 Pflegevater

Der Pflegevater hat die Klassifikation „F" für eine sicher-autonome Bindungsrepräsentation erhalten. Er wuchs bei seiner leiblichen Mutter und seinen Großeltern mütterlicherseits auf.

Bei der Betrachtung der Ratingskalen für Zurückweisung, ist zu sehen, dass der Pflegevater in Bezug auf seine Mutter, der Großmutter und dem Großvater den geringsten Wert erhält. Das lässt den Schluss zu, dass er von seinen Bezugspersonen kein zurückweisendes Verhalten erlebt hat. Die Skala für Vernachlässigung zeigt ebenfalls bei allen Bezugspersonen den geringsten Wert, eine „1". Dies deutet im Umkehrschluss daraufhin, dass die Bindungspersonen für den Pflegevater erreichbar und ansprechbar waren. Die Skala für Rollentausch zeigt bei seiner Mutter und dem Großvater eine „1" und bei der Großmutter eine „3". Das bedeutet, dass weder Mutter noch Großvater für ihr Wohlbefinden den Pflegevater benötigten. Bei der Großmutter liegt der Wert etwas höher. Dieser Wert ist zwar noch gering, lässt auf wenige Anzeichen einer Rollenumkehr schließen. Diese niedrigen Werte bei dieser Skala sind typisch für Personen, mit einer sicher-autonome Bindungsrepräsentation (Main, Goldwyn & Hesse, 2002). Die Skala für liebevolles Verhalten zeigt bei der Mutter und dem Großvater eine fünf und bei der Großmutter eine sechs. Alle Werte liegen im mittleren Bereich, so dass vermutet werden kann, dass alle drei Bezugspersonen dem Pflegevater gegenüber liebevolles Verhalten gezeigt haben. Die Kohärenz des Transkriptes, bei dem ein hoher Wert ein wesentliches Kriterium für die sicher-autonome Bindungsrepräsentation ist, liegt bei dem Pflegevater bei dem mittleren Wert „6". Dieser deutet darauf hin, dass die Kindheitsgeschichte im Wesentlichen gut nachvollziehbar und ohne größere Widersprüche geschildert worden ist. Allerdings verstößt der Pflegevater an einigen Stellen gegen die Maxime der Relevanz, sodass nicht der höchste Wert (9) gegeben worden ist. Es lässt sich bei der Betrachtung der Werte insgesamt feststellen, dass Kriterien für eine sicher-autonome Bindung vorhanden sind.

Zugang zu Erinnerungen
Personen mit einer sicheren-autonomen Bindungsrepräsentation haben, wie bereits im Theorieteil beschrieben, einen guten Zugang zu ihren Erfahrungen in der Kindheit. Sie können sowohl positive als auch negative Erinnerungen offen schildern und sind in der Lage, diese mit konkreten Erlebnissen zu belegen, wobei negative Erfahrungen versöhnlich oder manchmal auch humorvoll geschildert werden. In den Schilderungen finden sich gleichermaßen emotionale und kognitive Anteile. Der Pflegevater kann zum größten Teil seine Erinnerungen mit Erlebnissen belegen. So schildert er die Beziehung zu seiner Mutter in Bezug auf das Adjektiv „besorgt" anhand einer konkreten Episode:

„(...) da bin ich mal schwer gestürzt, hatte mich auch am Bein verletzt und vom Krankenhaus die riefen an und sagten, das wäre nicht so schlimm, ich könnte ruhig wieder nach Hause gehen. (--) Meine Mutter hatte damals völlig den Aufstand gemacht, dass sie wohl nicht ein Kind alleine einfach so wieder losschicken könnten und sie sollten doch gefälligst dafür einen Krankenwagen bestellen und mich da wieder aus dem Krankenhaus zu ihr zur Arbeit fahren. Da war es das erste Mal, dass ich merkte, wie besorgt jemand, oder meine Mutter wirklich um mich ist (...).".

Loving
Auf der Skala für liebendes Verhalten wurde die Mutter und der Großvater den Wert „5" und die Großmutter eine „6" zugewiesen. Diese Werte, die im mittleren Bereich liegen, sagen aus, dass Hinweise im Transkript zu finden sind, die vermuten lassen, dass die Bezugspersonen sich dem Pflegevater

gegenüber liebevoll verhalten haben, jedoch nicht überbehütend. Sie trösteten ihn, wenn er Kummer hatte und bei Problemen in der Schule, reagierten sie nachsichtig.

„(...) ich war eigentlich tieftraurig bestürzt darüber dass ich als einziger auf eine andere Schule wechseln musste. Meine Freunde waren nicht mehr da und so. Da hat mich meine Oma den Tag, da kann ich mich noch gut daran erinnern, sehr getröstet und mich lieb in den Arm genommen und mir da weiter geholfen (...)."

Hier zeigt sich ein liebevolles, einfühlsames Bild der Großmutter, die ihn in den Arm nehmen und trösten konnte, wenn er Kummer hatte. Insgesamt entsteht im gesamten Interview ein durchweg positives Bild vom Verhalten von Mutter, Großmutter und Großvater, die in der Lage waren, auf die kindlichen Bedürfnisse eingehen zu können. Dieses zugewandte und verfügbare Verhalten der Bindungspersonen und die Fähigkeit des Pflegevaters dieses mit konkreten Erinnerungen belegen zu können, ist ein deutliches Kriterium für eine sicher-autonome Bindungsrepräsentation.

Rejecting:
Die Skala für zurückweisendes Verhalten weist für alle drei Bindungspersonen den Wert „1" auf. Das deutet darauf hin, dass der Pflegevater in seiner Kindheit kein zurückweisendes Verhalten erfahren hat. Die direkte Frage nach Zurückweisung verneint der Pflegevater im Interview glaubhaft. Auch im gesamten Transkript lässt sich kein Hinweis für zurückweisendes Verhalten seitens der Bindungspersonen erkennen. Ein derart niedriger Wert für zurückweisendes Verhalten ist typisch für sicher-autonome Bindungsrepräsentationen. Zusammen mit den Werten, die auf der „Loving" Skala vergeben wurden, weisen diese beiden Werte auf enge Bindungsbeziehungen hin, die von liebevollem Verhalten und der Akzeptanz des Kindes als Individuum geprägt waren.

Role-Reversing
Auf der Skala für die Rollenumkehr erhalten die Mutter und der Großvater den niedrigsten Wert, eine „1". Der Großmutter wurde auf dieser Skala den Wert „3" zugewiesen, der noch gering ist, jedoch leichte Anzeichen für eine Rollenumkehr zeigt. So berichtet der Pflegevater von der großen Besorgnis seiner Großmutter, wenn er auf dem sehr kurzen Schulweg nicht pünktlich

nach Hause kam und ihrer Sorge, dass aus ihm später nichts wird, wenn er in der Schule nicht so gute Leistungen zeige.

> „(…) Meine Großmutter war auch immer mehr als meine Mutter besorgt und vielleicht auch eine zeitlang war es so dass es in der Schule auch nicht so (--) toll lief in manchen Fächern und dann war meine Großmutter immer die, die gleich besorgt war, „Aach was soll denn aus dem Jungen nur werden". Ja, man fühlte schon, dass sie sich sehr Sorgen drum machte was aus mir wird oder wie ich das alles schaffe, mehr als meine Mutter eigentlich noch. Deswegen würde ich sagen, also „besorgt" ist schon ein starkes Gefühl was da von meiner Großmutter immer rüber kam (…)."

Die starke Ängstlichkeit der Großmutter verursachte eine erhöhte Aufmerksamkeit seitens des Pflegevaters in seiner Kindheit, da für ihn die große Besorgnis der Großmutter sehr deutlich zu spüren war. Da der Wert dieser Skala auf „3" eingeschätzt wurde, ist daraus zu erkennen, dass kein Hinweis im Transkript zu finden ist, dass die Großmutter dem Pflegevater direkt die Verantwortung für ihr Wohlbefinden zugeschrieben hat. Daher ist hier lediglich eine leichte Ausprägung der Rollenumkehr zu vermuten.

Maxime der Qualität, Quantität und Art und Weise
Im gesamten Interview sind keine Hinweise darauf zu finden, dass der Pflegevater gegen eine dieser Maximen verstößt. Im Verlauf des Interviews zeigt er an mehreren Stellen Hinweise auf aufrichtige Beantwortung der Fragen. Seine Antworten sind ausführlich, aber nicht zu lang. Er gebraucht klare, eindeutige und vollständige Sätze. Für Personen mit einer sicher-autonomen Bindungsrepräsentation ist dieses Ergebnis typisch, da sie kohärent ihre Kindheitserlebnisse schildern können.

Maxime der Relevanz
Die Verletzung dieser Maxime durch den Pflegevater zeigt sich an einer Stelle im Interview:
Auf die Bitte, die Beziehung zu beschreiben, welche er als kleines Kind zu seinen Eltern hatte und mit der frühesten Erinnerung anzufangen, antwortet er:

„(...) Früheste Erinnerung ist bei mir (--) Ende Kindergarten An-
fang Schule muss ich sagen. Also viel weiter zurück kann ich
mich nicht daran erinnern und also ich was ich immer weiß, wir
hatten immer viel, (--) oder ich immer viel Kontakt auch zu anderen Kinder schon zu anderen. Sei es in der gleichen Straße, im
Kindergarten, oder sonst was. Also wir waren immer schon eine
große Familie und hatten auch immer sehr viel Freunde und
auch sehr viele Verwandte um uns herum, oder so, die dann zu
Besuch waren. (--) Und ja erinnern kann ich mich so an die Kin-
dergartenzeit nicht so viel wie gesagt, das Letzte noch weil ich
da noch ein paar Freunde einfach hatte, die man seit dem kennt,
wo man vielleicht ein paar ein zwei Sachen austauscht. Ich hab
witziger Weise später mal in dem Kindergarten auch ein Praktikum gemacht, wo noch die gleichen Leute dann auch noch gearbeitet haben (...)".

Der Pflegevater schweift mit dieser Antwort vom Thema ab. Er nimmt einen
assoziierten Themenwechsel vor, indem er von seinen Freunden und dem
Kindergarten spricht, in dem er später ein Praktikum gemacht hat. Diese
Strategie dient möglicherweise dazu die fehlende Erinnerung zu kompensieren.

Auf der Skala für die Maxime der Relevanz wird dem Pflegevater eine „6"
zugewiesen. Dieser Wert bedeutet, dass das Interview viele positive charakteristische Merkmale eines kohärenten Diskurses vorliegen, aber auch
die Maxime der Kohärenz nach Grice leicht verletzt werden.

Wertschätzung von Bindung
Personen mit sicher-autonomer Bindungsrepräsentation weisen im Interview Bindungen und Beziehungen einen hohen Stellenwert zu. Der Pflegevater kann glaubhaft vermitteln, dass er der Liebe, der Unterstützung und
der Aufmerksamkeit, die ihm in seiner Kindheit und auch noch später im
Leben von seiner Mutter, der Großmutter und dem Großvater entgegenge-
bracht wurden, eine hohe Wertschätzung entgegenbringt. Die Antwort auf
die Frage, welche Zukunft er für sein Kind wünsche, wäre dieses zwanzig
Jahre älter zeigt, dass er Beziehungen für bedeutsam hält:

„(...) Ein starkes liebevolles Umfeld (...)".

Zusammenfassung Pflegevater:

Nach der Auswertung des Interviews zeigt sich, dass der Pflegevater in seiner Kindheit ein offensichtlich liebevolles und vermutlich feinfühliges Verhalten der Bindungspersonen erfahren hat. Es konnten keine Hinweise auf zurückweisendes Verhalten oder Traumatisierungen durch die Bindungspersonen gefunden werden. Eine Tendenz zur Rollenumkehr ist lediglich eher in geringem Maß auf Seiten der Großmutter zu finden. Auf Grund seiner positiven Erfahrungen mit seinen Bindungspersonen misst er offenbar Beziehungen einen hohen Stellenwert zu. Hinweise auf Situationen, die Ärger oder negative Gefühle seinen Bindungspersonen gegenüber hervorrufen, gibt es im Interview nicht.

Transgenerationale Weitergabe:

Der Pflegevater weist eine sicher-autonomen Bindungsrepräsentation auf, was als Schutzmechanismus im Hinblick auf die transgenerationale Weitergabe von Bindung ist (s. Theorieteil). Wie bereits beschrieben, haben Untersuchungen einen signifikanten Zusammenhang aufgezeigt, wie Bindungspersonen ihre eigenen Bindungserfahrungen verarbeitet haben und diese in erheblicher Weise Einfluss darauf nehmen, wie sich die Eltern-Kind-Beziehung gestaltet. Auf Grund seiner sicher-autonomen Bindungsrepräsentation scheint der Pflegevater die Fähigkeit zu haben, die Perspektive des Kindes einnehmen und reflektieren zu können. Diese Fähigkeit ist bedeutsam, gerade weil das Pflegekind seine Wünsche und Bedürfnisse an ihm festmachen können muss. Zudem muss er auch reflektieren können, was das Pflegekind mit dieser Verhaltensstrategie sagen will. Besonders in der Übertragungsphase ist dies von enormer Wichtigkeit. Daher ist festzuhalten dass der sichere Bindungsstatus des Pflegevaters als Schutzfaktor für die Entwicklung des Pflegekindes zu betrachten ist.

4.3.2 Pflegemutter I

Pflegemutter I hat ebenfalls die Klassifikation F für eine sicher-autonome Bindungsrepräsentation zugeschrieben bekommen.

Bei der Betrachtung der Skalen für die erschlossenen Kindheitserfahrungen sind auf den Skalen der Eltern für Vernachlässigung die niedrigsten Werte vergeben. Beide Elternteile waren scheinbar für die Pflegemutter I erreichbar und ansprechbar. Zudem haben die Eltern ihr gegenüber liebevolles Verhalten gezeigt, was sich auf Grund des Wertes „6", den beide Elternteile bekommen haben, vermuten lässt. Auf der Skala für Rollenumkehr erhält die Mutter eine „5" und dem Vater wurde eine „1" zugewiesen. Der Wert, den die Mutter erhalten hat, liegt im mittleren Bereich und bedeutet, dass hier noch keine wirkliche Rollenumkehr stattgefunden hat, sondern, dass die Pflegemutter I sich für das fehlende Wohlergehen der Mutter verantwortlich fühlte, ohne dass die Mutter dies eingefordert hätte. Auf Seiten des Vaters hingegen ist kein Hinweis auf eine Rollenumkehr im Transkript zu finden. Auf der Skala für zurückweisendes Verhalten ist der Mutter der niedrigste Wert „1" zugewiesen worden, der Vater erhielt einen etwas höheren Wert, eine „3" zugeschrieben. Das lässt den Schluss zu, dass die Pflegemutter I durch ihre Mutter keinerlei zurückweisendes Verhalten erlebt hat. Bei dem Vater liegt dieser Wert etwas höher, was darauf schließen lässt, dass im Interview geringe Anzeichen von zurückweisendem Verhalten vorhanden sind.

Wird der Kohärenz eines Transkript ein hoher Wert zugewiesen, so ist dies ein deutliches Merkmal für eine Person mit einer sicher-autonomen Bindungsrepräsentation. In diesem Transkript der Pflegemutter I wurde der Wert „6,5" vergeben. Das sagt aus, dass es überwiegend kohärent über die Bindungserfahrungen in der Kindheit berichtet wird es aber auch Hinweise gibt, dass der Interviewfluss stellenweise nicht fließend ist. Pflegemutter I verletzt im Interview geringfügig die Maxime der Relevanz. Im Folgenden werden ausgewählte Skalen anhand von Beispielen aus dem Interview erläutert:

Loving

Die Eltern von Pflegemutter I haben aufgrund ihrer Schilderungen auf der Skala für liebevolles Verhalten jeweils den Wert „6" erhalten. In dem Transkript sind überwiegend Anzeichen für liebevolles aber auch geringe Anzeichen für liebloses Verhaltern der Mutter gegenüber der Pflegemutter I zu finden. So berichtet die Pflegemutter I, dass sie bestraft wurde, wenn sie nicht den Vorstellungen ihrer Mutter entsprach und ebenso, dass sie einmal eine Ohrfeige von ihrer Mutter bekommen habe.

„(...) Und ähm da hat sie sich dermaßen drüber geärgert, dass sie dann auch lange nicht mit mir gesprochen hat. Ne. (--) Und das sollte dann auch meine Bestrafung sein. (--) Fand ich nicht so gut. (...)".

An anderen Stellen wiederum, wie beispielsweise an nachfolgend darge-
stellter Situation, sind Hinweise auf liebevolles Verhalten der Mutter gegenüber der Pflegemutter I zu finden. Pflegemutter I schildert, wie ihre Mutter
auf eine Verletzung reagiert habe:

> „(...) Meine Mutter (--) kam dann auch, ja sie war ja auch zu
> Hause, ne? Und äh (--) kam dann auch gleich auf mich zu (--)
> gelaufen und (--) hat die (--) Wunde dann verarztet und (--) ja,
> mich getröstet, ne? (...)".

Hier ist liebevolles Verhalten der Mutter zu erkennend, die adäquat auf die
kindlichen Bedürfnisse eingehen konnte und trösten konnte, wenn sie krank
war oder sich verletzt hatte. Obwohl Kränkungen und liebloses Verhalten
beschrieben wurden, äußerte die Pflegemutter I dennoch Verständnis für
ihre Eltern. Dazu sagte sie im Interview:

> „(...) Also bei meiner Mutter denk ich, geht das aus ihrer Erzie-
> hung hervor (--) und aus dem was sie in ihrem Leben bis dahin
> erlebt hat, also ganz klar ne? (...) Bei meinem Vater, da war es
> so, dass er auch (--) Jahre em, ich glaub zwei oder drei Jahre
> seiner Kindheit im Heim verbracht hat, weil er ein uneheliches
> Kind war (...)".

Insgesamt entsteht ein Bild der Eltern, die sowohl auf die kindlichen Bedürfnisse eingehen konnten, aber auch zeitweise lediglich „genügend-gute"
Eltern waren. Die Pflegemutter I berichtet, dass ihre Mutter immer zu Hause war. Da aber Anteile von liebevollem und geringe Anzeichen für lieblo-
sem Verhalten im Transkript zu finden sind, ist zu vermuten, dass die Mutter zwar immer anwesend war, jedoch emotional nicht immer zu Verfügung
stand und nicht immer die Bedürfnisse der Pflegemutter I beachtet wurden.
Der mittlere Wert auf der Skala für liebevolles Verhalten ist trotzdem typisch
für ein sicher-autonomes Bindungsmodell.

Rejecting
Dieser Wert gibt das Ausmaß von zurückweisendem Verhalten gegenüber
der Pflegemutter I an. Auf der Skala für zurückweisendes Verhalten hat die
Pflegemutter I in Bezug auf ihre Mutter den Wert „1" erhalten, für den Vater
eine „3". Das bedeutet, dass keine Hinweise auf zurückweisendes Verhalten gegenüber der Pflegemutter durch ihre Mutter im Transkript zu finden
sind. Der auch noch recht niedrige Wert, den der Vater der Pflegemutter

erhalten hat bedeutet, dass geringe Anzeichen für zurückweisendes Verhalten zu finden sind.

> „(...) Also, das habe ich glaube ich vorhin schon mal angedeutet
> (--) ähm (--) mein Vater liebte seine Zeitung. (--) Ja. Und wenn er
> dann nach Hause kam nach dem Dienst ähm war das (--) also
> so dass er (--) zunächst mal mit uns Kaffee trank und sich dann
> gerne in seinen Sessel zurückzog (--) und äh die Zeitung studier-
> te und dabei eine Zigarette rauchte und äh (3 sec. Pause) ja (--)
> ich glaube das war ihm dann lieber, wenn wir draußen spielten
> und nicht mehr im Haus waren. ((Probandin lacht)) (...)“.

Hier kann vermutet werden, dass die Pflegemutter I sich zurückgewiesen
gefühlt hat, weil sie glaubte, dass ihr Vater es lieber sehen würde, wenn sie
aus dem Haus geht, damit er in Ruhe seine Zeitung lesen konnte. Diese
Situation zeigt jedoch keine aktive Zurückweisung durch den Vater. Es stellt
lediglich eine Vermutung seitens der Pflegemutter I dar. Da im ganzen Interview keine weiteren Hinweise für zurückweisendes Verhalten zu finden
sind, wird der Wert hier mit einer „3“ niedrig eingeschätzt.

Involving/Reversing
Auf dieser Skala hat die Pflegemutter I in Bezug auf ihren Vater den Wert
„1“ erhalten und bezüglich ihrer Mutter eine „5“. Der Wert der Mutter besagt, dass es an verschiedenen Stellen im Interview Hinweise gibt, die eine
Rollenumkehr oder eine Involvierung vermuten lassen. Auf die Frage nach
einem konkreten Ereignis, warum sie die Beziehung mit dem Adjektiv „auf-
opfernd“ beschreibt, antwortet sie:

> „(...) Äh weil meine Mutter weniger oder kaum etwas für sich
> oder gar nichts für sich getan hat. Sie war eigentlich fast immer
> für uns, muss ich jetzt sagen aus meiner Sicht, für mich da. Sie
> hat aber dann auch als wir oder ich ein bisschen älter war, ich
> sag mal jetzt so dreizehn, gerne erzählt, dass sie auch gerne ei-
> nen Beruf ergriffen hätte. Wobei das eben nicht ging weil wir
> schon da waren. (...)“.

Hier zeigt sich, dass die Pflegemutter sich offensichtlich schuldig gefühlt
hat, dass ihre Mutter nicht arbeiten gegangen ist. Diese Involvierung bzw.
Rollenumkehr stellte die Pflegemutter als Kind vor die Schwierigkeiten, diese widersprüchlichen Erfahrungen mit der Mutter in ein mentales Bin-

dungsmodell zu integrieren. Sie schildert hier nicht nur ihre negativen Erfahrungen, die sich auf das mütterliche Verhalten zurückführen lassen,
sondern sie beschreibt auch ihr eigenes Verhalten an anderer Stelle im Interview:

> „(...) Das heißt ja, dass ich, ich sag mal bis vor wenigen Jahren
> immer sehen wollte, dass es meiner Mutter gut geht. (...)".

An anderen Stellen berichtet sie darüber, dass die Mutter als Bestrafung
nicht mehr mit ihr gesprochen habe. Beispielsweise antwortet sie auf die
Frage nach einer konkreten Situation, um das Adjektiv „schweigend" zu
belegen:

> „(...) Schweigend. Ja, das ist ein Punkt also oder ne, ich sehe
> das im Zusammenhang mit meiner weiteren Kindheit oder Ju-
> gend, ne. Wenn ich da also mal was gemacht habe was jetzt
> nicht ihren Vorstellungen entsprach, dann wurde nicht bestraft
> mit einem Klaps oder mit einer Standpauke, was vielleicht nicht
> schlecht gewesen wäre, sondern sie hat sich dann in ein
> Schweigen gehüllt und da musste ich dann mit fertig werden,
> dass sie nicht mehr mit mir sprach, weil ich ihren Vorstellungen
> eben nicht entsprach und das hat mich häufig geärgert. (...)".

Dieser Ärger, den die Pflegemutter hier empfindet, kann nach Bowlby (1975)
als eine natürliche Reaktion auf eine Bedrohung der Verfügbarkeit der Bindungsperson angesehen werden. Die emotionslose Ablehnung durch das
Schweigen der Mutter kann auch als verdeckte Zurückweisung gewertet
werden (Gloger-Tippelt, 2001).

Maxime der Relevanz
Die Maxime der Relevanz, wird typischerweise von Menschen mit einer
unsicher-distanzierten Bindungsrepräsentation verletzt. Der Wert „6,5", den
die Pflegemutter I hier erhalten hat sagt aus, dass das Interview an einigen
Stellen nicht besonders fließend ist. Sie verletzt teilweise die Maxime der
Relevanz. An anderen Stellen des Transkripts sind aber auch Hinweise auf
einen flüssigen Interviewverlauf zu finden. Der mittlere Wert, der hier vergeben wurde, ist ein Kriterium für eine sicher-autonome Bindungsrepräsentation. Nachfolgend dargestelltes Beispiel verdeutlicht, dass die Pflegemut-

ter I diese Maxime nicht immer beachtet. Auf die Frage nach „Zurückweisung in ihrer Kindheit" antwortet sie:

„(...)Von den Eltern? Ja, von meinem Vater vielleicht, weil ich gerne mit ihm mal ein Brettspiel oder so was machen wollte und er aber dann manchmal seine Ruhe haben wollte, ne? Also das war schon so eine Zurückweisung, ja (--) Kommt hinzu, also, mein Vater, der war schwerbehindert, er hatte Kinderlähmung in seiner Jugend gehabt und hatte ein Bein also so behindert, dass er nur mit einem Stock gehen konnte. Ähm. (...)".

An dieser Stelle schweift die Pflegemutter I vom Thema ab, indem ein assoziativer Themenwechsel erfolgt.

Zusammenfassung Pflegemutter I:
Nach der Auswertung des Transkripts zeigt sich, dass die Pflegemutter I in ihrer Kindheit zwar liebevolles Verhalten und emotionale Zuwendung durch ihre Eltern erfahren hat, dass es aber auch Momente von erlebter Zurückweisung gegeben hat. Insgesamt wird auf Grund der Vielzahl von typisch autonomen Merkmalen die Pflegemutter I als sicher-autonom klassifiziert. Sie stellt jedoch keinen Prototyp dieser Klassifizierung dar und weist ebenfalls kleinere Merkmale eines unsicheren Bindungsmodells auf.

Transgenerationale Weitergabe:
Eine sicher-autonome Bindungsrepräsentation ist positiv für die Annahme der transgenerationalen Weitergabe von Bindung. Da die Pflegemutter I aber keine prototypische sichere Bindungsrepräsentation aufweist, sondern ebenfalls unsichere Anteile ebenfalls vorhanden sind, stellt sich die Frage, in wie weit hier das sichere Bindungsmodell an ihr Pflegekind weitergegeben werden kann. Sie verfügt scheinbar über genügend emotionale Sicherheit, um liebevoll und feinfühlig auf die Bedürfnisse ihres Pflegekindes eingehen zu können. Da jedoch auch Anteile unsicherer Bindungsmodelle vorhanden sind, ist unklar, wie weit sich in Belastungssituationen die Verhaltensstrategien der unsicheren Bindungsanteile zeigen und die transgenerationale Weitergabe eines sicheren Bindungsmodells dadurch beeinflusst wird.

4.3.3 Pflegemutter II

Pflegemutter II hat die Klassifikation U/Ds erhalten, was bedeutet, dass bei ihr ein unverarbeiteter Verlust oder ein Trauma klassifiziert wurde. Entscheidend für die Klassifikation „unverarbeiteter Bindungsstatus" ist nicht der Sachverhalt als solcher, sondern dass es dafür Hinweise gibt, dass diese Bindungserfahrung unverarbeitet geblieben ist. Es handelt sich also um die Beurteilung des aktuellen Ausmaßes der Traumatisierung, die neben der Hauptklassifizierung vergeben wird. Pflegemutter II hat zusätzlich zu ihrer Klassifikation „U" noch die Klassifikation „Ds" für einen unsicher-distanzierten Bindungsstatus zugewiesen bekommen. Zusammengefasst ist dann die Klassifikation „U/Ds" eine unverarbeitete/ bindungsabweisende Bindungsrepräsentation (Gloger-Tippelt, 2001).

Bei der Betrachtung der Skala für erschlossene Kindheitserfahrungen fällt auf, dass die Werte in Bezug auf ihre Mutter für liebevolles Verhalten mit dem Wert „2" sehr niedrig und der Wert für zurückweisendes Verhalten mit dem Wert „7" hoch eingeschätzt wurden. Der Wert für liebevolles Verhalten bezüglich des Stiefvaters liegt mit dem Wert „4" noch im mittleren Bereich. Typisch für Personen mit dieser Klassifikation ist auch das Beharren auf fehlende Erinnerungen, die hier auf der Skala mit dem Wert „3,5" eingeschätzt wurde. Auf der Skala für die unverarbeitete Verlusterfahrung wurde mit dem Wert „5" recht hoch eingeschätzt, weswegen die Pflegemutter die Klassifikation „U" erhalten hat. Die Kohärenz des Transkripts ist mit dem Wert „4" eher niedrig eingeschätzt worden, was im Zusammenhang mit der Klassifikation und den Werten der anderen Skalen eher typisch ist.

Loving
Der Wert auf der Skala für liebevolles Elternverhalten ist in Bezug auf ihre Mutter mit „2" eingeschätzt worden. Dieser Wert sagt aus, dass die Pflegemutter durch ihre Mutter versorgt wurde und Unterstützung erhielt. Anscheinend geschah das aber nicht auf liebevolle Art und Weise. Auf die Frage nach einem Adjektiv um die Beziehung zu ihrer Mutter zu beschreiben, wählte die Pflegemutter „Kälte" und „Strafe" und belegt sie wie folgt:

> „(...) also meine Mutter ist bis heute noch relativ ja was heißt Kälte aber also nicht so herzlich wenn ich das im Gegensatz sehe zu meinen Schwiegereltern oder meine Schwiegermutter oder so also da ist mehr Herzlichkeit als meine eigene Mutter so, ja."

Interviewerin: Dann haben Sie noch gesagt, dass die Beziehung zu ihrer Mutter in der Kindheit durch „Strafe" gekennzeichnet gewesen sei. Können Sie hierzu ein konkretes Beispiel nennen? „((4 sec.)) ja Strafe hat es natürlich dann gegeben wenn ich wieder meine Schwester geärgert habe oder auch in der Schule war ich nachher ziemlich faul dann hat es natürlich Strafe gegeben. Stubenarrest (lacht). (...)."

Hier zeigt sich, dass die Reaktion der Mutter anscheinend nicht von liebevoller Unterstützung, sondern eher von strafendem Charakter geprägt war.

Auf der Skala für liebevolles Verhalten wurde der Wert in Bezug auf den Stiefvater mit einer „4" eingeschätzt.

„(...) Ja mein Stiefvater ist immer abends gekommen und hat das Licht ausgemacht und gute Nacht gesagt und ja. (...)(...)."

Insgesamt lässt sich im gesamten Transkript kein Hinweis auf Verhalten der Mutter finden, welches zeigen würde, dass sie für das Kind emotional verfügbar war. Das Verhalten hatte einen eher versorgenden als einen liebevollen Charakter. Der Stiefvater zeigte zwar an einigen Stellen liebevolles Verhalten gegenüber der Pflegemutter II, jedoch nur in geringem Ausmaß.

Rejecting

Auf der Skala für zurückweisendes Verhalten hat die Pflegemutter II bezüglich ihrer Mutter eine „7" erhalten, was ein recht hoher Wert ist. Diese Werte sagen aus, dass es Anzeichen im Transkript gibt, dass die Pflegemutter in ihrer Kindheit von ihrer Mutter zurückweisendes Verhalten erfahren hat. Auf die direkte Frage, ob sie das Verhalten ihrer Mutter in der Kindheit als „zurückweisend" empfunden habe antwortete die Pflegemutter II im Interview:

„(...) Ja sehr oft. Ja weil meine Mutter das auch immer gesagt hat also „ich hab ja nichts gelernt weil du dazwischen gekommen bist" oder eben als die kleine Schwester da war wurde ich auch weg geschoben und „pass auf du lässt die ja fallen" und ja. (...)."

Ein weiterer Hinweis auf Zurückweisung findet sich in der Antwort der Pflegemutter II auf die Frage, ob sie als Kind jemals Angst hatte oder sich Sorgen gemacht habe.

„(…)…joar eben halt wenn meine Mutter mir gesagt hatte wenn ich wieder was gemacht hab (lacht) „ich geb dich ins Heim" oder so dann das hat mir schon Sorge gemacht dass sie das wirklich macht ja (…)(…)."

Der Stiefvater erhält auf der Skala für Zurückweisung den Wert „1", was bedeutet, dass die Pflegemutter II kein zurückweisendes Verhalten durch ihren Stiefvater erfahren hat.

Im Zusammenhang mit dem Wert „4" auf der Skala für liebevolles Verhalten, liegt hier die Vermutung nahe, dass der Stiefvater zwar in geringem Maß liebevoll mit der Pflegemutter II umgegangen ist, jedoch ohne besonders hingebungsvoll oder aufmerksam zu sein.

Ausklammern und Isolieren von Gefühlen
Diese Verarbeitungsstrategie ist typisch für Menschen mit distanzierendem Bindungsstil. Sie dient dazu, negative und unangenehme Gefühle Bindungspersonen gegenüber weg zu schieben. Im Gegensatz zu den sicherautonomen Repräsentationen können Menschen mit distanzierenden Bindungsmodellen diese Erlebnisse zwar schildern, sind aber nicht in der Lage, sie mit ihren Gefühlen in Verbindung zu bringen. Vielmehr betonen sie häufig, dass ihnen diese Erfahrung nichts ausgemacht habe. Im Interview von Pflegemutter II finden sich Hinweise auf dieses Verhalten. Als sie nach Erinnerungen an Misshandlungen oder Missbrauch gefragt wurde, antwortet sie:

„(…) äh ja einmal hab ich (lacht) einen nassen Lederlappen abgekriegt so einmal so platsch das tat ganz schön weh weil er eben auch nass war, (…)"
Interviewerin: Haben Sie irgendwelche Spuren davongetragen, (…)
„Nee da hab ich so auf der Schulter kann sein das es kurz rot war aber ich war ja angezogen also das wüsste ich nicht (lacht) (…) also ich denk eher das das zu Recht war (…), dass meine Mutter mich geschlagen hat." (…)

Hier wird deutlich, dass die Pflegemutter II das Geschehen mit seinen Folgen herunterspielt. Sie kann die Fakten darstellen, aber die Gefühle werden abgetrennt. Sie bezeichnet das Schlagen sogar als gerechtfertigt. Main,

Goldwyn und Hesse (2002) bezeichnen diesen Untertyp als „eingeschränkt in den Gefühlen".

Kohärenz des Transkriptes
Auf der Skala für die Kohärenz wurde die Pflegemutter II mit dem Wert „4" eingeschätzt. Dieser eher niedrige Wert für die Kohärenz bedeutet, dass die Pflegemutter II ihre Entwicklung und deren Bewertung nicht in einem flüssigen Stil ausdrücken kann und die Maxime nach Grice verletzt.

Maxime der Quantität
Die Verletzung dieser Maxime ist typisch für Menschen mit abweisendem Bindungsmodell. Fallen ihre Antworten in der Regel recht knapp aus, so werden sie mitunter redselig, wenn sie ihre konflikthaften Erfahrungen in einer normalisierenden Art und Weise darstellen wollen. Auf die Aufforderung, die näheren Umstände des Todes ihres Schwiegervaters zu berichten, gab die Pflegemutter II eine Beschreibung, die im Transkript die Länge einer Seite überschreitet. Mit dieser extrem detaillierten Schilderung vermeidet sie, über die Gefühle zu berichten, die dieses Ereignis begleiteten. Daher ist diese enorm lange Schilderung nicht nur eine Verletzung der Quantität, sondern ist, auf Grund des Ausklammerns von Gefühlen, auch ein Merkmal für eine unsicher-distanzierte Bindungsrepräsentation (Gloger-Tippelt, 2001).

Maxime der Relevanz
Die Verletzung der Maxime der Relevanz ist typisch für Menschen mit einem unsicher-distanziertem Bindungsstil. Auch Pflegemutter II verletzt diese an einigen Stellen im Interview. Vor allem in nachfolgendem Beispiel ist ein assoziierter Themenwechsel zu erkennen. Als die Pflegemutter II die Beziehung zu ihrer Mutter mit „Eifersucht" beschrieb, antwortet sie auf die Bitte nach einem Beleg:

> „(...) Ja ich habe irgendwo tags eine Nadel gesammelt und hab der nachts mit der Nadel ins Ohr gepiekt. (...)."

Ihre Antwort hat keinen Bezug zur Beziehung zu ihrer Mutter. Sie schildert ihr Verhalten ihrer Schwester gegenüber und weicht damit vom Thema ab, um nicht die Beziehung zu ihrer Mutter reflektieren und die begleitenden Gefühle schildern zu müssen.

Maxime der Art und Weise

Verletzungen dieser Maxime sind auch in dem Interview mit der Pflegemutter II zu finden. Sie spricht nicht geordnet und klar über ihre Erfahrungen und vollendet ihre Sätze nicht. Als sie gefragt wird, welche Auswirkungen der Tod ihres Schwiegervater auf zu Hause hatte, antwortet sie:

> „(…) ((7sec.)) ja auch weil Männer ja von Natur aus nicht viel reden… das war doch schon.. ja. Doch also das hatte doch schon sehr große Auswirkungen…ja. (…)"

Hier finden sich sprunghafte, unvollendete Sätze, die es dem Interviewer schwer machen, ihren Ausführungen zu folgen.

Unverarbeitete Verlusterfahrung

Auf der Skala für unverarbeiteten Verlust hat die Pflegemutter II in Bezug auf ihre Stiefgroßmutter den Wert „5" erhalten. Bezüglich ihres Schwiegervaters wurde ihr ebenfalls der Wert „5" zugewiesen. Der Wert „5" auf dieser Skala bedeutet, dass eine Desorganisation möglich ist, aber nicht eindeutig vorliegt (Main, Goldwyn, Hesse, 2002).

In dem Interview mit der Pflegemutter II finden sich Anzeichen, die auf unverarbeiteten Verlusterfahrungen hindeuten.

Auf die Frage, ob sie als Erwachsene eine ihr nahe stehende Person durch Tod verloren habe, antwortete sie:

> „(…) joar schon viele, ja (…)(…)(Auszug aus einem Interview mit Pflegemutter II).

Die Pflegemutter II benennt ihre Stiefgroßmutter nicht, die eine wichtige Bezugsperson für sie war. Hier ist eine kognitive Desorientierung zu erkennen, indem das Geschehen von der Pflegemutter II verleugnet wird (Hauser, 2001). In Bezug auf die Verlusterfahrung bezüglich ihres Schwiegervaters berichtet die Pflegemutter II enorm detailliert im Transkript. Sie beschreibt Kleinigkeiten, wie die Farbe der Tischdecke beim Kaffee trinken im Anschluss an die Trauerfeier und Gerüche, die sie damit verbindet. Dies sind ebenfalls Hinweis auf einen unverarbeiteten Verlust, den Pflegemutter II erlebt hat (ebd.).

Zusammenfassung Pflegemutter II
Nach der Auswertung des Transkripts lässt sich vermuten, dass die Pflegemutter II zurückweisendes Verhalten durch ihre Mutter erfahren hat. Das Verhalten der Mutter gegenüber der Pflegemutter II war anscheinend eher notwendig versorgend als liebevoll. Im Transkript lässt sich kein Hinweis darauf finden, dass die Mutter für sie emotional verfügbar war. Von Seiten des Stiefvaters gab es Hinweise auf liebevollem Verhalten, jedoch nur in geringem Ausmaß. Hinweise auf eine Rollenumkehr waren im Transkript nicht zu finden.

Pflegemutter II zeigt einige typische Merkmale für Menschen mit unsicher-distanzierter Bindungsrepräsentation. Sie gibt an einigen Stellen im Interview auf Fragen allgemein gehaltene Antworten, sie verletzt die Maxime der Quantität, der Relevanz und der Art und Weise. Diese Sprachauffälligkeiten machen es an einigen Stellen dem Interviewer schwer, den Ausführungen der Pflegemutter II zu folgen. Zudem spielt sie die Auswirkung der Schläge mit einem nassen Lederlappen herunter und bezeichnet später diese Handlung als gerechtfertigt. Das Ausklammern von Gefühlen dient einerseits als Strategie, um über diese nicht zu sprechen und andererseits sind sie ein Hinweis auf unverarbeitete Verlusterfahrungen. Die Klassifizierung des unverarbeiteten Traumas wurde ihr zugewiesen, weil sie auf die Frage nach Todesfällen den Tod der Stiefgroßmutter, eine wichtige Bezugsperson von ihr, nicht erwähnte, obwohl sie vorher berichtete, dass die Stiefgroßmutter am Tag ihrer Führerscheinprüfung verstorben sei. Außerdem hat sie auf die Frage nach den näheren Umständen des Todes ihres Schwiegervaters sehr detailliert das Ereignis im Transkript geschildert.

Transgenerationale Weitergabe
Da die Pflegemutter II zwei ungünstige Klassifikationen erhalten hat, besteht ein Risiko, dass ihr Pflegekind kein sicheres Bindungsmodell aufgrund der Interaktion mit ihr entwickeln kann.

Personen mit einem unsicher-distanzierten Bindungsmodell messen emotionalen Bindungen wenig Bedeutung bei und weisen Beziehungen zu anderen Menschen geringe Wertschätzung bei. Negative Gefühle werden weg geschoben und vom Bewusstsein ferngehalten. Dies kann zur Folge haben, dass die Pflegemutter II nicht in der Lage ist bei ihrem Kind auf entsprechende Gefühle einzugehen (Ziegenhain, 2001).

Auf Grund des unverarbeiteten Traumas kann es passieren, dass Pflegemutter II in der Interaktion mit ihrem Kind diese plötzlich abbricht. Da das

Kind dieses Verhalten nicht zuordnen kann, wird das Verhalten beim Kind Angst auslösen. Die Bindungsfigur, vorher der sichere Hafen, wird zur Gefahrenquelle und die Folge kann sein, dass das Kind wiederum ebenfalls desorganisiertes Verhalten entwickelt (Brisch, 2008).

Pflegekinder, die ebenfalls ein unsicheres Arbeitsmodell haben, haben so weniger Möglichkeit korrigierende Erfahrungen zu machen.

Es muss an dieser Stelle jedoch darauf hingewiesen werden, dass diese transgenerationale Weitergabe zwar wahrscheinlich ist, aber nicht zwangsläufig. Denn für eine transgenerationale Weitergabe sind, wie bereits erläutert, noch andere Faktoren wichtig. Ebenso können Schutzfaktoren vorhanden sein, die den Aufbau einer unsicheren Bindung verhindern wie beispielsweise ein feinfühliger Vater oder feinfühlige Großeltern, die in unmittelbarer Nähe wohnen (Tiber Egle, 2009).

Ein Pflegeelternteil mit einem unsicher-distanzierenden inneren Arbeitsmodell, der seine eigenen negativen Gefühle wegschiebt oder leugnet, ist nicht in der Lage, auf entsprechende Gefühle bei seinem Kind einzugehen. Bei fehlender Übereinstimmung zwischen episodischem und semantischem Gedächtnis ist ein abwehrender Bindungsstil festzustellen. Main (2002) bezeichnet dies als Strategie, die den Einfluss der Bindungserfahrungen minimiert und das Bindungssystem deaktiviert. In Belastungssituationen werden die Signale, welche normalerweise beim Gegenüber Bindungsverhalten auslösen, ausgeblendet (Gloger-Tippelt, 2001). Diese reduzierte Mimikreaktion macht es dem Kind nicht möglich, ein adäquates inneres Arbeitsmodell zu entwickeln.

Für ein Pflegeelternteil, welches eine unsicher-präokkupierte Bindungsrepräsentation aufweist, wird angenommen, dass es weniger Feinfühligkeit gegenüber dem Kind zeigt. Entweder ist der Elternteil so sehr mit seinen eigenen Gefühlen beschäftigt, so dass die Person nur unzureichend auf die Signale des Kindes antworten kann oder die Signale erst gar nicht wahrnimmt.

4.4 Ergebnisse der Interviews

In der vorliegenden Teilstichprobe von drei ausführlich vorgestellten Interviews fanden sich zwei sichere und eine unverarbeitete/unsicher-distanzierte Bindungsrepräsentation. Dies zeigt, dass nicht alle Pflegeeltern eine sichere Bindung aufweisen. Da es sich um eine explorative Studie handelt, können die Ergebnisse nicht verallgemeinert werden. Abzuwarten bleiben die Ergebnisse der Gesamtstichprobe aus der Längsschnittstudie (Spangler, Bovenschen & Nowacki, unveröffentlicht). Trotzdem bleibt zu fragen, was unsichere und unverarbeitete Bindungsrepräsentationen von Pflegeeltern für die Entwicklung des Pflegekindes, besonders vor dem Hintergrund der transgenerationalen Weitergabe von Bindung haben. Dies wird, auch im Hinblick auf die Vermittlungsarbeit von Pflegekinderdiensten im Weiteren diskutiert.

4.5 Bedeutung der Ergebnisse für die Pflegeverhältnisse

Im theoretischen Teil dieser Arbeit wurde die Bedeutung der Bindungsrepräsentationen von Hauptbezugspersonen dargestellt. Da eine der wichtigsten Aufgaben der Pflegefamilien darin besteht, dem vermittelten Kind die Möglichkeit zu korrigierenden Erfahrungen mit Hilfe von neuen tragfähigen Beziehungen zu ermöglichen (Nowacki, 2007), ist hier ein sicherer Bindungsstatus von Bedeutung. Damit wäre dann die Voraussetzung gegeben, dass die Bindungsperson über die emotionale Sicherheit verfügt, dem Pflegekind genug Unterstützung bieten zu können. Die daraus resultierende Annahme, dass Pflegeeltern einen sicheren Bindungsstil aufweisen sollten konnte in der explorativen Stichprobe allerdings nicht bestätigt. Es ist davon auszugehen, dass nicht alle Bindungspersonen einen sicheren Bindungsstatus aufweisen. Dies zeigt sich auch in Metaanalysen von Bindungsrepräsentationen von Normalstichproben (Bakermans-Kranenburg & van IJzendoorn, 2009). Es besteht die Gefahr, dass Pflegeeltern mit unsicherem oder unverarbeitetem Bindungsmodell in Belastungssituationen auf Grund ihrer distanzierenden, verstrickten oder unverarbeiteten Bindungsstile den Pflegekindern keine Möglichkeit bieten können, ihr vorhandenes Bindungsverhalten abzuändern, da sie sich nicht so leicht als sichere Basis zur Verfügung stellen können. Daher ist zu vermuten, dass die Pflegekinder ihr vorhandenes Bindungsverhalten in der neue Familie übertragen. Die typische Interaktionen der Bindungsperson, die einen unsicheren oder sogar unverarbeiteten Bindungsstatus aufweist stellt somit, wie bereits beschrieben, einen Risikofaktor für die psychische Gesundheit des Kindes dar (Großmann & Großmann, 2006). Es besteht daher Grund zu der Annahme, dass die Entwicklung des Kindes nicht positiv beeinflusst werden kann.

5 Fazit

In Anlehnung an die Bindungstheorie von John Bowlby (1975) sind dauerhafte und liebevolle Bindungsbeziehungen Voraussetzung für die psychische Gesundheit eines Menschen. Aber nicht alle Kinder haben eine sichere Basis für eine gesunde Entwicklung zur Verfügung.

Sind Eltern nicht in der Lage, selbst für ihr Kind zu sorgen, so besteht im
Rahmen der Hilfen zur Erziehung die Möglichkeit der Fremdunterbringung.
Dies kann entweder durch eine institutionelle Unterbringung geschehen,
oder durch eine Vermittlung in einer Dauerpflegefamilie. Diese beiden Formen der Unterbringung unterscheiden sich nicht nur in den organisatori-
schen und sozialen Strukturen, sondern auch in der Qualifikation der Pflegepersonen. Die Pflegefamilie bietet eine Betreuungsform, die familiäre
Strukturen aufweist und eine Betreuungsperson, die durchgängig zur Verfügung steht. Das Kind hat so die Möglichkeit, korrigierende Erfahrungen
machen zu können, die auf der Verfügbarkeit einer sicheren Basis beruhen.
Daher wurde auf Grund der Annahme, dass Pflegeeltern ein sicheres Bindungsmodell aufweisen, im Rahmen dieser Arbeit mit drei Hauptbezugspersonen Erwachsenenbindungsinterviews durchgeführt und die Auswertung ausführlich dargestellt.

Die Ergebnisse der vorliegenden Stichprobe ergeben, dass bei einer Pflegemutter ein unverarbeitetes Trauma und ein unsicher-distanzierter Bindungsstatus klassifiziert wurden. Die anderen beiden Pflegeelterninterviews
wurden zwar als sicher klassifiziert, weisen aber ebenfalls Anteile einer unsicheren Bindungsrepräsentation auf.

Diese Ergebnisse lassen in der Annahme der transgenerationalen Weitergabe von Bindung (Dozier, Stovall, Albus & Bates, 2001) vermuten, dass in
diesen Familien die Bindungsrepräsentationen der Pflegeeltern die Eltern-
Kind-Interaktion ungünstig beeinflussen können und dadurch die Voraussetzungen für die Korrektur der unsicheren Bindungsmodelle der Kinder
nicht immer gegeben sind.

Anzumerken ist, dass Geschlechterunterschiede zwischen Pflegemütter
und Pflegeväter in dieser Stichprobe vernachlässigt werden mussten, da
nur ein Pflegevater an der Befragung teilnahm. Gerade die Unterschiede in
Bezug auf die Feinfühligkeit hätten differenziertere Vergleiche bezüglich der

transgenerationalen Weitergabe von Bindung ermöglicht. Hier wäre eine größere Stichprobe hilfreich gewesen.

Da die Ergebnisse der Stichprobe vermuten lassen, dass die Voraussetzungen nicht immer gegeben sind, dass Pflegekinder korrigierende Erfahrungen machen können, stellt sich die Frage, was dann das Pflegekinderwesen leisten kann, damit es zukünftig weniger Abbrüche von Pflegeverhältnisse gibt und bereits bestehende Pflegeverhältnisse weniger schwierig sind.

Eine intensive Betreuung der Pflegeeltern durch das Jugendamt scheint ein hier wichtiger Ansatzpunkt zu sein. Das Pflegekinderwesen muss die Pflegeeltern unter bindungstheoretischen Aspekten betreuen, unterstützen und begleiten, so dass eine ausreichende Qualifizierung der Pflegeeltern bezüglich ihrer Pflege- und Erziehungskompetenz sichergestellt wird. Was aber muss Pflegeeltern zur Verfügung gestellt werden, damit das Pflegeverhältnis gelingen kann?

Um Pflegeeltern unter bindungstheoretischen Aspekten unterstützen zu können, ist ein Ansatz, mit Hilfe des AAI die Bindungsrepräsentationen der Pflegeeltern zu erheben. Hier ist jedoch der hohe Aufwand für die Durchführung der AAI ein kritischer Aspekt. Die Pflegekinderdienste brauchen die nötigen finanziellen und/oder die personellen Ressourcen, um dieses Aufwand leisten zu können.

Ist dies möglich, so könnte sicherlich eine Möglichkeit sein, nur Erwachsene auszuwählen, die bereits erziehungsrelevante Kompetenzen und Persönlichkeitsmerkmale aufweisen.

Sollte aber einem Menschen, der negative Bindungserfahrungen gemacht hat, die Chance auf eine Pflegeelternschaft von vornherein abgesprochen werden? Wie im Theorieteil dargestellt, ist die Bindungsrepräsentation ein Faktor bei der transgenerationalen Weitergabe. Eine unsichere Bindung stellt lediglich einen Risikofaktor dar. Sind andere Schutzfaktoren vorhanden, ist es durchaus möglich, dass das Kind eine sichere Bindung aufbauen kann. Außerdem ist die Vermittlung eines Pflegekindes abhängig von den Möglichkeiten, die den Pflegekinderdiensten zur Verfügung stehen. Auf jeden Fall dürfen nicht die Wünsche und Interessen des Pflegekinderdienstes oder der potentiellen Pflegeeltern auf eine Elternschaft die Entscheidung beeinflussen. Die Bedürfnisse des Pflegekindes müssen immer im Vordergrund stehen.

Es könnten aber auch potentielle Pflegeeltern entsprechend den Anforderungen, die ein Pflegekind mit sich bringt, vorbereitet werden. Die Vorbereitung von Pflegeelternbewerber in Form von Seminaren zur Qualifizierung von Pflegeelternbewerber erfolgt derzeit durch die Pflegekinderdienste in unterschiedlichem Ausmaß, in nicht standardisierten Verfahren.

Bei der Betrachtung der exemplarisch dargestellten und ausgewerteten Interviews wird deutlich, dass es Merkmale gibt, die auf bestimmte Bindungsklassifikationen hinweisen. Dementsprechend muss hier das Ziel sein das pflegeelterliche Interaktionsverhalten zu verbessern. Ansatzpunkte wären dann einerseits das Fürsorgeverhalten, welches durch ein Feinfühligkeitstraining zu verbessern ist oder andererseits das Bindungsmodell der Pflegeeltern selbst, was in Bezug auf die elterlichen Kompetenzen, wie beispielsweise die Fähigkeit zur Mentalisierung, reflektiert werden könnte.

Die Arbeit am Bindungsmodell der Pflegeeltern könnte das Verständnis für die kindlichen Verhaltensweisen fördern und dazu führen, dass die Pflegeeltern ihre eigenen Bindungserfahrungen überdenken und neu bewerten. Sie lernen mit den eigenen Bindungserfahrungen umzugehen, damit diese nicht mehr die Eltern-Kind-Interaktion ungünstig beeinflussen.

Insgesamt lässt sich feststellen, dass durch eine bindungstheoretische Qualifizierung, Beratung und Unterstützung Pflegekinder eine bessere Möglichkeit haben korrigierende Erfahrungen in den neuen Familien machen zu können. Wünschenswert wäre hier ein Konzept zur bindungsorientierten Qualifizierung der Pflegeeltern. Da jedoch die Pflegekinderdienste derzeit keinem einheitlichen Standard unterliegen, muss das Ziel der Sozialen Arbeit sein ein Konzept für die Qualifizierung der Pflegeeltern zu entwickeln, welches bindungstheoretische Gesichtspunkte beinhaltet.

Die Überlegungen dieser Arbeit zeigen, dass die Soziale Arbeit aus Sicht der Bindungstheorie dazu beitragen kann, dass mehr Pflegeverhältnisse gelingen können. Aus diesem Grund sollten bindungsorientierte Aspekte bei den Auswahlkriterien und in den Qualifizierungsseminaren zum festen Bestandteil werden. Wird das AAI hierbei als Diagnoseinstrument eingesetzt, darf es keinesfalls als Selektionsinstrument verwendet werden, sondern lediglich als Hilfestellung, um Pflegeeltern zu beraten und um ihnen die passenden Hilfen zur Verfügung zu stellen.

Neben den Präventions- und Interventionsarbeiten mit den Pflegeeltern ist interdisziplinäre, aufklärende Arbeit ebenso wichtig, denn die Bindungstheorie hilft, viele Beziehungs- und Entwicklungsprozesse und das Erleben des Kindes zu verstehen.

Die Aufgabe der Sozialen Arbeit ist also darin zu sehen, durch umfassende Aufklärungsarbeit die Voraussetzungen dafür zu schaffen, dass die Kinder noch einmal eine Chance auf korrigierende Erfahrungen erhalten.

All diese Überlegungen in dieser Auseinandersetzung können als Anregung genutzt werden, weitere Forschungen zu betreiben, die dazu dienen die Integration der Pflegekinder in den Pflegefamilien zu fördern. Ein Aspekt hierbei ist die Bindungsrepräsentation von Pflegeeltern. Wie in dieser Arbeit herausgearbeitet wurde, ist sie ein wichtiger Faktor, der mitunter für das Gelingen des Pflegeverhältnisses entscheidend sein kann.
Darüber hinaus soll die Auseinandersetzung aufzeigen, dass die Einbeziehung der Bedeutung von Bindungsrepräsentationen von Pflegeeltern in die Arbeit mit Pflegefamilien, es den Pflegekindern ermöglicht ihre traumatischen Erlebnisse überwinden zu können, um so förderliche Bindungen zu ihren Pflegeeltern eingehen zu können.

Literaturverzeichnis

Adam, B. (2004). Mittelstädte in stadtregionalen Zusammenhängen. In: S. Baumgart, J. Flacke, C. Grüger, P. Lütke & A. Rüdiger (Hrsg.). Kleine und mittlere Städte – Blaupausen der Großstadt? Dokumentation des Expertenkolloquiums am 29. April 2004 in Dortmund. SRPapers, Heft 1, 35-37.

Adler, H. & Holzwarth, A. (1999). Flexible Hilfen: Aufbau eines Förderzentrums. Unsere Jugend, 6, 267-272

Ahnert, L. (2004). Konzepte früher Bindungsentwicklung. In: L. Ahnert (Hrsg.). Frühe Bindung, Entstehung und Entwicklung. (S.63-80). München.

Ahrbeck, B. (1992). Gehörlosigkeit und Identität. Probleme der Identitätsbildung Gehörloser aus Sicht soziologischer und psychoanalytischer Theorien. Hamburg.

Ainsworth, M. D. S. (2003). Feinfühligkeit versus Unfeinfühligkeit gegenüber den Mitteilungen des Babys. In: K. Grossmann & K. Grossmann (Hrsg.). Bindung und menschliche Entwicklung. John Bowlby, Mary Ainsworth und die Grundlagen der Bindungstheorie (S. 414-421). Stuttgart.

Ainsworth, M. (1985). Mutter-Kind-Bindungsmuster: Vorausgegangene Ereignisse und ihre Auswirkungen auf die Entwicklung. In: K. Grossmann & K. Grossmann (Hrsg.) (2003). Bindung und menschliche Entwicklung, John Bowlby, Mary Ainsworth und die Grundlagen der Bindungstheorie. (S.317-341). Stuttgart.

Ainsworth, M., Blehar, M.C., Waters, E. & Wall, S. (1978). Patterns of attachment: A psychological study of the strange situation. Hillsdale.

Ainsworth, M., Bell, S. (1974). Die Interaktion zwischen Mutter und Säugling und die Entwicklung von Kompetenz. In: K. Grossmann & K. Grossmann (Hrsg.) (2003). Bindung und menschliche Entwicklung. (S.217-239). Stuttgart.

Ainsworth, M., Bell, S. & Stayton, D. (1974). Bindung zwischen Mutter und Kind und soziale Entwicklung: » Sozialisation « als Ergebnis gegenseitigen Beantwortens von Signalen. In: K. Grossmann & K. Grossmann (2003). Bindung und menschliche Entwicklung, John Bowlby, Mary Ainsworth und die Grundlagen der Bindungstheorie. (S.243-279). Stuttgart.

Ainsworth, M. & Bell, S. (1970). Bindung, Exploration und Trennung am Beispiel des Verhaltens einjähriger Kinder in einer » Fremden Situation «. In: K. Grossmann & K.

Grossmann (Hrsg.) (2003). Bindung und menschliche Entwicklung , John Bowlby, Mary Ainsworth und die Grundlagen der Bindungstheorie. (S.146-168). Stuttgart.

Ainsworth, M. (1967). Infancy in Uganda, Infant Care and the Growth of Love, The Hopkins Press, Baltimore.

Alle, F. (2010). Kindeswohlgefährdung. Das Praxishandbuch. Freiburg im Breisgau.

Andriopoulos, S. (1995). Zusammenarbeit mit der Herkunftsfamilie – Beratung und Unterstützung. In: M. R. Textor & P. K. Warndorf (Hrsg.). Familienpflege. Forschung, Vermittlung, Beratung (S. 202-217). Freiburg im Breisgau.

Antonovsky, A. (2009). In: Bundeszentrale für gesundheitliche Aufklärung (Hrsg.) Was hält Menschen gesund? Antonovsky Modell der Salutogenese - Diskussionsstand und Stellenwert. Köln.

Arnsberg (2010). Engagement und Hilfen. Was sollten Pflegepersonen mitbringen? Verfügbar unter: http://www.arnsberg.de/pflegekinderdienst/auswahlverfahren.php. (Zugriffsdatum 16.12. 2010).

BAAF (no year). Adoption and Fostering. Verfügbar unter: http://www.baaf.org.uk/res/statengland. (Zugriffsdatum: 3.3.2012).

Bakermans-Kranenburg, M.J., & van IJzendoorn, M.H. (2009). The first 10,000 Adult Attachment Interviews: Distributions of adult attachment representations in clinical and non-clinical groups. Attachment & Human Development, 11(3), 223–263.

Barnett, D., Manly, J.T. & Cicchetti, D. (1993). Defining child maltreatment: The interface between policy and research. In: D. Cicchetti & S.L. Toth (Eds.), Child abuse, child development, and social policy, (pp.7-73). Norwood.

Bayerisches Landesjugendamt (2009). Vollzeitpflege. Arbeitshilfe für die Praxis der Jugendhilfe. Verfügbar unter: http://www.blja.bayern.de/imperia/md/content/blvf/bayerlandesjugendamt/schriften/vollzeitpflege/kapitel6.pdf. (Zugriffsdatum 03.05.2010).

Belwe, K. (2009). Editorial. In: Bundeszentrale für politische Bildung (Hrsg.).Aus Politik und Zeitgeschichte (17/2009). Ungleiche Kindheit. Bonn.

Bernzen, C. (2005). Einführung in das Kinder- und Jugendhilferecht. Stuttgart.

Bertram, H. & Kohl, S. (2010). Zur Lage der Kinder in Deutschland 2010: Kinder stärken für eine ungewisse Zukunft. Köln.

Blandow, J. (2008). „Anders als die anderen ... Die Großeltern- und Verwandtenpflege". Verfügbar unter: http://www.dji.de/pkh/blandow_verwandtenpflege.pdf. (Zugriffsdatum: 12.04.2010).

Blandow, J. (2004). Pflegekinder und ihre Familien. Geschichte, Situation und Perspektiven des Pflegekinderwesens. Weinheim.

Blandow, J. (1972). Rollendiskrepanzen in der Pflegefamilie. Analyse einer sozialpädagogischen Institution. München.

Bonhoeffer, M. & Widemann, P. (Hrsg.). (1974). Kinder in Ersatzfamilien: Sozialpädagogische Pflegestellen, Projekte und Perspektiven zur Ablösung von Heimen. Stuttgart.

Bovenschen, I., Nowacki, K. & Spangler, G. (unveröffentlicht). Bindung und psychosoziale Anpassung. Forschungsbericht zur Vorstudie.

Bovenschen, I. & Spangler, G. (2008). Effekte von Interventionen in Pflegefamilien: Ergebnisse einer systematischen Literaturrecherche. Expertise im Auftrag des Projektes „Pflegekinderhilfe" des Deutschen Jugendinstituts. Erlangen.

Bowlby, J. (2008). Bindung als sichere Basis. Grundlagen und Anwendung der Bindungstheorie. München.

Bowlby, J. (2001). Frühe Bindung und kindliche Entwicklung. München.

Bowlby, J. (1987). Bindung. In: K. Grossmann & K. Grossmann (Hrsg.) (2003). Bindung und menschliche Entwicklung, John Bowlby, Mary Ainsworth und die Grundlagen der Bindungstheorie. (S.21-26). Stuttgart.

Bowlby, J. (1980). Mit der Ethologie heraus aus der Psychoanalyse: Ein KreuzungsExperiment. In: K. Grossmann & K. Grossmann (Hrsg.) (2003). Bindung und menschliche Entwicklung, John Bowlby; Mary Ainsworth und die Grundlagen der Bindungstheorie. (S.38- 53). Stuttgart.

Bowlby, J. (1976). Trennung, Psychische Schäden als Folge der Trennung von Mutter und Kind. München.

Bowlby, J. (1975). Bindung, Eine Analyse der Mutter-Kind-Beziehung. München.

Bowlby, J. (1973). Mütterliche Zuwendung und geistige Gesundheit. München.

Bowlby, J. (1951). Maternal Care and Mental Health. World Health Organisation Monograph Series, No.2. Geneva.

Bowlby, J. (1944). Forty-Four Juvenile Thieves: Their Characters and Home-Life. International Journal of Psychoanalysis, 25, 19-53.

Brazelton, T.B. & Greenspan, S.I. (2008). Die sieben Grundbedürfnisse von Kindern. Weinheim.

Brecht, B. (1964). Mutter Courage und ihre Kinder. Berlin.

Bretherton, I. (2002a). Die Geschichte der Bindungstheorie. In: G. Spangler & P. Zimmermann (Hrsg.). Die Bindungstheorie. Grundlagen, Forschung und Anwendung. (S. 27-49). Stuttgart.

Bretherton, I. (2002b). Konstrukt des Inneren Arbeitsmodells, Bindungsbeziehungen und Bindungsrepräsentationen in der frühen Kindheit und im Vorschulalter. In: K.-H. Brisch, K. Grossmann, K. Grossmann & L. Köhler (Hrsg.). Bindung und seelische Entwicklungswege, Grundlagen, Prävention und klinische Praxis. (S.13-46). Stuttgart.

Brisch, K.H. (2008). Bindung und Trauma- Schutz- und Risikofaktoren für die Entwicklung von Kindern. In: Stiftung zum Wohl des Pflegekindes (Hrsg.). Bindung und Trauma- Konsequenzen in der Arbeit für Pflegekinder. (S.13-35). Idstein.

Brisch, K. H. (2006). Bindungsstörungen. Von der Bindungstheorie zur Therapie. Stuttgart.

Brisch, K.-H., Grossmann, K. & Köhler, L (Hrsg.) (2002). Bindung und seelische Entwicklungswege. Stuttgart.

Brisch, K.H. (1999). Bindungsstörungen, Von der Bindungstheorie zur Therapie. Stuttgart.

Broadhurst, K., Wastell, D., White, S., Hall, C., Peckover, S. Thompson, K., Pithouse, A. & Davey, D. (2010). Performing Initial Assessment: Identifying the Latent Conditions for Error at the Front-Door of Local Authority Children´s Services. British Journal of Social Work, 40 (2), 352 – 370.

Buchheim, A. & Strauß, B. (2002). Interviewmethoden der klinischen Bindungsforschung. In: B. Strauß, A. Buchheim & H. Kächele (Hrsg.). Klinische Bindungsforschung, Theorien, Methoden, Ergebnisse. (S.27-54). Stuttgart.

Bundesarbeitskreis Adoptions- und Pflegekindervermittlung im Diakonischen Werk der Evangelischen Kirche in Deutschland (Hrsg.) (2007). Adoption aus verschiedenen Perspektiven. Idstein.

Bundesministerium für Arbeit und Soziales (Hrsg.) (2008). Armuts- und Reichtumsbericht der Bundesregierung. Verfügbar unter: http://www.bmas.de/coremedia/generator/26742/property=pdf/dritter__armuts__und __reichtumsbericht.pdf (Zugriffsdatum 29.01.2010)

Bundesministerium für Familie, Senioren, Frauen und Jugend (Hrsg.) (2010). Kinder- und Jugendhilfe. Achtes Buch Sozialgesetzbuch. Berlin.

Bundesministerium für Familie, Senioren, Frauen und Jugend (BFSFJ) (Hrsg.) (2009). Dreizehnter Kinder- und Jugendbericht. Bericht über die Lebenssituation junger Menschen und die Leistungen der Kinder- und Jugendhilfe in Deutschland. Berlin.

Bundesverband der Pflege- und Adoptiveltern e.V. (Hrsg.) (1997). Handbuch für Pflege- und Adoptiveltern. Pädagogische, psychologische und rechtliche Fragen des Adoptions- und Pflegekinderwesens. Informationen von A-Z. Idstein.

Bundesverfassungsgericht (2010). Entscheidung vom 09.02.2010 BVerfG, 1 BvL 1/09 vom 9.2.2010, Absatz-Nr. (1 - 220). http://www.bverfg.de/entscheidungen/ls20100209_1bvl000109.html (Zugriffsdatum 07.03.11)

Bundeszentrale für politische Bildung (Hrsg.) (2010). Grundgesetz für die Bundesrepublik Deutschland. Bonn.

Burry, C. L. (1999). Evaluation of a training program for foster parents of infants with prenatal substance effects. Child Welfare Journal, 78(1), 197-214.

Büch, V. (1995). Nachbetreuung von Pflegefamilien. In: M. R. Textor & P. K. Warndorf (Hrsg.). Familienpflege. Forschung, Vermittlung, Beratung. (S. 177-190). Freiburg im Breisgau.

Cardy, S. (2010). "Care Matters" and the Privatization of looked after Children's Services in England and Wales: Developing a critique of independent "social work practices". Critical Social Policy, 30; 430-442.

Caritas Erzbistum Köln (ohne Jahr). Flexible Hilfen zur Erziehung. Abrufbar unter: http://caritas.erzbistum-koeln.de/mettmann_cv/kinder_familie/flexible_hilfen.html. (Zugriffsdatum 03.03.2012).

Cole, S.A. (2005). Foster Caregiver Motivation and Infant Attachment: How do Reasons for Fostering Affect Relationships? Child and Adolescent Social Work Journal, 22, (17), 441-457.

Conrad, A. & Stumpf, N. (2006). Das Pflegekind im Spannungsfeld zwischen Pflegeeltern und Herkunftseltern. Hamburg.

Dahm, S. (2008). Die Inobhutnahme eines Kindes oder Jugendlichen durch das Jugendamt gemäß § 42 SGB VIII. Ein Überblick. Verwaltungsrundschau. 54(12), 400-405.

Daudert, E. (2002). Die Reflective Self Functioning Scale. In: B. Strauß, A. Buchheim & H. Kächele (Hrsg.). Klinische Bindungsforschung, Theorien, Methoden, Ergebnisse. (S. 27-54). Stuttgart.

Deegener, G. & Körner, W. (2008). Risikoerfassung bei Kindesmisshandlung und Vernachlässigung. Theorie, Praxis, Materialien. Lengerich.

Destatis (2011). Statistiken der Kinder- und Jugendhilfe: Adoptionen 2010. Verfügbar unter:
http://www.destatis.de/jetspeed/portal/cms/Sites/destatis/Internet/DE/Content/Publik
ationen/Fachveroeffentlichungen/Sozialleistungen/KinderJugendhilfe/ Adoptio-
nen5225201107004,property=file.pdf. (Zugriffsdatum: 2.3.2012).

Destatis (2010). Statistiken der Kinder- und Jugendhilfe. Erzieherische Hilfe, Eingliederungshilfe für seelisch behinderte junge Menschen, Hilfe für junge Volljährige. Vollzeitpflege 2008. Wiesbaden: Statistisches Bundesamt. Verfügbar unter:
https://www.ec.destatis.de/csp/shop/sfg/bpm.html.cms.cBroker.cls?cmspath=struktu
r,vollanzeige.csp&ID=1025119. (Zugriffsdatum: 28.03.2010).

Destatis (2009). Statistiken der Kinder- und Jugendhilfe. Erzieherische Hilfe, Eingliederungshilfe für seelisch behinderte junge Menschen, Hilfe für junge Volljährige. Vollzeitpflege 2007. Wiesbaden: Statistisches Bundesamt. Verfügbar unter:
https://www.ec.destatis.de/csp/shop/sfg/bpm.html.cms.cBroker.cls?cmspath=struktu
r,vollanzeige.csp&ID=1024666. (Zugriffsdatum: 28.03.2010).

Deutsche Gesellschaft zur Förderung der Gehörlosen und Schwerhörigen e.V. (DGFGS)
(Hrsg.) (2000). Hörgeschädigte Kinder – Schwerhörige Erwachsene. Kommunikation
mit Schwerhörigen und ertaubten Menschen. Hamburg.

Deutscher Gewerkschaftsbund (2010). Unsere Zukunft. Den Sozialstaat durch Reformen
sichern. Verfügbar unter: http://www.dgb.de/uber-uns/unsere-zukunft/sozialstaat-
sichern. (Zugriffsdatum 07.03.2011).

Deutsches Institut für Medizinische Dokumentation und Information (DIMDI) (2010). Kapitel
VIII. Verfügbar unter:
http://www.dimdi.de/static/de/klassi/diagnosen/icd10/htmlgm2010/block-h90-
h95.htm. (Zugriffsdatum 27.09.2010).

Deutsches Institut für Medizinische Dokumentation und Information (DIMDI) (2010). Kapitel
V. Verfügbar unter:
http://www.dimdi.de/static/de/klassi/diagnosen/icd10/htmlgm2011/block-f70-f79.htm.
(Zugriffsdatum 27.09.10).

Deutsches Jugendinstitut (2010). Projekt: Pflegekinderhilfe. Foster Care Service. Koopera-
tionsprojekt des DJI und dem DIJuF zum Pflegekinderbereich. Verfügbar unter:
http://www.dji.de/cgi-
bin/projekte/output.php?projekt=439&Jump1=LINKS&Jump2=3. (Zugriffsdatum:
26.05.2010).

Deutsches Jugendinstitut & Deutsches Institut für Jugendhilfe und Familienrecht e.V.
(2010). Projektbericht. "Pflegekinderhilfe in Deutschland – Teilprojekt 1 Exploration"

(Projektlaufzeit 01.08.2005- 31.07.2006). Verfügbar unter: http://www.dji.de/pkh/pkh_projektbericht_exploration.pdf. (Zugriffsdatum: 28.05.2010).

Dilling, H., Mombour, W. & Schmidt, M-H. (Hrsg.) (2008). Internationale Klassifikation psychischer Störungen. ICD-10 Kapitel V(F). Klinisch-diagnostische Leitlinien. Bern.

Dornes, M. (2009). Seelische Folgen traumatischer Erfahrungen in der Kindheit. In: Stiftung zum Wohl des Pflegekindes (Hrsg.). Traumatische Erfahrungen in der Kindheit - langfristige Folgen und Chancen in der Pflegefamilie. (S. 97-134). Idstein.

Dornes, M. (1999). Vernachlässigung und Mißhandlung aus Sicht der Bindungstheorie. In: U.T. Egle, S.O. Hoffmann & P. Joraschky (Hrsg.). Sexueller Mißbrauch, Mißhandlung, Vernachlässigung, Erkennung und Therapie psychischer und psychosomatischer Folgen früher Traumatisierungen. (S. 70-83). Stuttgart.

Dornes, M. (1997). Die frühe Kindheit. Frankfurt/M.

Dozier, M., Stovall, K., C., Albus, E., K. & Bates, B. (2001). Attachment for Infants in Foster Care: The Role of Caregiver State of Mind in Child Development, 72 (5), 1467-1477.

Drogenbeauftragte der Bundesregierung (2010). Moderne Drogen- und Suchtpolitik. Der Mensch im Mittelpunkt. Rostock.

Ebel, A. (2009). Praxisbuch Pflegekind. Informationen und Tipps für Pflegeeltern und Fachkräfte. Idstein.

Eberhard, G. & Eberhard K. (2000). Das Intensivpädagogische Programm - ein Aktionsforschungsprojekt für psychisch traumatisierte Kinder und Jugendliche in sozialpädagogisch und psychotherapeutisch betreuten Pflegefamilien. Idstein/ Wörsdorf.

Egle, U.T. & Hoffmann, S.O. (1999). Pathogene und protektive Entwicklungsfaktoren in Kindheit und Jugend. In: U.T. Egle, S.O. Hoffmann & P. Joraschky (Hrsg.). Sexueller Mißbrauch, Mißhandlung, Vernachlässigung, Erkennen und Therapie psychischer und psychosomatischer Folgen früher Traumatisierungen. (S. 3-22). Stuttgart.

Engfer, A. (2000). Gewalt gegen Kinder in der Familie. In U.T. Egle, S.O. Hoffmann & P. Joraschky (Hrsg.). Sexueller Missbrauch, Misshandlung, Vernachlässigung, (S. 23-39). Stuttgart.

Esser, G. (2007). Ablehnung und Vernachlässigung von Säuglingen. In: W.M. Zenz, K. Bächer & R. Blum-Maurice (Hrsg.). Die vergessenen Kinder. Vernachlässigung, Armut und Unterversorgung in Deutschland. (S. 105-111). Köln.

Fegert, J.M. (2008). Sexueller Missbrauch. In: G. Esser (Hrsg.). Lehrbuch der Klinischen Psychologie und Psychotherapie bei Kindern und Jugendlichen. (S. 484-493). Stuttgart.

Fonagy, P. (2005). Der Interpersonale Interpretationsmechanismus (IIM). Die Verbindung von Genetik und Bindungstheorie in der Entwicklung. In: V. Grenn (Hrsg.). Emotionale Entwicklung in Psychoanalyse, Bindungstheorie und Neurowissenschaften, Theoretische Konzepte und Behandlungspraxis. (S. 141-164). Frankfurt am Main.

Fonagy, P., Gergely, G., Jurist, E. & Target, M. (2002). Affektregulierung, Mentalisierung und die Entwicklung des Selbst. Stuttgart.

Frank, R. (2008). Misshandlung, Ablehnung und Vernachlässigung. In: G. Esser (Hrsg.). Lehrbuch der Klinischen Psychologie und Psychotherapie bei Kindern und Jugendlichen. (S. 474-483). Stuttgart.

Fremmer-Bombik, E. (2002). Innere Arbeitsmodelle von Bindung. In: G. Spangler & P. Zimmermann (Hrsg.). Die Bindungstheorie. Grundlagen, Forschung und Anwendung. (S. 109-119). Stuttgart.

Galm, B., Hees, K. & Kindler, H. (2010). Kindesvernachlässigung. Verstehen, erkennen, helfen. München.

Garrett, P. (2003). Swimming with Dolphins: The Assessment Framework, New Labour, and New Tools for Social Work with Children and Families. British Journal of Social Work, 33, 441-463.

Geißler, R. (2008). Die Sozialstruktur Deutschlands. Zur gesellschaftlichen Entwicklung mit einer Bilanz zur Vereinigung. Wiesbaden.

Geißler, R. (2004). Facetten der modernen Sozialstruktur. In: Bundeszentrale für politische Bildung (Hrsg.). Informationen zur politischen Bildung. Sozialer Wandel in Deutschland. (S. 34-47). Bonn.

Gintzel, U. (1996). Einleitung. In: U. Gintzel (Hrsg.). Erziehung in Pflegefamilien. Auf der Suche nach einer Zukunft. (S. 7-11). Münster.

Gloger-Tippelt, G. (2001). Das Adult Attachment Interview: Durchführung und Auswertung. In: G. Gloger-Tippelt (Hrsg.). Bindung im Erwachsenenalter: ein Handbuch für Forschung und Praxis. (S. 102-120). Bern.

Gloger-Tipperlt, G., (2001): Unsicher-distanzierende mentale Bindungsmodelle. In: G. Gloger-Tippelt (Hrsg.). Bindung im Erwachsenenalter: ein Handbuch für Forschung und Praxis. (S. 174-200). Bern.

Gomille, B. (2001). Unsicher-präokkupierte mentale Bindungsmodelle. In: G. Gloger-Tippelt (Hrsg.). Bindung im Erwachsenenalter: ein Handbuch für Forschung und Praxis. (S. 201-225). Bern

Göbbel, I., Kühn, M. & Thiel, E. (2000). Hilfeplanung auf dem Prüfstand. Erfahrungen aus dem Hilfeverbund SOS-Kinderdorf Worpswede. SOS-Dialog. Fachmagazin des SOS-Kinderdorf e.V. Hilfeplanung, 18-25.

Graichen, G. (2009). Die alltägliche Lebenssituation vernachlässigter und misshandelter Kinder aus Sicht der Kriminalpolizei. In: Stiftung zum Wohl des Pflegekindes (Hrsg.), Fünftes Jahrbuch des Pflegekinderwesens. Grundbedürfnisse von Kindern – Vernachlässigte und misshandelte Kinder im Blickfeld helfender Instanzen. (S. 61-71). Idstein.

Grossmann, K. (2009). Bindung und empfundene Zugehörigkeit. Vortrag auf dem 18. Tag des Kindeswohls „Elternschaft im Pflegekinderwesen. Soziale Beheimatung für Kinder aus defizitären Lebensverhältnissen" am 31. Mai 2008 in Potsdam. In: Stiftung zum Wohl des Pflegekindes (Hrsg.), 5. Jahrbuch des Pflegekinderwesens. Grundbedürfnisse von Kindern – Vernachlässigte und misshandelte Kinder im Blickfeld helfender Instanzen (S. 15-34). Idstein.

Grossmann, K. & Grossmann, K. (2006). Fünfzig Jahre Bindungstheorie: Der lange Weg der Bindungsforschung zu neuem Wissen über klinische und praktische Anwendungen. In: K-H. Brisch & T. Hellbrügge (Hrsg.). Wege zu sicheren Bindungen in Familie und Gesellschaft, Prävention, Begleitung, Beratung und Therapie. (S. 12-51). Stuttgart.

Grossmann, K. & Grossmann, K. (2004). Bindungen - das Gefüge psychischer Sicherheit. Stuttgart.

Grossman, K. & Grossmann, K. (Hrsg.) (2003). Bindung und menschliche Entwicklung: John Bowlby, Mary Ainsworth und die Grundlagen der Bindungstheorie. Stuttgart.

Grühn, C. (2010). Einführung in das Kinder- und Jugendhilferecht: Mit Beispielen für den leichten Einstieg. Altenberge.

Gudat, U. (1987a). Entwicklungspsychologie der Eltern-Kind-Beziehung: Bindung. In: Deutsches Jugendinstitut (Hrsg.). Beratung im Pflegekinderbereich. (S. 21-37). München.

Gudat, U. (1987b). Systemische Sicht von Pflegeverhältnissen. Ersatz- oder Ergänzungsfamilie? In: Deutsches Jugendinstitut (Hrsg.). Beratung im Pflegekinderbereich (S. 38-59). München.

Günder, R. (2011). Heimerziehung in Deutschland. Freiburg im Breisgau im Breisgau.

Günder, R. (1999). Hilfen zur Erziehung. Eine Orientierung über die Erziehungshilfen im SGB VIII. Freiburg im Breisgau im Breisgau.

Güthoff, F. (1996). Die Perspektive der Pflegeeltern – Ergebnisse einer Pflegeelternbefragung. In: U. Gintzel (Hrsg.), Erziehung in Pflegefamilien. Auf der Suche nach einer Zukunft. (S. 39-55). Münster.

Hannemann, A. (2009). Gefährdete Kinder. Staatliches Wächteramt versus Elternautonomie? Zur Umsetzung des Art. 6 Abs. 2 Grundgesetz in Rechtsprechung und Jugendhilfepraxis. In: Stiftung zum Wohl des Pflegekindes (Hrsg.), Fünftes Jahrbuch des Pflegekinderwesend. Grundbedürfnisse von Kindern. Vernachlässigte und misshandelte Kinder im Blickfeld helfender Instanzen. (S. 145-162). Idstein.

Hauser, S. (2001). Trauma- Der unverarbeitete Bindungsstatus im Adult Attachment Interview. In: G. Gloger-Tippelt (Hrsg.). Bindung im Erwachsenenalter, ein Handbuch für Forschung und Praxis. (S. 226-250). Bern.

Helming, E., Sandmeir, G. Kindler, H. & Blüml, H. (2011). Strukturelle Aspekte der Pflegekinderhilfe in Deutschland. In: H. Kindler, E. Helmig, T. Meysen & K. Jurczyk (Hrsg.). Handbuch Pflegekinderhilfe. München.

Helsper, W. (2007). Sozialisation. In: H-H. Krüger & W. Helsper (Hrsg.). Einführung in Grundbegriffe und Grundfragen der Erziehungswissenschaft. (S. 79-89). Opladen.

Herrmann, B., Dettmeyer, R., Banaschak, S. & Thyen, U. (Hrsg.) (2008). Kindesmisshandlung. Medizinische Diagnostik, Intervention, rechtliche Grundlagen. Heidelberg.

Hinte, W. & Treeß, H. (Hrsg.) (2006). Sozialraumorientierung in der Jugendhilfe. Theoretische Grundlagen, Handlungsprinzipien und Praxisbeispiele einer kooperativ-integrativen Pädagogik. Weinheim.

Hodges, J., & Tizard, B. (1989). Social and family relationships of ex-institutional adolescents. Journal of Child Psychology and Psychiatry, 30(1), 77-97.

Hofmann, V. (2001). Psychometrische Qualitäten des Adult Attachment Interviews, Forschungsstand. In: G. Gloger-Tippelt (Hrsg.). Bindung im Erwachsenenalter: Ein Handbuch für Forschung und Praxis. (S. 121-153). Bern.

Hoksbergen, R. & Textor, M. (Hrsg.) (1993). Adoption, Grundlagen, Vermittlung, Nachbetreuung, Beratung. Freiburg im Breisgau im Breisgau.

Holmes, J. (2006). John Bowlby und die Bindungstheorie. München.

Holmes, L., Ward, H. & McDermid, S. (2008). How Social Workers Spend their Time, Responsive Report to DCSF. Loughborough.

Holz, G. (2007). Armut hat auch Kindergesichter. Zu Umfang, Erscheinungsformen und Folgen von Armut bei Kindern in Deutschland. In: W.M. Zenz, K.Bächer & R.Blum-Maurice (Hrsg.). Die vergessenen Kinder. Vernachlässigung, Armut und Unterversorgung in Deutschland. (S. 24-38). Köln.

Hüther, G. (2008). Resilienz im Spiegel entwicklungsneurobiologischer Erkenntnisse. In: G. Opp & M. Fingerle (Hrsg.). Was Kinder stärkt, Erziehung zwischen Risiko und Resilienz. München.

IT-NRW (2009). Amtliche Bevölkerungszahlen. Düsseldorf: Information und Technik Nordrhein-Westfalen. Verfügbar unter: http://www.it.nrw.de/statistik/a/daten/amtlichebevoelkerungszahlen/index.html. (Zugriffsdatum 01.02.2010).

IT-NRW (2008). Amtliche Bevölkerungszahlen. Düsseldorf: Information und Technik Nordrhein-Westfalen. Verfügbar unter: http://www.it.nrw.de/statistik/a/daten/amtlichebevoelkerungszahlen/index.html. (Zugriffsdatum 01.02.2010).

IT-NRW (2007). Amtliche Bevölkerungszahlen. Düsseldorf: Information und Technik Nordrhein-Westfalen. Verfügbar unter: http://www.it.nrw.de/statistik/a/daten/amtlichebevoelkerungszahlen/index.html. (Zugriffsdatum 01.02.2010).

Jestaed, M. (2007). Das Kinder- und Jugendhilferecht und das Verfassungsrecht. In: J. Münder & R. Wiesner (Hrsg.), Kinder- und Jugendhilferecht. Handbuch. (S. 106-133). Baden-Baden.

Jordan, E. & Güthoff, F. (1997). Gründe und Folgen der Beendigung von Pflegeverhältnissen. Münster.

Jordan, E. (1996). Vorzeitig beendete Pflegeverhältnisse. In: U. Gintzel (Hrsg.). Erziehung in Pflegefamilien. Auf der Suche nach einer Zukunft. (S. 76-119). Münster.

Jugendamt der Stadt Dortmund (2010). Erzieherische und wirtschaftliche Hilfen. Verfügbar unter: http://jugendamt.dortmund.de/project/home/template1.jsp?smi=3.3.1&tid=43917. (Zugriffsdatum 20.11.2010).

Kaiser, P. (1995). Strukturelle Besonderheiten und Probleme von Pflegefamilien. In: M. R. Textor & P. K. Warndorf (Hrsg.), Familienpflege. Forschung, Vermittlung, Beratung. (S. 67-77). Freiburg im Breisgau im Breisgau.

Keimeleder, L. (2001). Die Ergebnisse der Erhebungen an den Modellorten. In: L. Keimeleder, M. Schumann, S. Stempinski & K. Weiß (Hrsg.). Fortbildung für Tagesmütter. Konzepte – Inhalte – Methoden. (S. 25-71). Opladen.

Kessler, R.C. (2000). Gender diffrences in the prevalence and correlates of mood disorders in the general population. In: M. Steiner, K.A Yonkers & E. Eriksson (Eds). Mood disorders in woman. (pp.15-35). London.

Kinder- und Jugendhilfehaus FleX (ohne Jahr). Leitannahmen, Grundgedanken, Ziele. Abrufbar unter: http://www.kjhh-flex.de/ (Zugriffsdatum 03.03.2012).

Kinderschutz-Zentrum Berlin e.V. (Hrsg.) (2009). Kindeswohlgefährdung. Erkennen und Helfen. Berlin.

Kindler, H.; Scheurer-Englisch, H. Gabler, S. & Köckeritz, C. (2011). Pflegekinder: Situation, Bindungen, Bedürfnisse und Entwicklungsverläufe. In: H. Kindler, E. Helmig, T. Meysen & K. Jurczyk (Hrsg.). Handbuch Pflegekinderhilfe. München.

Klann-Delius, G. (2002). Bindung und Sprache in der Entwicklung. In: K.H. Brisch, K. Grossmann, K. Grossmann & L. Köhler (Hrsg.). Bindung und seelische Entwicklungswege, Grundlagen, Prävention und klinische Praxis. (S. 87-109). Stuttgart.

Klatetzki, Thomas (Hrsg.) (1995): Flexible Erziehungshilfen. Ein Organisationskonzept in der Diskussion. Münster.

Klepp, D., Buchebner-Ferstl, S. & Kaindl, M. (Hrsg.) (2009). Eltern zwischen Anspruch und Überforderung. Erziehungswerte und Erziehungsverhalten im Kontext der Lebensbedingungen von Familien. Opladen.

Knölker, U., Mattjat, F. & Schulte-Markwort, M. (2000). Kinder- und Jugendpsychiatrie und -psychotherapie systematisch. Bremen.

Kolitzus, H. (2009). Die Liebe und der Suff..., Schicksalsgemeinschaft Suchtfamilie. München.

Kompetenz-Zentrum Pflegekinder e.V. (2009). Bibliographie zum Pflegekinderbereich. Ein aktueller und ein systematischer Überblick zur deutschsprachigen Literatur. Die Literaturliste des Kompetenz-Zentrums Pflegekinder e.V. Berlin. Verfügbar unter: http://www.kompetenzzentrum-pflegekinder.de/Bibliographie.pdf. (Zugriffsdatum: 03.05.2010).

Köckeritz, C. (2008). Konsequenzen für die Jugendhilfe – Vollzeitpflege zwischen Ideologie und Realität. Kritische Überlegungen und Perspektiven zum fachlichen Handeln in Sozialen Diensten. In: Stiftung zum Wohl des Pflegekindes (Hrsg.). Bindung und Trauma – Konsequenzen in der Arbeit für Pflegekinder. Tagungsdokumentation der 16. Jahrestagung der Stiftung zum Wohl des Pflegekindes am 30. Mai 2005 in Magdeburg. (S. 67-83). Idstein.

Kötter, S. (2000). Beziehungsdreieck „Pflegeeltern – Pflegekind – Herkunftseltern": Erleben und Bewältigung von Besuchskontakten. In: V. Krolzik (Hrsg.), Pflegekinder und Adoptivkinder im Focus. (S. 61-81). Idstein.

Kötter, S. (1997). Besuchskontakte in Pflegefamilien. Das Beziehungsdreieck „Pflegeeltern – Pflegekind – Herkunftseltern". Regensburg.

Kötter, S. & Cierpka, M. (1997). Besuchskontakte in Pflegefamilien. Eine empirische Untersuchung zur Dynamik im Beziehungsdreieck „Pflegeeltern – Pflegekind – Herkunftseltern". System Familie, 10, 75-80.

Kotthaus, J. (2009). Kinder in Ersatzfamilien. Neue Praxis, 04, 325-338.

Krell,G., Riedmüller,B., Sieben, B. & Vinz, D. (Hrsg.). (2007). Diversity Studies: Grundlagen und disziplinäre Ansätze. Frankfurt/ Main.

Lakies, T. (1995). Rechtsfragen der Familienpflege. In: M. R. Textor & P. K. Warndorf (Hrsg.). Familienpflege. Forschung, Vermittlung, Beratung. (S. 31-42). Freiburg im Breisgau im Breisgau.

Lambrou, U. (2010). Familienkrankheit Alkoholismus. Im Sog der Abhängigkeit. Hamburg.

Landesjugendamt Münster (1999). Arbeitskreis Adoptions- und Pflegekindervermittlung beim Landschaftsverband Westfalen-Lippe – Landesjugendamt: Arbeitshilfe zur Vollzeitpflege gem. § 33 SGB VIII (2., neubearb. Aufl.).Verfügbar unter: http://www.lwl.org/lja-download/datei-download/LJA/erzhilf/Familie/vollzeitpflege/Materialien/1005839040_1/Vollzeitpflege.pdf. (Zugriffsdatum 09.03.2010).

Landschaftsverband Westfalen-Lippe (2011). Westfälische Pflegefamilien ‚kompakt': Leistungsbeschreibung erarbeitet in Kooperation mit dem WPF-Trägerverbund. Verfügbar unter: http://www.lwl.org/LWL/Jugend/Landesjugendamt/LJA/erzhilf/Familie/wpf. (Zugriffsdatum 24.02.12).

Lattschar, B. & Wiemann, I. (2007). Mädchen und Jungen entdecken ihre Geschichte. Grundlagen und Praxis der Biografiearbeit. Weinheim.

Lindemeyer, J. (2010). Lieber schlau als blau. Entstehung und Behandlung von Alkohol- und Medikamentenabhängigkeit. Weinheim.

Lotter, K., Meiners, R. & Treptow, E. (2006). Das Marx-Engels Lexikon. Von Abstraktion bis Zirkulation. Köln.

Löser, H. (2001). Alkohol in der Schwangerschaft. In: M. Zobel (Hrsg.). Wenn Eltern zu viel trinken. Risiken und Chancen für die Kinder. (S.78-88). Bonn.

Main, M., Goldwyn, R. & Hesse, E. (2002). Adult Attachment Scoring and Classification Systems, Manual in Draft, Version 7.1, Berkeley.

Main, M. (2009). Desorganisation im Bindungsverhalten. In: G. Spangler & P. Zimmermann (Hrsg.). Die Bindungstheorie, Grundlagen, Forschung und Anwendung. (S. 120-139). Stuttgart.

Main, M. (2001). Aktuelle Studien zur Bindung. In: G. Gloger-Tippelt (Hrsg.). Bindung im Erwachsenenalter: ein Handbuch für Forschung und Praxis. (S.1-51). Bern.

Malter, C. (2001). Zur therapeutischen Wirksamkeit von Pflegefamilien. Kindeswohl, Fachzeitschrift für das Pflege- und Adoptivkinderwesen 2001, 15 (3), 7-12.

Marx, K. (1953). Grundrisse der Kritik der politischen Ökonomie: (Rohentwurf). 1857-1858. Anhang 1850 – 1859. Berlin.

Masur, R. (1995). Werbung, Auswahl und Vorbereitung von Pflegeeltern. In: M. R. Textor & P. K. Warndorf (Hrsg.). Familienpflege. Forschung, Vermittlung, Beratung. (S. 97-112). Freiburg im Breisgau.

Mattejat, F. (2008). Familiendiagnostik. In: H. Remschmidt (Hrsg.). Kinder- und Jugendpsychiatrie. Eine praktische Einführung, (S.78-81). Stuttgart.

Mattejat, F. (2000). Kinder mit psychisch kranken Eltern. In: F. Mattejat & B. Lisofsky (Hrsg.). Nicht von schlechten Eltern. Kinder psychisch Kranker. Bonn.

McMillen, J. C., Zima, B. T., Scott, L. D., Jr., Auslander, W. F., Munson, M. R., Ollie, M. T. et al. (2005). Prevalence of Psychiatric Disorders Among Older Youths in the Foster Care System. Journal of the American Academy of Child & Adolescent Psychiatry, 44(1), 88-95.

Minnis, H., Everett, K., Pelosi, A. J., Dunn, J. & Knapp, M. (2006). Children in foster care: Mental health, service use and costs. European Child & Adolescent Psychiatry, 15(2), 63.

Müller-Schlotmann, R. (1998). Integration vernachlässigter und misshandelter Kinder. Eine Handreichung für Jugendämter, Beratungsstellen und Pflegeeltern. Regensburg.

Münder, J., Meysen, T. & Trenczek, T. (Hrsg.). (2009). Frankfurter Kommentar zum SGB VIII: Kinder- und Jugendhilfe. Baden-Baden.

Münder, J. (2005). Familienrecht. Eine sozialwissenschaftlich orientierte Darstellung. München.

Münder, J. (2004). Kinder- und Jugendhilferecht. Eine sozialwissenschaftlich orientierte Darstellung. München.

Nationales Zentrum Frühe Hilfen (Hrsg.) (2008). Frühe Hilfen. Modellprojekte in den Ländern. Köln.

Neugebauer, G. (2007). Politische Milieus in Deutschland. In: F.D. Karl (Hrsg.). Die Studie der Friedrich-Ebert-Stiftung. (S. 10-27). Bonn.

Niedersächsisches Ministerium für Soziales, Frauen, Familie und Gesundheit (2008). Weiterentwicklung der Vollzeitpflege. Anregungen und Empfehlungen für die Niedersächsischen Jugendämter. Gesellschaft für innovative Sozialforschung und Sozialplanung e.V. Bremen. Verfügbar unter: http://www.giss-ev.de/pdf/NDS-Handbuch-PKD.pdf. (Zugriffsdatum: 20.04.2010).

Nienstedt, M. & Westermann, A. (2007). Pflegekinder und ihre Entwicklungschancen nach frühen traumatischen Erfahrungen. Stuttgart.

Nienstedt, M. & Westermann, A. (1998). Pflegekinder – Psychologische Beiträge zur Sozialisation von Kindern in Ersatzfamilien. Münster.

Nienstedt, M. & Westermann, A. (1989). Pflegekinder – Psychologische Beiträge zur Sozialisation von Kindern in Ersatzfamilien. Münster.

Nowacki, K. & Schölmerich, A. (2010). Growing up in foster families or institutions: Attachment representations and psychological adjustment of young adults. Attachment & Human Development.12:6, 551-566.

Nowacki, K. (2009). Klärungsorientierte Psychotherapie aus bindungstheoretischer Sicht: Entwicklungspsychologische Erklärungsansätze für die Entstehung von Schemata. In: R. Sachse, J. Fasbender, J. Breil und O. Püschel (Hrsg): Neuere Perspektiven der klärungsorientierten Psychotherapie. (S. 165-183). Göttingen.

Nowacki, K., Roland, I., Spangler, G. & Bovenschen, I. (2009). Der Einfluss von Bindungsrepräsentationen von Pflegeeltern auf die Entwicklung von Bindungsverhalten und Bindungsrepräsentation ihrer Pflegekinder, 19.Tagung der Fachgruppe Entwicklungspsychologie DGP´s Dialog der Generationen vom 14.-17.09.2009, Hildesheim.

Nowacki, K. (2007). Aufwachsen in Pflegefamilie oder Heim. Bindungsrepräsentation, psychische Belastung und Persönlichkeit bei jungen Erwachsenen. Hamburg.

Nowacki, K. (2006). Flexibilität von Erziehungshilfen am Beispiel eines Projektes für Mädchen und junge Frauen. Siegen: Sozial, (1), 53-58.

Nowacki, K. & Ertmer, H. (2004). 15 Jahre Vermittlung von Pflegekindern durch den Pflegekinderdienst der Stadt Herten – Studie zur Qualitätsentwicklung. Herten.

Oberloskamp, H. & Hoffmann B. (2006). Wir werden Adoptiv- und Pflegeeltern. Verfahren im In- und Ausland. München.

Österreichisches Institut für Familienforschung (2010). Verfügbar unter: http://www.oif.ac.at/presse/bzw/artikel.asp?Rubrik=3&ID_Art=1&BZWArtikel=961 (Zugriffsdatum 16.12.2010).

Paltinat, I. & Warzecha, B. (1999). Qualifizierung von Pflegeeltern statt Burnout und Streß. Hilfe für Erwachsene als Hilfen für Pflegekinder. Münster.

Permien, H. (1987). Krisenintervention und Abbrüche von Pflegeverhältnissen. In: Deutsches Jugendinstitut (Hrsg.). Beratung im Pflegekinderbereich.(S. 237-254). München.

Pflegekinderdienst der Stadt Herten (2009). Familie & Soziales – Pflegekinderdienst und Adoptionsstelle – Bewerbungsunterlagen. Bewerbungen um ein Pflegekind. Verfügbar unter: http://www.herten.de/familie-soziales/pflegekinderdienst-und-adoptionsstelle/bewerbungsunterlagen/index.html. (Zugriffsdatum: 05.04.2010).

Pierlings, J. (2010). Wie erreichen wir verbindliche Standards für das Pflegekinderwesen. Unsere Jugend, 6, 257-264.

Posth, R. (2007). Vom Urvertrauen zum Selbstvertrauen, Das Bindungskonzept in der emotionalen und psychosozialen Entwicklung eines Kindes. München.

Remschmidt, H. (2008). Erhebung der Anamnese. In: H. Remschmidt (Hrsg.). Kinder- und Jugendpsychiatrie. Eine praktische Einführung. (S. 39-41). Stuttgart.

Rennert, M. (2001). Zwischen Mitgefühl und Ohnmacht: das Leben mit einem Suchtkranken. In: M. Zobel (Hrsg.). Wenn Eltern zu viel trinken. Risiken und Chancen für die Kinder. (S. 62-77). Bonn.

Riedle, H., Gillig-Riedle, B. & Ferber-Bauer, K. (2008). Pflegekinder. Alles was man wissen muss. Würzburg.

Rutter, M., Colvert, E., Kreppner, J., Beckett, C., Castle, J., Groothues, C. (2007). Early adolescent outcomes for institutionally-deprived and non-deprived adoptees I: Disinhibited attachment. Journal of Child Psychology and Psychiatry, 48(1), 17-30.

Rutter, M. (2006). Die psychischen Auswirkungen früher Heimerziehung. In K.H. Brisch & T. Hellbruegge (Hrsg..). Kinder ohne Bindung – Deprivation, Adoption und Psychotherapie. (S. 91–137). Stuttgart.

Sachse, R. (2005). Motivklärung durch Klärungsorientierte Psychotherapie. In: J. Kosfelder, J. Michalak, S. Vocks und U. Willutzki (Hrsg.). Fortschritte der Psychotherapieforschung, (S. 217-231), Göttingen.

Sachse, R., Schlebusch, P., & Leisch, M. (2002). Psychologische Psychotherapie des Alkoholismus. Aachen.

Salgo, L. (2007). Verbleib oder Rückkehr?! – Aus jugendhilferechtlicher Sicht. In: Stiftung zum Wohl des Pflegekindes (Hrsg.), 4. Jahrbuch des Pflegekinderwesens. Verbleib oder Rückkehr?! Perspektiven für Pflegekinder aus psychologischer und rechtlicher Sicht (S. 43-71). Idstein.

Salgo, L. (2001). Zielorientierung und Hilfeplanung nach dem SGB VIII (KJHG). In: Stiftung zum Wohl des Pflegekindes (Hrsg.), 2. Jahrbuch des Pflegekinderwesens. Pflegekinder in Deutschland – Bestandsaufnahme und Ausblick zur Jahrtausendwende (S. 36-67). Idstein.

Salgo, L. (1987). Pflegekindschaft und Staatsintervention. Darmstadt.

Saß, H., Wittchen, H-U. & Zaudig, M. (Hrsg.) (1996). Diagnostisches und Statistisches Manual Psychischer Störungen DSM-VI. Göttingen.

Schattner, H. (1987). Von der Werbung von Pflegeeltern bis zur Vermittlung eines Pflegeverhältnisses. In: Deutsches Jugendinstitut (Hrsg.). Beratung im Pflegekinderbereich. (S. 175-211). München.

Schechter, M. & Roberge, L. (1976). Sexual Exploitation. In: R. Helfer & C. Kempe (Eds). Child Abuse and Neglect. The Familiy and the Community. (pp. 127-142). Cambridge.

Schellhorn, W. (2006). Jugendhilferecht. Textausgabe des Sozialgesetzbuches – Achtes Buch – (SGB VIII). Kinder- und Jugendhilfe mit einer systematischen Einführung. Neuwied.

Schleiffer, R. (2009). Der heimliche Wunsch nach Nähe: Bindungstheorie und Heimerziehung. Weinheim.

Schone, R. (2008). Frühe Kindheit in der Jugendhilfe. Präventive Anforderungen und Kinderschutz. In: U. Ziegenhain & J.M. Fegert (Hrsg.). Kindeswohlgefährdung und Vernachlässigung. (S. 52-65). München.

Schulz, K. (2008). Ohne Frauen keine Revolution. In Bundeszentrale für politische Bildung. Verfügbar unter: http://www.bpb.de/themen/LIBTTI,0,Ohne_Frauen_keine_Revolution.html (Zugriffsdatum 07.02.2011)

Siebler, M. (1995). Vermittlung von Pflegekindern. In: M. R. Textor & P. K. Warndorf (Hrsg.). Familienpflege. Forschung, Vermittlung, Beratung. (S. 125-133). Freiburg im Breisgau im Breisgau.

Sievers, B. & Thrum, K. (2011). Pflegekinder mit Migrationshintergrund. In H. Kindler, E. Helmig, T. Meysen & K. Jurczyk (Hrsgs.). Handbuch Pflegekinderhilfe. München.

Sozialverband Deutschlands (2010). Stellungnahme zur öffentlichen Anhörung von Sach-verständigen durch den Ausschuss für Arbeit und Soziales des Deutschen Bundes-tages in Berlin am 22. November 2010. Verfügbar unter: http://www.sovd.de/1762.0.html. (Zugriffsdatum 07.02.2011).

Spangler, G., Bovenschen, I. & Nowacki, K. (unveröffentlicht). Bindungsentwicklung und psychosoziale Anpassung von Pflegekindern. Antrag an die Deutsche Forschungs-gemeinschaft zur Sachbeihilfe.

Spangler, G. & Zimmermann, P., (2009). Die Bindungstheorie, Grundlagen, Forschung und Anwendung. Stuttgart.

Spitz, R.A. (1973): Die Entstehung der ersten Objektbeziehungen, Direkte Beobachtungen an Säuglingen während des ersten Lebensjahres. Stuttgart.

Stascheit, U. (2009). Gesetze für Sozialberufe: Textsammlung. Baden-Baden.

Stascheit, U. (2008): Gesetze für Sozialberufe: Textsammlung. Frankfurt am Main.

Statistisches Bundesamt (2011). Statistiken der Kinder- und Jugendhilfe: Erzieherische Hilfe, Eingliederungshilfe für seelisch behinderte junge Menschen, Hilfe für junge Volljährige 2010. Wiesbaden.

Statistisches Bundesamt (2010). Zahl junger Menschen in Erziehungshilfe im Jahr 2009 leicht gestiegen. Pressemitteilung Nr.359 vom 07.10.2010. Verfügbar unter: http://www.destatis.de/jetspeed/portal/cms/Sites/destatis/Internet/DE/Presse/pm/201 0/10/PD10__359__225,templateId=renderPrint.psml. (Zugriffsdatum 06.02.2011).

Statistisches Bundesamt (2009). Alleinerziehende in Deutschland. Ergebnisse des Mikro-zensus 2009. Wiesbaden.

Stern, D., (2009): Tagebuch eines Babys. Was ein Kind sieht, spürt, fühlt und denkt. München.

Stovall-McClough, K.,C. & Dozier, M. (2004). Forming attachment in foster care: Infant attachment behaviours during the first 2 months of placement. Development and Psychopathology, 16, 253-271.

Stovall, K. C. & Dozier, M. (2000). The development of attachment in new relationships: Single subject analyses for 10 foster infants. Development and Psychopathology, 12(2), 133-156.

Strauß, B. (2004): Vernachlässigung und Misshandlung aus der Sicht der Bindungstheorie. In: U.T. Egle, S.O. Hoffmann & P. Joraschky (Hrsg.). Sexueller Missbrauch, Miss-handlung, Vernachlässigung: Erkennung, Therapie und Prävention der Folgen frü-her Stresserfahrungen. (S. 105-115). Stuttgart.

Streeck-Fischer, A. (2004). Frühe Misshandlung und ihre Folgen – Traumatische Belastungen in der Entwicklung. In: Stiftung zum Wohl des Pflegekindes (Hrsg.). Drittes Jahrbuch des Pflegekinderwesens. Kontakte zwischen Pflegekind und Herkunftsfamilie. (S. 99-109). Idstein.

Strohmeier, K.P., Wunderlich, H. & Lersch, P. (2009). Kindheiten in Stadt(teil) und Familie. In: Bundeszentrale für politische Bildung (Hrsg.). Aus Politik und Zeitgeschichte (17/2009). Ungleiche Kindheit. (S. 25-32). Bonn.

Süddeutsche (2012). Methadon-Tod der elfjährigen Chantal: Hamburg überprüft Pflegeeltern. Verfügbar unter: http://www.sueddeutsche.de/panorama/methadon-tod-der-elfjaehrigen-chantal-hamburg-ueberprueft-pflegeeltern-1.1270398. (Zugriffsdatum 02.03.2012).

Tarren-Sweeney, M. & Hazell, P. (2006). Mental health of children in foster and kinship care in New South Wales, Australia. Journal of Pediatrics and Child Health, 42, 89-97.

Textor, M. R. (1995a). Forschungsergebnisse zur Familienpflege. In: M. R. Textor & P. K. Warndorf (Hrsg.). Familienpflege. Forschung, Vermittlung, Beratung. (S. 43-66). Freiburg im Breisgau im Breisgau im Breisgau.

Textor, M. R. (1995b). Zur Vorbereitung auf die Pflegeelternschaft. In: Unsere Jugend, 47, 12, 503-506.

Tiber Egle, U. (2009). Frühe Stresserfahrungen in der Kindheit haben gesundheitliche Langzeitfolgen. In: Stiftung zum Wohl des Pflegekindes (Hrsg.). Traumatische Erfahrungen in der Kindheit - langfristige Folgen und Chancen der Verarbeitung in der Pflegefamilie. (S. 73-97). Idstein.

Toman, W. (1980). Familienkonstellationen. Ihr Einfluss auf den Menschen. München.

Toprak, A. & Nowacki, K. (2012). Muslimische Jungen – Prinzen, Machos oder Verlierer? Ein Methodenhandbuch. Lambertus.

Toprak, A. (2004). Wer sein Kind nicht schlägt, hat später das Nachsehen: Elterliche Gewaltanwendung in türkischen Migrantenfamilien und Konsequenzen für die Elternarbeit. Herbolzheim.

Träger, J. (2009). Familienarmut: Ursachen und Gegenstrategien. In: Bundeszentrale für politische Bildung (Hrsg.). Aus Politik und Zeitgeschichte (17/2009). Ungleiche Kindheit. (S. 33-38). Bonn.

Trenczek, T. (2008). Inobhutnahme. Krisenintervention und Schutzgewährung durch die Jugendhilfe §§ 8a, 42 SGB VIII. Stuttgart.

Unzner, R. (2004). Aktuelle Beiträge aus der Bindungsforschung in ihrer Bedeutung für das Verhältnis zwischen Herkunftseltern und ihrem Kind. In: Sozialpädagogisches Institut im SOS-Kinderdorf e.V. (Hrsg.). Herkunftsfamilien in der Kinder- und Jugendhilfe. (S. 127-143). München.

Van den Dries, L., Juffer, F., van IJzendoorn, M. & Bakermans-Krannenburg, M. (2009). Fostering security? A meta-analysis of attachment in adopted children. Children and Youth Services Review, 31, 410-421.

Wabnitz, R.J. (2009). Grundkurs Kinder- und Jugendhilferecht für die Soziale Arbeit. München.

Walter, M. (2004). Bestandsaufnahme und strukturelle Analyse der Verwandtenpflege in der Bundesrepublik Deutschland. Universität Bremen, Studiengang Sozialpädagogik/Sozialarbeitswissenschaft. Verfügbar unter: http://www-user.uni-bremen.de/~walter/abschlussbericht/forschungsberichtlang.pdf. (Zugriffsdatum 28.03.2010).

Weltgesundheitsorganisation (2009). Internationale Klassifikation psychischer Störungen. ICD-10, Kapitel V (F). Klinisch-diagnostische Leitlinien. Bern.

Werner, A. (2006). Was brauchen Kinder, um sich altersmäßig entwickeln zu können? In: H. Kindler, S. Lillig, H. Blüml, T. Meysen & A. Werner (Hrsg.). Handbuch Kindeswohlgefährdung nach § 1666 und Allgemeiner Sozialer Dienst (ASD). München.

Westermann, A. (2009). Die Trennung des Kindes von den Eltern und die Verleugnung der Trennung durch aufrechterhaltende Besuchskontakte. In: Stiftung zum Wohl des Pflegekindes (Hrsg.). 3. Jahrbuch des Pflegekinderwesens, Kontakte zwischen Pflegekind und Herkunftsfamilie. (S. 151-170). Idstein.

Westermann, A. (1998). Zur psychologischen Diagnostik der Kindesmisshandlung: Über die Todesangst des misshandelten Kindes. In: Stiftung Zum Wohl des Pflegekindes (Hrsg.). Erstes Jahrbuch des Pflegekinderwesens. (S. 32-51). Idstein.

Wiesner, R. (2007). Die Entwicklung des Kinder- und Jugendhilferechts. In: J. Münder & R. Wiesner (Hrsg.). Kinder- und Jugendhilferecht. Handbuch (S. 70-91). Baden-Baden.

Wiesner, R. (2004). Herkunftseltern als Partner der Sozialen Dienste – zwischen Recht und Realität. In: Sozialpädagogisches Institut im SOS-Kinderdorf e.V. (Hrsg.). Herkunftsfamilien in der Kinder- und Jugendhilfe. (S. 73-91). München.

Widemann, P. (1996). Neue Wege in der Vollzeitpflege und die Rolle der Jugendämter und freien Träger. In: U. Gintzel (Hrsg.). Erziehung in Pflegefamilien. Auf der Suche nach einer Zukunft. (S. 65-74). Münster.

Wolf, K. (1998). Familienerziehung im professionellen Rahmen. In: U. Naumann & B. Hammer (Hrsg.). Perspektiven der Erziehungsstellen-Arbeit. Beiträge zur 1. Fachtagung Erziehungsstellen in Kassel 1997. (S. 19-38). Frankfurt a.M.

Wolff, R. (2008). Die strategische Herausforderung – ökologisch-systemische Entwicklungsperspektiven der Kinderschutzarbeit. In: U. Ziegenhain & J.M. Fegert (Hrsg.). Kindeswohlgefährdung und Vernachlässigung. (S. 37-51). München.

Wolff, R. (1999). Der Einbruch der Sexualmoral. In: R. Wolff & K. Rutschky (Hrsg.). Handbuch Sexueller Missbrauch. Hamburg.

Wustmann, C. (2004). Resilienz, Widerstandsfähigkeit von Kindern in Tageseinrichtungen fördern. Berlin.

Zeanah, C. H., Smyke, A. T. & Dumitrescu, A. (2002). Attachment Disturbances in Young Children. II: Indiscriminate Behavior and Institutional Care. Journal of the American Academy of Child & Adolescent Psychiatry, 41, 983-989.

Zegers M.A., Schluengel C., van IJzendoorn M., Janssen M.A. (2006). Attachment representations of institutionalized adolescents and their professional caregivers: predicting the development of therapeutic relationships. American Journal of Orthopsychiatry, 76(3), 325-34.

Zenz, G. (2009). „Biografiearbeit" oder „Beziehungsarbeit"? Paten, 1, 5-6.

Ziegenhain, U., (2001). Sichere mentale Bindungsmodelle. In: G. Gloger-Tippelt (Hrsg.). Bindung im Erwachsenenalter, ein Handbuch für Forschung und Praxis. (S.154-173). Bern.

Zimmermann, P., Spangler, G., Schieche, M. & Becker-Stoll, F. (2009). Bindung im Lebenslauf: Determinanten, Kontinuität, Konsequenzen und zukünftige Perspektiven. In: G. Spangler & P. Zimmermann (Hrsg.). Die Bindungstheorie, Grundlagen, Forschung und Anwendung. (S.311- 332). Stuttgart.

Zobel, M. (2006). Kinder aus alkoholbelasteten Familien. Entwicklungsrisiken und – chancen. Göttingen.

Zobel, M. (2001). Die Situation der Kinder in alkoholbelasteten Familien. In: M. Zobel (Hrsg.). Wenn Eltern zu viel trinken. Risiken und Chancen für die Kinder. (S. 38-52). Bonn.

Zwernemann, P. (2009). Praxishandbuch Pflegekinderwesen. Wir gehen gemeinsam in die Zukunft, Bundesarbeitsgemeinschaft für Kinder in Adoptiv- und Pflegefamilien e.V.. Düsseldorf.

Zwernemann, P. (2009). Biografiearbeit. Paten, 1, 21-24.

Anhang

Fragebogen zu Erfahrungen des Pflegekindes (Fachdienst)

Angaben zur Herkunftsfamilie

Geburtsdatum: Leibliche Mutter: _____

                       Leiblicher Vater: _____

Familienstand: ☐ verheiratet ☐ eheähnliche Lebensgemeinschaft
                  ☐ ledig   ☐ geschieden/ getrennt
                  ☐ verwitwet ☐ anderes:_____

Gibt es leibliche Geschwisterkinder in der Herkunftsfamilie?

☐ ja, und zwar _____

☐ nein

Leben die leiblichen Geschwisterkinder noch in der Herkunftsfamilie?

☐ ja, und zwar _____

☐ nein, diese sind in einer anderen Betreuungsform untergebracht, und zwar _____

_____

Welchen Beruf üben die leiblichen Eltern aus?

Leibliche Mutter: _____

Leiblicher Vater: _____

Sind psychische Krankheiten in der Herkunftsfamilie bekannt?

☐ ja, und zwar bei _____, folgende Krankheit

_____

bei _____, folgende Krankheit

_____

☐ nein

Angaben zur Inobhutnahme

Im Folgenden geht es um den Verlauf der Inobhutnahme, also um die verschiedenen Einrichtungen, die das Kind seit der Herausnahme aus der Familie besuchte.

- Erste Inobhutnahme durch das Jugendamt
  Datum der Inobhutnahme:

_____

    Art der Unterbringung (z.B. Bereitschaftspflege):

_____

    Ende dieser Unterbringung (Datum):

_____

- Eventuell zweite Unterbringung durch das Jugendamt:
  Beginn der Unterbringung:

_____

    Art der Unterbringung (z.B. Bereitschaftspflege):

_____

    Ende dieser Unterbringung (Datum):

_____

- Eventuell dritte Unterbringung durch das Jugendamt:
  Beginn der Unterbringung:

_____

    Art der Unterbringung (z.B. Bereitschaftspflege):

_____

        Ende dieser Unterbringung (Datum):

_____

Angaben zur aktuellen Pflegschaft

Die Pflegschaft besteht seit (genaues Datum): _____

Art der Pflegschaft: ☐ Vollzeitpflege ☐ Verwandtenpflege
 ☐ Ergänzungspflege ☐ Wochenpflege

Ziel der Pflegschaft: ☐ eine Rückführung des Kindes
 ☐ ein Verbleib in der Pflegefamilie
Gab es eine Unterbrechung des Pflegeverhältnisses?

 ☐ ja: warum, wann und wie lange?

_____

 ☐ nein

Grund der Inobhutnahme

Im Folgenden geht es um die Gründe für die Inobhutnahme des Kindes.
Bitte schätzen Sie zudem den Schweregrad des elterlichen Verhaltens auf einer Skala von
1 bis 5 ein. Für ein möglichst objektives Urteil orientieren Sie sich bitte an den jeweiligen
Beispielen.

☐ **emotionale Misshandlung / Vernachlässigung**

1	2	3	4	5
☐	☐	☐	☐	☐

Kind bekommt unangemessene Verantwortung übertragen; Kind wird verspottet; Kindes wird ignoriert; Kind wird verängstigt, z.B. • weinender Säugling wird ignoriert • 10jähriges Kind soll Säugling versorgen • Leistungen des Kindes werden ignoriert	Kind wird Schuld für Eheprobleme gegeben; Kind wird bedroht oder stark beleidigt; Kind erlebt extremes, unvorhersagbares und unangemessenes Verhalten (z.B. Gewalt in der Familie); Feindseligkeit gegenüber dem Kind;	Kind erlebt Selbstmordversuch des Versorgers; Kind wird für 24h oder länger verlassen, ohne zu Wissen wann Eltern zurück kehren; Kind wird gefesselt; Kind wird in engen Raum (z.B. Kasten) eingesperrt

☐ **Vernachlässigung: mangelnde Versorgung in den Bereichen Nahrung, Kleidung, Unterkunft, Gesundheit und / oder Hygiene**

1	2	3	4	5
☐	☐	☐	☐	☐

z.B.	z.B.		z.B.
• kein regelmäßiges Essen • verschmutzte Kleidung / Wohnung • ärztliche Vorsorgeuntersuchungen werden verpasst • Kind wird unregelmäßig gewaschen	• regelmäßig werden Mahlzeiten ausgelassen • Familie lebt mindestens eine Woche ohne feste Unterkunft • med. Probleme werden nicht dem Arzt vorgestellt • eine verordnete Therapie wird nicht durchgeführt • es herrschen unhygienische, gesundheitsgefährdende Umstände		• Nahrungsmangel führt zu Gewichtsverlust, Unterernährung, Wachstumsverzögerung • bei Geburt werden beim Säugling Folgen von Alkohol / Drogenmissbrauch der Mutter festgestellt • keine medizinische Behandlung des Kindes, so dass eine dauerhafte Behinderung / Tod eintreten

☐ **Vernachlässigung der Aufsichtspflicht**

1	2	3	4	5
☐	☐	☐	☐	☐

für kurze Zeit ohne unmittelbare Gefahr, z.B. • 8jähriges Kind wird tagsüber für zwei Stunden alleine gelassen • 4jähriges Kind wird bei bedenklichem Babysittern gelassen (beeinträchtigte Großeltern)	für eine längere Zeit (8 bis 10h) ohne unmittelbare Gefahr oder für einen mittlere Zeitraum bei unmittelbarer Gefahr, z.B. • Kind wird über Nacht alleine gelassen • Kind wird bei betrunkener Person gelassen	für mehr als 12h oder in lebensbedrohlichen Situationen , z.B. • Kind ist 24h alleine • geladene Waffen sind für das Kind erreichbar • Kleinkind spielt unbeaufsichtigt neben Schwimmbecken

☐ körperliche Misshandlung:

1	2	3	4	5
☐	☐	☐	☐	☐

es wurden geringfügige Male zugefügt (nicht Kopf), z.B. • blauer Fleck auf dem Arm oder Po • schlagen mit der offenen Hand oder einem weichen Gürtel	es wurden ernste Blutergüsse, kleine Platzwunden oder Verbrennungen zugefügt (auch Kopf, Gesicht oder Nacken), z.B. • blaues Auge • Abdruck einer ausgedrückten Zigarette auf der Hand	es wurden ernste Platzwunden, Verbrennungen zweiten Grades, Knochenbrüche, Gehirnerschütterungen etc. zugefügt, z.b. • mit Brett schlagen • gegen Wand schleudern • Treppe herunter stoßen • Kind würgen

☐ sexueller Missbrauch

1	2	3	4	5
☐	☐	☐	☐	☐

das Kind wurde explizit sexuellen Reizen / Aktivitäten ausgesetzt (ohne direkt beteiligt zu sein) z.B. • Kind wird pornographischem Material ausgesetzt • Eltern versuchen nicht Kind daran zu hindern Sex zu beobachten	gegenseitige oder einseitige sexuelle Berührungen fanden statt, z.B. • das Kind wird zur sexuellen Befriedigung angefasst	das Kind wird mit Gewalt zu einer sexuellen Penetration gezwungen; das Kind wird prostituiert, z.B. • das Kind wird gefesselt / mit vorgehaltener Waffe vergewaltigt • das Kind muss beim Dreh pornographischer Filme mitmachen

☐ psychische Erkrankung eines Elternteils: _____

☐ Andere Gründe (z.B. Tod oder Inhaftierung eines Elternteils, freiwillige Abgabe):

_____

Geplante Besuchskontakte

Besteht Kontakt zwischen den leiblichen Eltern und dem Pflegekind?

   ☐ ja, in unregelmäßigen Abständen:_____

   ☐ ja, in regelmäßigen Abständen, _____ Mal pro _____

   ☐ nein

Bei dem Kontakt handelt es sich um
   ☐ Treffen
   ☐ Telefon
   ☐ anderes: _____

Wo finden die Kontakte statt und wer ist ggf. dabei?

_____

Systematische Erhebung in ausgewählten **Pflegekinderdiensten des Ruhr-gebietes** bzgl. der Vorbereitung, Anbahnung, Vermittlung und Betreuung von Dauerpflegeverhältnissen

PKD: _____

Anschrift: _____

Datum: _____

Ansprechpartnerin / Ansprechpartner: _____

Interviewerin: _____

Teil I

INFORMATIONEN ÜBER DEN PFLEGEKINDERDIENST

a) Öffentlichkeitsarbeit des Pflegekinderdienstes

- Wie läuft Ihre Akquise von Pflegeeltern*?

  - durch Flyer   ○ durch regionale Projekte
  - durch Artikel in Fachzeitschriften
  - Sonstige _____

- Falls regionale Projekte veranstaltet werden, welches sind die Bedeutendsten?

b) Kooperationen des Pflegekinderdienstes

- Arbeitet Ihr Pflegekinderdienst mit anderen Pflegekinderdiensten aus anderen Städten zusammen?

  - ja   ○ nein

  Anmerkung.* hier sind selbstverständlich auch einzelne Pflegepersonen gemeint.

- Zu welchen Netzwerken bestehen Kooperationen und wie sehen diese aus?

c) Kontakt des Pflegekinderdienstes zum Pflegekind

• In wie viel Prozent der Fälle lernen Sie das Pflegekind vor der Vermittlung

persönlich kennen und wie intensiv ist der Kontakt?

    o in (ca.) _____ % der Fälle persönliches Kennenlernen vor der Vermittlung

Intensität des Kontaktes:

d) Erfassung von Ressourcen, Verhaltensweisen, Entwicklungsstände der Kinder

• Wie werden die Ressourcen, Verhaltensweisen sowie Entwicklungsstände der

Kinder erfasst?

    o durch Testverfahren
    o durch psychologische Gutachten
    o durch sonstige Methoden / Verfahren / Instrumente

e) Konzept bzw. Grundprinzipien des Pflegekinderdienstes

• Wie würden Sie Ihr Konzept des Pflegekinderwesens beschreiben bzw. nach

welchen Grundprinzipien arbeiten Sie?

• Welches Konzept kommt Ihrem bei Dauerpflegeverhältnissen ohne Option der

Rückführung eher nahe?

    o Konzept der Ergänzungselternschaft
    o Konzept der Ersatzelternschaft
    o Bindungstheoretisch orientiertes Konzept
    o Sonstiges _____

f) Angebote für Fachkräfte

• Gibt es für die Fachkräfte des Pflegekinderdienstes Angebote zur Reflexion

ihrer Arbeit bzw. zur Verfügung stehende Hilfen in Problemsituationen?

    o ja   o nein

Wenn ja, welche?

    o Supervisionen   o Fallbesprechungen   o Kollegiale Beratung
    o Sonstige Angebote _____

Teil II

VORBEREITUNG DER PFLEGEELTERN/-PERSONEN

a) Instrumente zur Eignungsüberprüfung von potentiellen Pflegepersonen

• Welche Instrumente zur Eignungsüberprüfung werden im Bewerbungsverfahren für Dauerpflegeverhältnisse eingesetzt?

  o Bewerberinnen- und Bewerberfragebogen
  o Erstgespräch
  o Einzelgespräche (Beratungsgespräche)
  o Hausbesuche
  o Sonstige

b) Signifikante Eignungskriterien für die Auswahl von Pflegepersonen

• Welche Eignungskriterien spielen für die Auswahl von Pflegeeltern/-personen eine entscheidende Rolle?

  o Alter   o Familienstand
  o Motivation   o Konfession
  o Staatsangehörigkeit
  o _____   o _____

• Welche Bewerberinnen- und Bewerberkriterien sind für Sie von besonderer Bedeutung?

• Welche Motivationen von potentiellen Pflegeeltern/-personen gelten erst einmal als gute Voraussetzungen für eine erfolgreiche Vermittlung eines Pflegekindes?

c) Vorbereitungsangebote für Bewerberinnen und Bewerber

• Welche Angebote stehen den Bewerberinnen und Bewerbern zur Vorbereitung zur Verfügung?

  o Erstgespräch
  o Einzelgespräche (Beratungsangebote)
  o Vorbereitungskurse
  o Seminare

- o   Fortbildungen
- o   Facharbeitskreise
- o   Gesprächsgruppen / -kreise
- o   Pflegeeltern-Stammtisch
- o   Feinfühligkeitstraining
- o   Sonstige _____

- • Welches sind ihre Inhalte?

- • Wie ist das zeitliche Ausmaß des jeweiligen Angebotes?

  - o   _____   Wochen
  - o   _____   Tage
  - o   _____   Wochenende/n
  - o   _____   regelmäßig
  - o   _____

- • Werden diese durch interne oder externe Fachkräfte durchgeführt?

  - o   interne   o   externe

  Welche Qualifikationen haben sie?

- • Sind Vorbereitungskurse und andere Angebote Pflichtveranstaltungen?

  - o   ja   o   nein

- • Müssen an ihnen beide Pflegepersonen teilnehmen?

  - o   ja   o   nein

- • Gilt dies auch für Bewerberinnen und Bewerber, die eine einschlägige pädagogische Ausbildung/ein abgeschlossenes Studium im sozialen Bereich absolviert
  haben?

  - o   ja   o   nein

- • Gilt dies auch für die Verwandtenpflege?

  - o   ja   o   nein

• Erhalten die Teilnehmenden nach Abschluss ein Zertifikat bzw. eine Teilnahmebescheinigung?

   ○ ja   ○ nein

d) Ablauf und Auswertung des Bewerbungsverfahrens

• Wie erfolgen der Ablauf und die Auswertung des Bewerbungsverfahrens?

e) Ausschlussgründe eines Pflegeverhältnisses

• Welche Gründe sind Ausschlussgründe für ein Pflegeverhältnis?

Teil III

ANBAHNUNG DES PFLEGEVERHÄLTNISSES

a) Umfang der Anbahnung

• Wie viel Zeit wird im Durchschnitt für eine Anbahnung angedacht?

   ○ ca. _____ Wochen

b) Verlauf der Anbahnung

• Wie sieht die Anbahnung für das Pflegekind und für die Pflegeel-
   tern/Pflegeperson im Einzelnen aus?

c) Informationsgehalt

• Welche Informationen erhalten die Pflegepersonen/Pflegeeltern aus der Biografie des zu vermittelnden Kindes bzw. aus seiner Herkunftsfamilie?

   ○ Berichte über die Herkunft   ○ Werdegang des Pflegekindes
   ○ Informationen über die Entwicklungsbedürfnisse
   ○ _____   ○ _____

d) Die Bedeutung von Bindung

- Spielen Bindungen aus der Herkunftsfamilie des Pflegekindes bei der Vermittlung in eine Pflegefamilie eine tragende Rolle, z. B. wenn Sie an Besuchskontakte zur Herkunftsfamilie denken? Inwiefern?

  ○ ja   ○ nein

e) Schwierigkeiten in der Anbahnungszeit

- Welche denkbaren Schwierigkeiten können in der Anbahnungszeit in der Pflegefamilie auftreten?

f) Betreuungsangebote

- Welche Betreuungsangebote stellt der Pflegekinderdienst den Pflegeeltern in der Anbahnungszeit zur Verfügung?
- Welches sind die Inhalte des jeweiligen Angebotes?
- Wie ist das zeitliche Ausmaß?
- Werden sie durch interne oder externe Fachkräfte durchgeführt?
- Welches sind ihre Qualifikationen?

g) Kontrolle der Pflegeeltern im Anbahnungszeitraum

- Obliegen Pflegeeltern in der Zeit der Anbahnung einer besonderen Kontrolle durch den PKD?

  ○ ja   ○ nein
  Wenn ja, wie sieht diese aus?

h) Beendigung der Anbahnung

- Welches sind die von den Pflegeltern vorwiegend genannten Gründe für eine Beendigung der Anbahnung eines Pflegekindes?
- Findet dann auf Wunsch der Pflegefamilie ein weiterer Versuch einer Anbahnung eines anderen Pflegekindes statt?

  ○ ja   ○ nein

Teil IV

BETREUUNG DER PFLEGEFAMILIE NACH DER VERMITTLUNG

a) Allgemeine Betreuungsangebote für Pflegeeltern

• Welche allgemeinen Betreuungsangebote stellen die Fachkräfte des Pflegekinderdienstes den Pflegeeltern nach erfolgreicher Vermittlung zur Verfügung?

  o Gesprächsgruppen /-kreise
  o „Pflegeeltern-Stammtisch" mit Fachkraft des PKD
  o Seminare
  o Fortbildungen
  o Facharbeitskreise
  o Präventionsprogramme/Elternkurse (s. S. 19)
  o Feinfühligkeitstraining
  o Beratungsangebote
  o Sonstige _____

• Welche werden intern angeboten?

• Welche werden extern angeboten?

• Welche selektiven und indizierten Präventionsprogramme (Elternkurse) zur Stärkung von Elternkompetenzen werden den Pflegeeltern angeboten?

  o Triple P® (Positive Parenting Program)
  o Rendsburger Elterntraining®
  o Starke Eltern –Starke Kinder® (Deutscher Kinderschutzbund)
  o Sonstige _____

b) Betreuungsangebote für Pflegekinder

• Welche Betreuungsangebote richten sich speziell nur an Pflegekinder?

  o Spezielle Spielgruppen   o Gespräche
  o Austauschgruppen für Jugendliche
  o _____   o _____

c) Interventionsangebote

• Welche Interventionsangebote stehen den Pflegeeltern/der Pflegeperson nach der Vermittlung eines Pflegekindes zur Verfügung?

Interventionsangebote
- o bei der Integration in die Pflegefamilie
- o bei Problematiken im Pflegeverhältnis
- o bei Kontakten zur Herkunftsfamilie
- o bei Traumatisierungen und ihre Folgen
- o bei abnormen Verhaltensweisen
- o in akuten Krisen
- o bei länger anhaltenden Schwierigkeiten
- o bei drohender Beendigung des Pflegeverhältnisses
- o _____   o _____

• Welche Interventionsmaßnahmen sind angedacht

- bei der Integration in die Pflegefamilie

o _____

- bei Problematiken im Pflegeverhältnis

o _____

- bei Kontakten zur Herkunftsfamilie

o _____

- bei Traumatisierungen und ihre Folgen

o _____

- bei abnormen Verhaltensweisen

o _____

- in akuten Krisen

o

_____

- bei länger anhaltenden Schwierigkeiten

o

_____

- bei drohender Beendigung des Pflegeverhältnisses

o

_____

• Welche der genannten Interventionsmaßnahmen sind standardisiert?

d) Hausbesuche

• Finden nach der Vermittlung eines Kindes in der Pflegefamilie Hausbesuche statt?

o ja   o nein

Wenn ja, in welchen zeitlichen Abständen?
o regelmäßig, im Abstand von _____ Monaten
o individuell bzw. abhängig vom Einzelfall

e) Hilfeplangespräch

• Wie oft findet ein Hilfeplangespräch gem. § 36 SGB VIII statt?

o regelmäßig im Abstand von _____ Monaten
o individuell bzw. abhängig vom Einzelfall

f) Beendigung von Dauerpflegeverhältnissen

• Wie viele Dauerpflegeverhältnisse werden ungefähr außerplanmäßig beendet (Abbruchquote)?

o _____ Anzahl   oder   o _____ %

- Welches sind die relevantesten Gründe für eine vorzeitige Beendigung eines Dauerpflegeverhältnisses?
  (einschließlich Herausnahme, Rückgabe, Weggang des Pflegekindes)

- Wie sind die Vorbereitungen der Pflegeeltern und des Pflegekindes und der Ablauf bei einer unplanmäßigen Rückführung in die Herkunftsfamilie?

- Wie sind die Vorbereitungen der Pflegeeltern und des Pflegekindes und der Ablauf bei einer planmäßigen Rückführung in die Herkunftsfamilie?

Teil V

ERGÄNZENDES ZUM PFLEGEKINDERDIENST

a) Veränderungsvorschläge und -wünsche seitens der Fachkräfte des Pflegekinderdienstes im gesamten Prozess der Pflegekindervermittlung

- bei der Vorbereitung von Pflegeeltern

- in der Anbahnungszeit zwischen den Pflegeeltern und dem Pflegekind

- nach der Vermittlung des Dauerpflegeverhältnisses

b) Standardisierung in der Pflegekindervermittlung

- Halten Sie eine Standardisierung im Pflegekinderwesen in der Vorbereitung, Anbahnung, Vermittlung oder/und Betreuung von Dauerpflegeverhältnissen für sinnvoll? Und falls ja, welche Standards können Sie sich vorstellen?

  o ja   o nein
  Grund:
  Vorschläge zu Standards:
  Welche internen Standards gibt es bereits in Ihrer Einrichtung?

Centaurus Buchtipps

Garnet Katharina Hoppe
Selbstkonzept und Empowerment bei Menschen mit geistiger Behinderung
Gender & Diversity, Bd. 6, 2012, ca. 130 S.,
ISBN 978-3-86226-163-5, € **18,80**

Nele Cölsch
Potential and limitations of peace education in Israel
A case study on parents´ perspectives on the Hand in Hand school in Jerusalem
Gender & Diversity, Bd. 3, 2011, 120 S.,
ISBN978-3-86226-072-0, € **23,80**

Saskia Hofmann
Yes she can!
Konfrontative Pädagogik in der Mädchenarbeit
Gender & Diversity, Bd. 2, 2011, 135 S.,
ISBN 978-3-86226-050-8, € **18,80**

Marianne Kosmann, Harald Rüßler (Hrsg.)
Fußball und der die das Andere
Ergebnisse aus einem Lehrforschungsprojekt
Gender & Diversity, Bd. 1, 2011, 164 S.,
ISBN978-3-86226-050-8, € **18,80**

Dinah Kohan
Migration und Behinderung. Eine doppelte Belastung?
Eine empirische Studie zu jüdischen Kontingentflüchtlingen mit einem geistig behinderten Familienmitglied
Beiträge zur gesellschaftswissenschaftlichen Forschung, Bd. 25, 2011, 366 S.,
ISBN 978-3-86226-044-7, € **25,80**

Viviane Nabi Acho
Elternarbeit mit Migrantenfamilien
Wege zur Förderung der nachhaltigen und aktiven Beteiligung von Migranteneltern an Elternabenden und im Elternbeirat
Migration & Lebenswelten, Bd. 2, 2011, 138 S.,
ISBN 978-3-86226-039-3, € **17,80**

Ludger Kowal-Summek
„Tomo spricht nicht mit mir"
Eine Untersuchung hinsichtlich der Anwendung ausgewählter Methoden der Leiborientierten Musiktherapie bei Menschen mit Autismus
Reihe Psychologie, Bd. 43, 2012, 333 S., mit DVD
ISBN 978-386226-148-2, € **28,80**

Karl Müller
Wenn Heimerziehung scheitert oder schwierige Jugendliche nicht mehr können
Reihe Pädagogik, Bd. 36, 2010, 438 S.,
ISBN 978-3-86226-003-4, € **24,90**

Informationen und weitere Titel unter **www.centaurus-verlag.de**